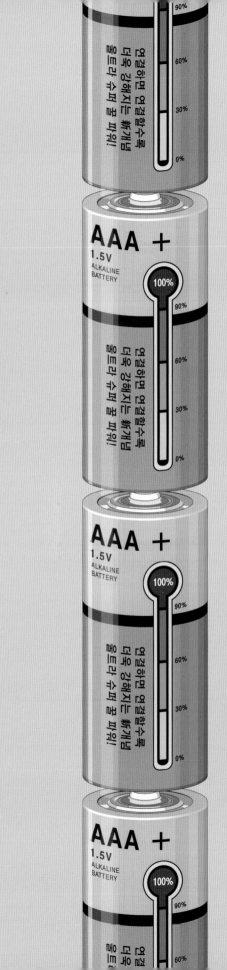

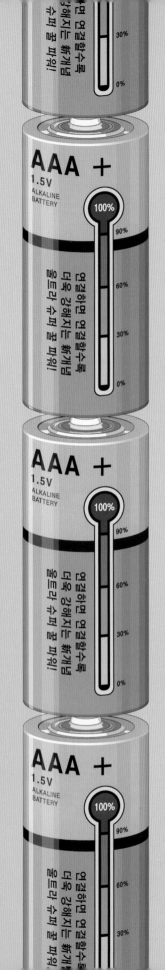

개념 연결 유아수학사전

'엄빠표' 수학의 완성!

영·유아들은 수학적 감각을 선천적으로 갖고 태어납니다. 그러나 많은 아이가 유아기부터 시작되는 잘못된 수학교육으로 인해 수학적 감각과 수학 학습에 대한 흥미를 잃어버리고 결국 '수포자'의 길로 들어섭니다. 이 책은 아이들의 발달에 적절한 수학교육이 어떻게 이루어져야 하는지, 왜 그래야 하는지를 부모님들이 쉽게 이해하도록 제시하고, 더불어 자녀와 함께 일상생활을 하거나 놀이를 하는 경험을 통해 직접 아이의 '수학 체력'을 길러 줄 수 있는 '엄빠표' 지도 방법을 재미있게 보여 줍니다. 특히 누리과정을 바탕으로 유아기의 수학적 능력의 발달을 초등학교에서 이루어지는 수학교육과 함께 소개하고 있어, 자녀의 초등 입학 이후의 수학교육에 대해 막연한 불안을 가진 학부모님에게 매우 유용한 지침서가 될 것으로 확신합니다! 아이에게 읽어 주기만 해도 수학 개념이 저절로 몸에 배는 『개념연결 유아수학사전』으로 초등학교까지 연결되는 올바른 '수학 습관'을 만들어 주세요.

– **임미령**(수도권생태유아공동체 이사장)

놀이가 수학이 되는 순간

'수포자'는 이렇게 만들어집니다

　덧셈이나 곱셈은 곧잘 하면서도 뺄셈이나 나눗셈은 어려워하는 초등학교 저학년 아이들이 많습니다. 원인은 크게 두 가지로 갈립니다. 첫째는 부모님의 교육 소신대로 초등학교 입학 전까지 자녀에게 문자와 숫자 쓰기 교육을 하지 않다가 초등학교에 입학한 뒤 서둘러 수학 공부를 시작한 경우입니다. 아이가 낯선 개념을 이해하고 소화하도록 배려하지 못한 것이지요. 둘째는 초등학교에 입학하기도 전에 2~3학년 수준의 과도한 선행학습을 시킨 경우입니다. 아이가 개념적인 이해 없이 그저 암기하여 공부한 까닭에 기계적인 학습이 몸에 배어 버려 초등학교에 가서도 수학 실력이 늘지 않게 됩니다. 제가 만나 본 부모님들은 대부분 아이를 배려하고 스스로 해낼 수 있도록 끈기 있게 기다릴 줄 압니다. 그런데 안타깝게도 수학을 마주할 때는 마음이 초조해져 기본 교육 철학이 흐트러지는 경우가 많습니다.

유아기 수학, 평생 '수학 습관'을 좌우한다

　여러 초등학생을 상담해 보니 유아기와 초등학교 저학년 시기의 수학 공부 방식이 학생의 현재 수학 실력과 수학에 대한 인식에 결정적인 영향을 끼치는 것을 확인할 수 있었습니다. 유아기 때부터 수학을 즐거운 놀이로 받아들인 아이는 초등학교에 가서도 수학을 개념적으로 이해해야 할 대상으로 인식하고 혼자 문제를 해결하는 데 재미를 붙입니다. 이렇게 올바른 수학 습관을 기르면 중·고등학교에 진학해서도 사교육에 의존하지 않고 자기주도적 학습을 통해 탄탄한 수학 실력을 쌓을 수 있습니다.

　저는 여러 선생님들과 함께 오래 연구한 끝에 초등학교와 중학교에 나오는 수학 개념을 총망라한 사전을 출간했습니다. 바로 초등학교와 중학교 수학의 필독서가 된 『개념연결 초등수학사전』과 『개념연결 중학수학사전』입니다. 이 책으로 많은 학생들이 '개념연결' 학습의 중요성을 깨닫고 실천하고 있지요. 『개념연결 유아수학사전』은 『개념연결 초등수학사전』, 『개념연결 중학수학사전』과 바로 연결되는 중요한 책입니다. 유아기에 접하는 수학적 사고와 습관은 평생을 좌우하는 힘이 될 수 있습니다. 무조건적 암기 학습이 몸에 배어 버린 학생들은 습득한 개념들을 올바르게 연결하지 못하다가 공부할 내용이 많아지는 4학년이 되면 첫 고비를 맞이합니다. 이 고비를 무사히 넘기더라도 중학교 1학년이 되어 맞닥뜨리는 문자 사용의 어려움, 그리고 추상적으로 접근하는 고등학교 수학 앞에서 결국 무너질 수밖에 없습니다. 유아기부터 다져진 개념 중심의 수학 습관은 초등학교에 들어가 탄탄한 기초가 되고, 이후 입시까지 흔들리지 않는 수학 실력을 다져 줍니다.

관찰력과 상상력으로 크는 수학

수학적인 사고가 필요한 시대입니다. 21세기 지능정보화 사회에서는 디지털 리터러시(문해력)가 정말 중요합니다. 독서 능력과 수학적인 사고 능력이 동시에 필요한 것이지요. 초·중·고 수학은 물론이거니와, 사회에 나가서도 필수적으로 요구되는 능력입니다. 그리고 이 모든 것의 시초가 되는 것이 유아기의 올바른 수학 습관과 학습 태도입니다. 수학의 필요성을 알고, 수학의 가치를 정서적으로 충분히 받아들이면 이후 배워야 하는 내용이 많아지거나 어려워져도 계속해서 수학 공부를 이어 나갈 수 있습니다.

유아기는 수와 연산의 기초 개념을 형성하는 시기입니다. 공간 감각과 도형의 기초 개념 역시 이 시기에 만들어집니다. 이러한 개념 형성을 위해서는 추상화된 수식이 아니라 구체물을 이용하는 것이 핵심입니다. 생활 주변의 여러 가지 물건이나 장난감 등을 활용해 아이의 손으로 직접 만들기를 하고, 마음껏 '놀이'를 하여 감각을 키울 수 있게 해 주어야 합니다. 여러 가지 물건을 가지고 놀면서 물건들의 공통점을 발견하고 분류하는 놀이는 초등학교에 입학하여 규칙성을 찾아내는 힘이 되고, 간단한 자료를 수집하고 그림 등으로 결과를 표현하는 놀이는 통계적인 능력을 기르는 힘이 됩니다. 또 놀이를 통해 발휘되는 관찰력은 수학적 상황을 이해하게 돕고, 풍부한 상상력은 다양한 문제해결 전략을 만들어 냅니다. 수학을 공부할 때 주어진 문제 상황을 이해하고, 이를 해결하기 위한 전략을 세우는 데 필요한 능력이 바로 유아 시절에 키운 관찰력과 상상력입니다. 이렇듯 누리과정에서 이루어지는 모든 활동은 어느 것 하나 중요하지 않은 것이 없고, 버릴 것도 없습니다. 빠르게 누리과정을 해치우고 초등학교 수학을 선행하려는 욕심은 도리어 유아기에만 습득할 수 있는 귀중한 경험의 기회를 차단합니다.

유아수학의 모든 것

이 책에는 부모님들이 가장 궁금해하는 유아수학에 관한 모든 질문이 담겨 있습니다. 일상에서 수학적인 민감성과 바람직한 수학 습관을 기를 수 있는 내용을 포함하여, 유아를 둔 부모님이 겪는 77개의 상황과 질문을 하나하나 선정했습니다. 질문과 문제 상황을 해결하는 데 초점을 맞췄기 때문에 문제의 원인이 동일한 경우 같은 설명이 반복되기도 하지만, 그만큼 중요한 내용이라는 뜻이기도 합니다. 차례를 펼쳐 질문을 가만히 읽어 보세요. 이 책에 실린 질문 외의 상황이 발생하더라도 비슷한 상황을 손쉽게 찾아 해결할 수 있을 것입니다.

수학 개념을 익히는 활동은 좌뇌의 기능을 높이고, 부모님과 함께하는 수학 놀이는 우뇌의 기능을 높여 균형 잡힌 뇌 발달에 도움이 됩니다. 더불어 아이의 인성을 계발하고, 문제해결 능력도 키워 줄 수 있지요. 그러나 무엇보다 이 책을 통해 아이와 함께 수학 놀이를 하고, 나아가 친밀도를 높일 수 있다면 그것이 이 책으로 얻을 수 있는 가장 큰 소득일 것입니다. 유아기에 형성되는 수학에 대한 긍정적인 생각과 적극적인 태도는 이후 본격적인 수학 공부를 시작할 때 큰 힘이 될 것입니다.

최신 교육과정을 반영했습니다

2011년 누리과정과 2019년 개정된 누리과정을 비교해 보면, 교사 중심적인 교육과정에서 당사자인 유아와 놀이 중심의 교육과정으로 발전한 것을 볼 수 있습니다. 교육자가 억지로 끌고 가던 교육에서, 아이들의 심리와 취향을 고려하여 아이들에 적합하게 진행하고자 하는 교육 의도가 반영된 아주 바람직한 변화로 생각됩니다. 놀이와 활동의 주체는 교사나 부모가 아니라 당사자인 아이여야 합니다. 아이들을 하나의 인격체로 존중하고, 아이보다 앞서가는 것이 아닌 아이를 앞세우고 뒤에서 지켜보는 것이 제대로 된 교육입니다.

지난 4년여간 함께 연구하고 고생한 전국수학교사모임 유아수학사전팀에 감사를 드립니다. 육아 경험과 10여 년 이상 초등수학을 가르친 경험을 동시에 가진 분들이기 때문에, 꼭 필요하고 도움이 되는 질문과 명쾌한 해법을 제시할 수 있었습니다. 유아수학교육에 대한 고민을 초등수학교육과 연결하여 풀어낸 책은 이전에 없었습니다. 이 책을 마지막으로 이후에도 없을 것입니다.

2021년 6월

전국수학교사모임 유아수학사전팀을 대표하여

최수일 씀

차례

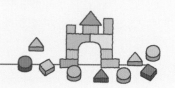

2장 도형

3장 　**측정**

4장 규칙성

5장 자료와 가능성

유아수학사전 사용설명서

5개 영역

누리과정의 내용을 초등수학과의 연결성을 고려해 5개의 영역으로 나누었습니다.
영역을 구분하여 찾고 싶을 때 이용하면 편리합니다.
영역명은 최신 초등학교 교육과정과 동일하게
'수와 연산, 도형, 측정, 규칙성, 자료와 가능성'으로 정함으로써
초등학교에 입학해서도 쉽게 적응할 수 있게 만들었습니다.

주제어

아이가 실제 활동하고 학습하는 주제입니다.
개념의 흐름과 연결 관계를 파악할 수 있습니다.

대표 질문

유아기에 꼭 필요한 수학 질문만을 모았습니다.
영역별로 수학 활동을 할 때 헷갈리는 오개념들입니다.
개념을 정확히 이해하지 못하면 수학적인 사고에서 오류를
범하게 되고, 이런 오류가 반복되면 수학이 싫어집니다.
오개념의 벽을 넘어서야 수학을 제대로 이해할 수 있으며,
수학이 재밌어집니다.

아이는 왜?

아이가 왜 이런 행동을 하는지,
대표 질문의 원인을 파헤쳐
부모님의 이해를 돕기 위해 만들었습니다.
오개념이 생기는 데는 나름의 이유가 있습니다.
개념을 이해하는 과정에서
충분한 이해가 부족했기 때문이지요.
오개념이 왜 생겼는지를 정확히 알아야
오개념의 벽을 넘을 수 있습니다.

이렇게 해 보세요

대표 오개념에 대한 해결 방안을 제공합니다.
'이렇게 해 보세요'를 먼저 읽고 '그것이 알고 싶다'를 읽으면
아이가 해당 개념을 이해하도록 지도하는 데 도움이 됩니다.
이 부분의 내용만으로도 궁금한 점이 해결된다면
'그것이 알고 싶다'를 건너뛰어도 괜찮습니다.

이 책은 처음부터 쭉 공부하거나 문제를 푸는 책이 아닙니다.
아이나 부모님의 수학 질문을 찾아서 놀이하듯이 함께 읽어 나가면 됩니다.
『개념연결 유아수학사전』을 유용하게 활용하기 위해서 사용설명서를 꼭 읽어 보시기 바랍니다.

수와 연산

수의 크기 비교 　　구체물 수량의 많고 적음 비교하기

물건의 수를 비교할 때 길게 펼쳐져 있는 쪽이 더 많다고 생각해요.

아이는 왜?

보통 사물이 2개나 3개인 경우에는 직접 세어 보지 않고도 어느 것이 더 많고 적은지 구분할 수 있습니다. 그런데 3개보다 많을 때도 비교하려는 대상을 하나씩 세지 않고 겉으로 보이는 크기(부피나 늘어놓은 길이 등)로 개수가 많고 적음을 판단하려고 하지요. 수 세기를 할 수 있더라도 수의 크기를 어림하는 수 감각은 아직 부족하기 때문입니다.

이렇게 해 보세요

두 종류의 물건을 줄을 맞춰 배열한 다음 개수를 세어 비교해 보세요. 하나씩 짝을 지어 비교하는 활동은 크기 비교뿐만 아니라 뺄셈을 하는 데도 도움이 됩니다.

그것이 알고 싶다

보통 유아들은 3까지의 수는 직접 세어 보지 않고도 한눈에 알 수 있지만, 그 이상의 수는 하나씩 직접 세어야 정확한 수를 알 수 있습니다. 따라서 비교하기에 있어서도 수량의 차이가 분명하게 드러나는 두 집합을 비교하는 활동을 하면 수량의 많고 적음을 감각적으로 이해하는 데 도움이 되지요. 눈으로 봐도 크기를 구별할 수 있는 자료를 중심으로 '더 많다' 또는 '더 적다'를 탐색하게 해 보세요.

4세부터 점차 눈으로만 봐서는 구별하기 어려운 두 집합의 크기를 비교해 봅니다. 이때 두 집합의 사물을 일대일로 짝을 지어 놓아 보세요.

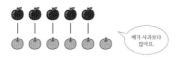

배가 사과보다 많아요.

일일이 개수를 세면서 비교하는 방법도 있습니다.

사과가 다섯, 배가 여섯, 배가 사과보다 더 많아요.

유아기 때는 주변 사물을 이용해 짝을 짓거나 일일이 세어 보면서 어느 것이 더 많거나 더 적은지 확인하는 경험을 많이 해야 합니다. 이렇게 수량을 인식하는 활동은 수학적 이해의 바탕이 됩니다.

그것이 알고 싶다

보다 자세한 설명입니다.
수학의 기초는 이전부터 죽 이어 온
개념의 연결에서 시작되기 때문에
가급적 수학 개념의 연결성을
이용하여 설명하려고 노력했습니다.
이 부분을 아이에게 읽어 주기만 해도
개념을 이해하기 쉽도록
자세히 설명했습니다.
질문은 다르지만 문제의 원인이 동일하여
설명이 반복되기도 합니다.
그만큼 일상에서 많이 부딪치는
문제이기 때문입니다.

초등학교에 가면

누리과정과 관련된 초등학교
학습 내용을 소개합니다.
초등학교에서 배울 내용들을
조기에 유치원에서 학습할 필요는
없습니다. 초등학교에서 배울 내용을
참고하여 유아 시기에 할 수 있는
활동을 정해 보세요.

초등학교에 가면

두 수의 크기 비교는 수의 순서를 알고 수를 비교하는 상황을 통해서 학습할 수 있습니다. 유아기에 직접 물건을 세고 '더 많다', '더 적다'라고 표현했다면 초등학교에서는 더 나아가 물건의 수량을 수로 나타내어 '더 크다', '더 작다'로도 표현합니다.

구체적인 사물을 통해 수량을 비교할 때는 '많다', '적다'로, 사물을 수로 나타낼 때는 '크다', '작다'로 표현합니다. 비교 대상에 따라 언어적 표현이 달라지므로, 충분한 연습을 통해 바르게 표현할 수 있도록 도와주세요.

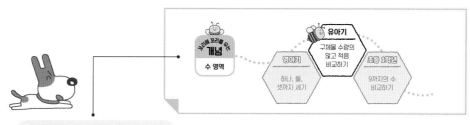

꼬리에 꼬리를 무는 개념

수학은 모든 개념이 연결된 과목입니다.
그래서 수학을 공부하는 데 있어서는 연결성이 굉장히 중요합니다.
연결이 되면 그만큼 이해해야 하는 분량이 줄어듭니다.
또한 개념을 학습할 때 분리시켜 따로따로 공부하는 것은
효율적이지 못합니다. 이전에 배운 내용과 연결하여 이해한다면
시간이 많이 걸리지 않고 새로운 개념에 대한 이해력도 강화될 것입니다.
'꼬리에 꼬리를 무는 개념'에서는 주어진 개념과 직접적으로 연결되는
이전과 이후의 내용을 보여 줍니다.

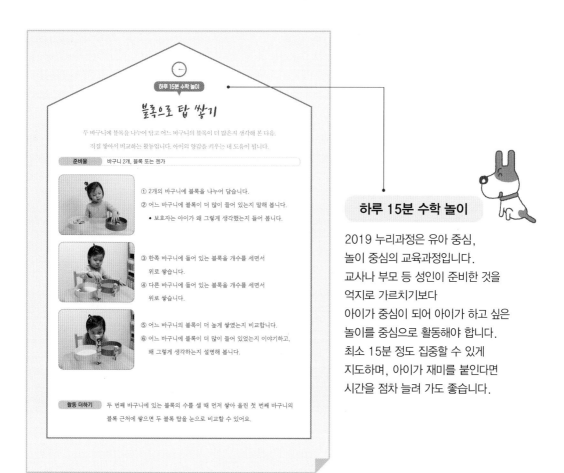

하루 15분 수학 놀이

2019 누리과정은 유아 중심,
놀이 중심의 교육과정입니다.
교사나 부모 등 성인이 준비한 것을
억지로 가르치기보다
아이가 중심이 되어 아이가 하고 싶은
놀이를 중심으로 활동해야 합니다.
최소 15분 정도 집중할 수 있게
지도하며, 아이가 재미를 붙인다면
시간을 점차 늘려 가도 좋습니다.

1장

수와 연산

1장에서는 주변 사물과 자연환경에 관심을 갖고 구체물을 세는 것을
능동적으로 경험하며, 수에 대한 이해를 발달시키는 것을 목표로 합니다.
유아가 수와 연산에 대한 기초 개념을 형성하기 위해서는
생활 속에서 사용되는 수의 여러 가지 의미를 아는 것에서부터 시작하여
수가 수량의 관계를 나타내기 위해 사용된다는 것을 이해해야 합니다.

5~20개가량의 구체물 세어 보기

구체물 수량의 많고 적음 비교하기

구체물을 가지고 더하고 빼는 경험하기

구체물을 묶음으로 세어 보기

구체물을 가지고 몇씩 빼는 경험하기

수를 셀 때 "하나, 둘, 셋, 다섯, 일곱, …"으로 건너뛰어요.

아이는 왜?

보통 2세까지 수 세기는 "하나, 둘, 셋"을 세는 정도의 초보적인 수준에서 이루어집니다. '3'까지는 일상생활의 경험에서 자연스럽게 체득할 수 있지만 '4' 이상의 수는 학습을 통해 익혀야 하기 때문에 4개 이상의 수는 세지 못하거나 혼동하는 경우가 많습니다.

이렇게 해 보세요

주변에서 쉽게 접할 수 있는 물건의 개수를 하나씩 세면서 수량을 인식하게 해 주세요. 처음에는 같이 수를 세면서 아이가 수 이름을 들을 수 있게 합니다. 이러한 활동은 아이가 수를 순서대로 세는 능력을 기르는 데 도움이 됩니다.

그것이 알고 싶다

아이의 연령이 증가하면 갑자기 이전보다 수를 쉽게 세고, 셀 수 있는 수의 범위도 확대됩니다. 3~4세 정도가 되면 9 이상의 수까지 셀 수 있습니다.

수 세기는 아이마다 개인차가 큽니다. 타고난 수 언어 능력의 차이일 수도 있고 경험의 차이일 수도 있습니다. 평소 아이와 대화하면서 수가 사용되는 상황을 많이 경험하게 해 주고 수와 관련된 단어들을 자주 언급해 주세요. 점차 생활 속에서 수가 여러 가지 의미로 사용된다는 것을 알고, 물건 세기를 통해 수량을 인식하게 됩니다.

수 세기는 수 개념을 형성하고 발달시키는 데 매우 중요한 역할을 합니다. 생일 케이크에 나이만큼 직접 초를 꽂게 하고, 가지고 논 장난감을 수를 세며 정리해 보는 등 생활 주변에서 다양한 기회를 제공해 자연스럽게 수 세기를 익히도록 도와줄 수 있습니다.

초등학교 1학년은 수를 세는 것뿐만 아니라 읽고 쓰는 방법을 학습합니다. 또 개수가 같은 여러 가지 사물을 찾아 수로 나타내어 보면서 수 개념을 이해하게 됩니다.

누리과정 3세에는 5개가량의 구체물을 세는 정도의 학습이면 충분합니다. 아이가 4세가 되면 10개, 5세가 되면 20개가량의 구체물을 세는 식으로 확장하며 앞으로 학습할 수 개념에 대한 기본을 충실히 다져 줍니다.

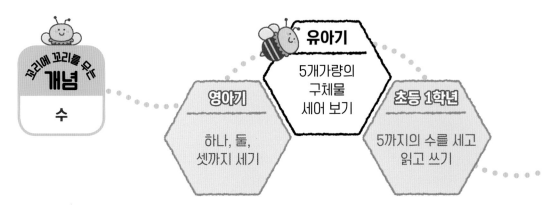

장 보기 계획 세우기

마트 전단지를 보며 사야 하는 물건이나 사고 싶은 물건을 골라 개수를 세어 보세요.

큰 수를 세기보다 수의 순서에 맞게 세는 것이 중요합니다.

건너뛰지 않고 하나씩 세는 연습을 해 보세요.

| 준비물 | 마트 전단지, A4 종이, 가위, 풀 |

① 전단지를 보며 마트에 가서 살 물건을 골라 O표를 합니다.

② 전단지에서 고른 물건을 오리고 A4 종이에 붙여 목록을 만듭니다.

◆ 필요한 개수만큼 오려서 붙일 수 없으면 그림으로 그려 보는 것도 좋습니다.

③ 목록에 붙인 물건을 하나씩 짚어 가며 개수를 세어 봅니다.

◆ ○ 등으로 표시하면서 셀 수도 있습니다.

활동 더하기　마트 전단지가 없으면 인터넷에서 전단지를 찾아 출력하거나 사고 싶은 물건을 직접 그리고 전단지를 만들어서 활동할 수 있어요.

수 세기   5개가량의 구체물 세어 보기

물건 한 개를 가리키며 한꺼번에 "하나, 둘"로 세요.

아이는 왜?

아이가 "하나, 둘, 셋, …"과 같이 곧잘 수를 센다고 해서 수 개념을 아는 것은 아닙니다. 말로 100까지 셀 수 있어도 맥락에 대한 이해 없이 외운 대로 수 세기를 반복하는 것일 뿐 물건 하나하나에 대응되는 수 이름은 제대로 이해하지 못한 상태일 수 있습니다.

이렇게 해 보세요

수를 셀 때 물건을 손으로 직접 가리키면서 "하~나", "두~울", "세~엣"과 같이 음률을 붙여 보세요. 물건과 수를 하나씩 짝 지어 세는 데 도움이 됩니다.

그것이 알고 싶다

유아의 수 세기는 수 이름을 아는 것에서부터 시작됩니다. 처음에는 기계적으로 "하나, 둘, 셋, …"과 같이 수 이름을 일정한 순서대로 암기해서 말하는데, 이러한 '말로 수 세기(oral counting)'가 수를 학습하는 첫 번째 단계입니다. 말로 수 세기가 가능해야 이후 수 이름과 물체를 일대일로 대응시키며 셀 수 있는 '합리적 수 세기(rational counting)'로 발전할 수 있습니다.

따라서 말로 수를 세는 단계에서 수 이름과 물체를 일대일로 대응시켜 셀 수 있는 단계로 자연스럽게 이어지도록 지도해 주세요. 수와 관련된 노래를 부르며 율동하기, 동화책에 제시된 수만큼을 손가락으로 나타내기, 물건의 수만큼 손뼉 치기 등 즐겁게 수 세기를 할 수 있는 다양한 방법을 이용하면 아이가 자연스럽게 수량에 관심을 가질 수 있습니다.

초등학교 1학년은 그림을 보고 관련된 이야기를 하며 수를 세어 쓰는 활동을 합니다. 이러한 활동을 어려워할 경우, 바둑돌이나 연결큐브, 솔방울, 콩주머니 등과 같은 구체물을 이용해서 그림에 있는 사물의 수만큼 세어 본 다음 수를 써 봅니다.

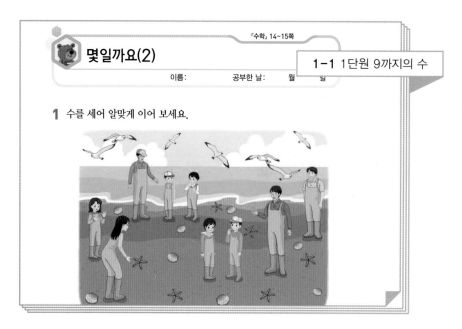

유아의 수 세기는 연령은 물론 물체의 배열 모양, 물체의 양, 구체물을 이용한 반복적인 경험 등에 따라서도 차이를 보입니다. 생활 주변에서 볼 수 있는 여러 가지 물체를 이용해서 다양한 수 세기 활동을 하며 수에 대한 개념을 익힐 수 있도록 지도해 주세요.

물체를 하나씩 수 이름과 대응하여 세어 보고, 세는 활동이 익숙해지면 적은 양의 물건을 이용해서 거꾸로 세어 보는 활동도 해 보세요. 거꾸로 세기는 수 세기 능력을 향상시키는 데 많은 도움을 줄 수 있습니다.

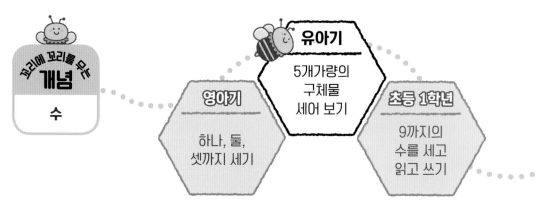

주사위 던지기

물건의 개수에 맞게 수를 세는 활동이 익숙해지면 주사위를 이용한 놀이를 할 수 있어요.

이때 주사위는 숫자보다 점으로 표시된 것을 사용합니다.

놀이를 통해 수 세기를 자연스럽게 연습해 보세요.

준비물　　점 주사위

① 순서를 정해 주사위를 던집니다.

◆ 주사위가 없다면 500mL 우유갑으로 주사위를 만들어 보세요.

② 주사위를 던져 나온 점의 수를 확인하고, 점의 수가 몇 개인지 하나씩 짚으면서 세어 봅니다.

③ 점의 개수만큼 손뼉을 칩니다.

◆ 손뼉 치기를 아이가 좋아하는 행동 하기, 좋아하는 동물 소리 내기 등으로 바꿔서

진행할 수도 있습니다.

활동 더하기　　점의 수를 7~12로 바꿔 놀이를 할 수 있어요. 또 주사위를 던지기 전에 몇

개의 점이 나올지 미리 예상하여 말한 다음, 주사위를 던져 확인하는 놀이도

할 수 있어요.

수 세기 　　5개가량의 구체물 세어 보기

나이를 말할 때, 나이와 손가락 수가 일치하지 않아요.

아이는 왜?

아이들은 자주 "나는 몇 살이야?" 하고 묻습니다. 또한 놀이터에서 또래끼리 모였을 때 "아이가 몇 살이에요?" 하는 어른들의 질문을 많이 듣습니다. 아이들은 어른들을 통해 자기가 몇 살인지 알고 있지만, 나이를 숫자로 인지하지 못하는 경우가 많습니다. 또한 손가락을 접고 펴는 기능이 발달되지 않아서 손가락으로 나이를 정확하게 표현하지 못하기도 합니다.

이렇게 해 보세요

"한 살, 두 살, 세 살, …"과 같이 한 살부터 시작해 아이의 나이가 될 때까지 손가락으로 수를 세어 보세요. 아이는 맨 마지막에 말한 수 이름이 자기 나이와 같다는 수의 원리를 알게 됩니다.

그것이 알고 싶다

3세의 유아는 수 이름과 물체를 일대일로 대응하며 세는 데 어려움을 보입니다. 또한 "하나, 둘, 셋"과 같이 수를 셀 수는 있지만 자신의 나이인 '세 살'을 수로 표현할 수 있다는 것을 인식하지 못하기도 합니다.

'세 살'을 '3'으로 인식하고 있더라도 이를 손가락으로 표현하는 데 어려움을 겪을 수 있습니다. 이 경우는 머지않아 2개의 손가락을 접고, 동시에 3개의 손가락을 펴는 모습을 어설프게나마 보여 주지요. 이는 손가락을 접고 펴는 기능이 아직 발달되지 않은 탓이므로 시간이 지나면 보다 자연스러워집니다.

아이의 나이를 말할 때 한 살, 두 살, 세 살 등과 같이 한 살부터 아이의 나이까지 수를 세면서 말해 주세요. 보통 손가락으로 수를 셀 때는 손가락을 모두 편 상태에서 하나씩 접으며 수를 세어 가지만, 나이를 나타낼 때는 반대로 손가락을 모두 접은 상태에서 하나씩 펴 가며 표현합니다.

손가락 운동은 뇌를 자극하는 방법 중 가장 손쉬우면서도 효과가 탁월합니다. 손가락을 사용해서 다양하게 나이를 표현하다 보면 아이가 자연스럽게 나이를 수로 인식하게 되고, 이는 두뇌에도 좋은 자극이 됩니다.

초등학교에 가면

초등학교 1학년은 1학기에 실생활의 모습에서 수가 쓰이는 상황을 통해 수 개념을 형성하게 됩니다.

생일 케이크에 초를 꽂고 초를 "하나, 둘, 셋, …" 또는 "일, 이, 삼, …"과 같이 세면서 초의 개수와 나이를 연결시킵니다. 초를 하나씩 가리키며 세어 보고, 다시 그만큼 손가락을 함께 펴면서 세어 본 다음, 편 손가락의 개수와 아이의 나이를 비교하여 몇 살인지 말하는 등의 활동을 반복하는 것이 도움이 됩니다.

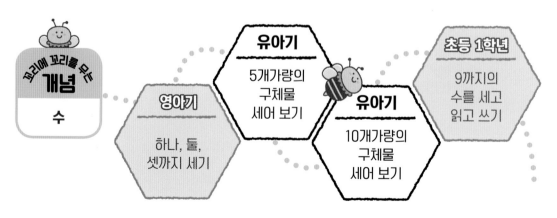

하루 15분 수학 놀이

손가락으로 나타내기

아이가 자신의 나이를 수로 인식하지 못하거나 손가락을 접고 펴는 것을 어려워하면,

손 모양으로 종이를 오려 나이를 표현해 보세요.

나이와 종이 손가락을 일대일로 대응해 보면서 나이도 수라는 사실을 인식할 수 있습니다.

준비물　종이(아이의 손을 여유 있게 그릴 수 있는 크기), 가위, 색연필

① 아이의 손보다 큰 종이를 준비합니다.

② 종이에 손바닥을 대고 손 모양을 그린 후 오립니다.

③ 아이의 나이, 동생의 나이, 친구들 나이, 가족의 수 등을 종이 손가락으로 세어

　나타내어 봅니다.

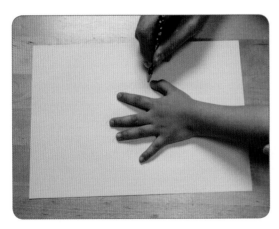 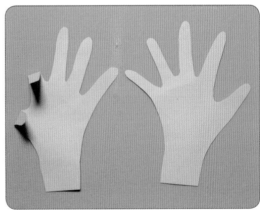

활동 더하기　아이가 손 모양을 잘 그리지 못했다면 보호자가 종이를 오릴 때 손가락이 잘

구분될 수 있게 도와주세요. 다른 사람의 손 모양도 그리고 오려서 아이와

함께 수를 세어 보세요. 종이 손가락으로 나이를 표현하는 데 익숙해지면 아

이가 직접 자신의 손가락을 접고 펴는 활동을 하여 자연스럽게 손 기능이 발

달될 수 있게 해 주세요.

수학 연산

물건 2개를 "하나"라고 세요.

아이는 왜?

수의 이름을 말하는 것과 수량을 인식하는 것은 다릅니다. 보통 3~4세의 유아들은 "하나, 둘, 셋, …"과 같이 수 이름을 순서대로 말할 수 있고 한 번에 하나의 물건을 가리킬 수 있지만, 수 이름을 순서대로 말하면서 동시에 물건을 일대일로 대응시키는 것은 어려워합니다.

이렇게 해 보세요

공깃돌이나 장난감 등을 나란히 배열하고 손가락으로 짚어 가면서 수를 세어 보세요. 흩어져 있는 물건보다는 정렬된 물건의 수를 세는 활동이 수 세기에 도움이 됩니다.

그것이 알고 싶다

유아들에게 수 이름과 수량을 연결하는 것은 어려운 일입니다. 물론 3~4세 유아들은 대부분 1에서 10까지의 수 이름을 순서대로 정확히 말하면서 수 세기를 할 수 있고, 5세는 100까지의 수를 세기도 합니다.

그러나 큰 수까지 셀 수 있다고 해서 수량을 인식할 수 있는 것은 아닙니다. 수가 사용되는 상황에서 물건 세기를 통해 수량을 인식해 나가도록 이끌어 주세요. 생활에서 직접 수를 세는 기회를 많이 경험할수록 수 세기 능력이 발달합니다.

개수가 적은 물건을 세는 것부터 시작하고, 처음에는 가급적 나란히 배열된 물건을 순서대로 짚어 가며 세어 봅니다. 물건 한 개에 수 이름이 하나씩 대응되는 원리를 이해하는 것은 수 개념을 발달시키는 데 기초가 되는 중요한 활동입니다.

초등학교에 가면

초등학교 1학년은 학생들이 좋아하는 놀이터를 배경으로 숨겨진 숫자를 찾아보고 숫자에 포함된 사물의 개수를 세어 보는 활동을 합니다. 또한 수와 관련된 이야기를 만들어 보면서 수의 개념을 이해해 나갑니다.

탐구 수학

숫자를 찾아 말해 볼까요

1-1 1단원 9까지의 수

숨은 숫자를 찾아봅시다.

유아기에 배우는 수학의 첫 번째 목표는 수학에 호기심과 흥미를 갖고 수학을 즐기는 것입니다. 주변 사물을 이용하여 자연스럽게 수 세기를 이해하고 표현할 수 있도록 지도해 주세요.

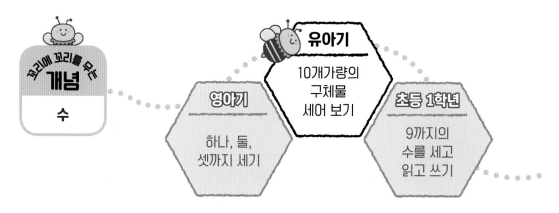

꼬리에 꼬리를 무는 **개념**

수

영아기

하나, 둘, 셋까지 세기

유아기

10개가량의 구체물 세어 보기

초등 1학년

9까지의 수를 세고 읽고 쓰기

짧은 문장 만들기

생활 주변의 물건을 이용하여 수와 관련된 짧은 문장을 만들어 보세요.

실생활과 관련된 수 세기는 수의 유용성과 흥미를 느끼게 하는 적절한 방법이 됩니다.

준비물　생활 주변의 물건들

① 주변 물건을 이용하여 수와 관련된 문장을 만듭니다.

　예 현관에 우산이 '하나, 둘, 셋, 넷' 있어요.

② 아이 혼자 문장 만들기가 가능하면 혼자 만들어 보게 합니다.

③ 아이가 수를 세고 나면 보호자가 단위를 붙여서 다시 한 번 말해 줍니다.

　예 아이: 풀이 '하나, 둘, 셋' 있어요.

　　보호자: '하나, 둘, 셋.' 풀이 모두 세 개 있구나.

◆ 아이가 '셋'을 센 후에 '세 개'라고 말하기는 아직 어렵습니다.

활동 더하기　짧은 문장 만들기가 익숙해지면 이야기를 만들어 보세요. 서로 한 문장씩 이야기를 이어 나갈 수도 있어요. 이때는 아이가 먼저 시작하고 보호자가 아이의 이야기를 받아서 이어 갑니다. 아이와 읽었던 그림책이나 동화책의 주인공을 등장시키는 것도 좋은 소재가 될 수 있어요.

물건을 셀 때, 중복해서 세거나 빠뜨리고 세요.

아이는 왜?

'하나, 둘, 셋, …' 또는 '일, 이, 삼, …' 등의 수 이름을 안다고 해서 물건의 수를 셀 수 있는 것은 아닙니다. 자신이 센 물건과 아직 세지 않은 물건을 기억하면서 하나씩 세는 것은 4~5세의 유아들에게도 어려운 일입니다. 센 것과 세지 않은 것을 구별해야 하고, 동시에 세지 않은 물건들을 수 이름의 순서에 따라 세어야 하기 때문입니다.

이렇게 해 보세요

물건을 셀 때 센 물건과 세지 않은 물건을 구별해서 놓아 주세요. 물건을 손가락으로 집어 자리를 옮기며 하나씩 세면, 이미 센 물건과 아직 세지 않은 물건을 눈으로 확인할 수 있으므로 중복해서 세거나 빠뜨리고 세는 실수를 줄일 수 있어요.

그것이 알고 싶다

유아는 이미 센 물건과 아직 세지 않은 물건을 구별하면서 수를 세는 것을 어려워합니다. 말로 수 세기가 가능한 2세 유아들은 수를 세는 과정에서 일부분을 빼고 세는 경우가 종종 있지만, 3~4세가 되면 하나하나 물체를 가리키며 순서대로 정확히 셀 수 있습니다. 그러나 이 시기에도 이미 센 물건과 아직 세지 않은 물건을 혼동하는 경우가 있습니다.

생활 속에서 자연스럽게 물체를 세다 보면 점차 수량을 인식할 수 있습니다. 예를 들어 아이에게 간식으로 젤리를 줄 때 "오늘은 젤리를 몇 개 먹을까?" 하고 물으면서 아이가 직접 젤리를 접시에 옮기며 수를 셀 수 있게 합니다. 그리고 접시에 담은 젤리를 가리키며 "젤리가 몇 개지?" 하고 물으면 아이가 반복해서 젤리를 세어 보게 되지요. 이때 하나씩 옆으로 밀면서 센 것과 세지 않은 것을 구별합니다.

주변의 나란히 배열된 물건도 손으로 짚어 가면서 순서대로 세어 보세요. 일대일 대응의 원리를 이해하는 것은 수 개념 발달의 기초가 되는 중요한 활동입니다.

초등학교 1학년은 주변에 있는 여러 가지 사물의 수를 세어 보고 이를 수로 표현해 봅니다. 짝끼리 사물을 세어 수를 비교하고 수로 나타내는 과정에서 의사소통 능력을 기를 수 있습니다.

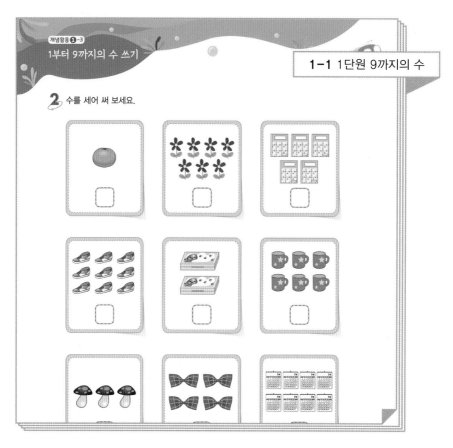

누리과정에서는 숫자 쓰기보다 사물의 일대일 수 세기에 초점을 맞춥니다. 따라서 주변의 사물을 이용하여 자연스럽게 수 세기를 이해하고 표현할 수 있게 지도합니다.

기차 놀이

평소 가지고 노는 장난감이나 책을 나란히 놓으면서 수 세기를 해 보세요.

기차처럼 늘어놓으면 수 세기에 좀 더 집중할 수 있어요.

준비물	장난감 또는 늘어놓을 수 있는 물건들

① 아이와 보호자가 장난감을 각각 하나씩 놓습니다.

② 번갈아 가며 장난감을 이어 놓아서 기차처럼 길게 만듭니다.

③ 기차가 완성되면 첫 칸부터 하나씩 수를 세어 봅니다.

활동 더하기 기차 칸을 원하는 개수만큼 목표를 정해서 연결하고, 놀이를 정리할 때는 맨 뒤 칸부터 하나씩 수 세기를 해 보세요.

'아홉' 다음에 '십'으로 세요.

하나, 둘, 셋, 넷, …, 아홉, 십!

끄응 …

뭐가 이상한데….

긁적

아이는 왜?

물건을 세거나 말로 수를 셀 때 "하나, 둘, 셋, …, 아홉, 십"으로 세는 아이들이 있습니다. 혹은 "일, 이, 삼, 사, 오, 육, 칠, 팔, 구, 열"로 세기도 하지요. 우리나라는 고유어로 된 이름과 한자어로 된 수 이름을 모두 사용하고 있기 때문에 아이들이 수를 셀 때 혼동하는 경우가 많습니다.

이렇게 해 보세요

'번갈아 수 세기 놀이'를 해 보세요. 순서를 정해 한 명이 먼저 수를 이야기하면 상대방은 그 다음 수를 이야기하는 놀이입니다.

   예 "삼" ⇨ "사", "셋" ⇨ "넷"

작은 수부터 시작해서 놀이가 어느 정도 익숙해지면 9 다음의 수까지 말해 보세요. 이를 통해 자연스럽게 고유어와 한자어의 수 이름을 익힐 수 있습니다.

그것이 알고 싶다

우리나라는 수를 셀 때 "하나, 둘, 셋, …"과 같이 고유한 우리말로 된 수 이름과 "일(一), 이(二), 삼(三), …"과 같이 한자어로 된 수 이름을 모두 사용합니다. 그래서 4~5세의 수 세기 능력은 수를 셀 때 고유어를 쓰는지, 한자어를 쓰는지에 따라서도 차이가 있습니다.

그런데 유아의 연령이 높아져 다루는 수의 범위가 넓어지면 9 다음에 오는 수를 틀리게 세는 경우가 많습니다. 이는 10에 해당하는 고유어 수 이름이 아직 익숙하지 않기 때문입니다. 10, 20, 30, … 등을 읽을 때 한자어 수 이름은 십, 이십, 삼십, …과 같이 규칙성을 쉽게 발견할 수 있는데, 고유어 수 이름은 열, 스물, 서른, …과 같이 규칙성을 발견하기 어렵기 때문에 아이에게는 어렵게 느껴지는 것이지요.

일상생활에서 고유어와 한자어 수 이름으로 반복해 수 세기를 하면 수 이름을 순서대로 말하는 데 익숙해집니다.

초등학교 1학년은 '9보다 1 큰 수', '9 다음의 수'로 '10'을 배웁니다. 10 이하의 수를 여러 가지 방법으로 세어 보고, 10을 여러 가지 방법으로 표현해 보는 활동을 하지요.

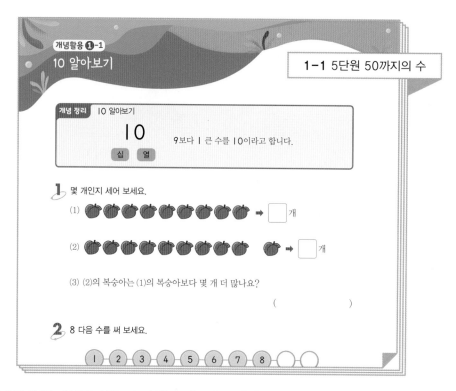

누리과정에서는 '10'을 '십' 또는 '열'로 읽는다고 말해 주기보다 '일'부터 세기 또는 '하나'부터 세기 등의 활동을 통해 사물의 개수를 '십' 또는 '열'까지 세어 봅니다. 1부터 10까지의 수는 앞으로 학습할 '두 자리 수'에 있어 매우 중요한 개념이므로 다양한 수 세기를 통해서 수 이름을 익숙하게 사용하는 것이 중요합니다.

책 다리 건너기

10권의 책으로 다리를 만들어 하나씩 건너면서

9보다 1 큰 수인 10을 '십' 또는 '열'로 읽는 연습을 해 보세요.

준비물　　도서 10권

① 하루 동안 읽은 책을 정리하기 전에 바닥에 놓아 다리를 만듭니다.

② 책을 하나씩 밟으면서 수를 세어 봅니다.

③ 수를 "하나, 둘, 셋, …, 열"과 같이 세어 봅니다.

④ 되돌아오면서 "일, 이, 삼, 사, …, 십"으로 세어 봅니다.

　◆ 수 세기가 어느 정도 익숙해지면 되돌아오면서 수를 거꾸로 세어 봅니다.

활동 더하기　　반복해서 책 다리를 건넜으면 바닥에 놓인 책을 한 권씩 걷으면서 수를 세고, 동시에 걷은 책을 한쪽에 쌓아 몇 층으로 쌓았는지 세어 보세요.

"몇 개?" 하고 물으면 "삼 개." 하고 답해요.

아이는 왜?

유아기에는 대체로 수 이름만 알고 수 세기를 시작하므로 아직까지 수의 여러 가지 의미를 구분하지 못합니다. 그래서 숫자에 단위가 붙으면 '3'을 말해야 하는 상황에서 "셋"으로 말해야 할지 "삼"으로 말해야 할지 혼동할 수 있습니다.

이렇게 해 보세요

구체적인 상황 속에서 수를 읽어 주면 상황에 따라 수를 다르게 읽어야 한다는 것을 자연스럽게 익힐 수 있습니다.

예 (사과 3개를 가리키며) "사과가 세 개 있네."

예 (3층집을 가리키며) "삼층집이야."

생활 속에서 수는 여러 가지 의미로 사용되고 있습니다. 물건의 개수나 양을 나타내는 수는 기수(집합수)라고 하는데, 기수는 물체를 세고 분류하는 데 사용됩니다.

위치나 순서를 나타내는 수는 서수(순서수)라고 합니다. 서수는 개수나 양이 아닌 차례를 나타냅니다.

전화번호, 운동선수의 등번호, 차량 번호처럼 대상을 구별하기 위해 명칭으로 사용하는 수는 이름수라고 합니다. 3번 마을버스의 '3'은 양을 나타내는 것이 아니라 버스의 이름을 대신합니다.

수는 단위에 따라서 "일, 이, 삼, …"으로 읽어야 할 때도 있고, "하나, 둘, 셋, …"으로 읽어야 할 때도 있습니다. 아이가 단위에 신경 쓰지 않고 개수를 세어 보게 한 다음 보호자가 마지막에 단위를 붙여서 수를 읽어 주세요.

초등학교 1학년은 수를 읽고 쓰는 법을 배웁니다. '1'은 '하나'로 읽을 수도 있고, '일'로 읽을 수도 있습니다. 단위에 따라 읽는 법이 다르므로, 다양한 상황을 통해 이를 이해해 나갑니다.

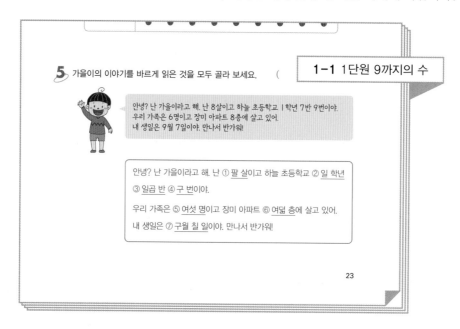

예를 들어 '3'은 공책의 수를 셀 때 "공책 세 권"으로, 건물의 층수를 셀 때 "건물 삼 층"으로 읽습니다. 이때 '공책 삼 권', '건물 세 층'으로 읽지 않는다는 것을 언급할 수 있지만, 그보다 "하나, 둘, 셋, …", 또는 "일, 이, 삼, …"과 같이 세는 것에 집중합니다. 생활 속에서 수가 사용되는 상황을 자연스럽게 자주 경험하면 수가 여러 가지 의미로 사용된다는 것을 알 수 있습니다.

그림책 이용하기

"삼"으로 읽을 때와 "셋"으로 읽을 때를 구분하는

활동을 해 보세요. 그림책에서 물건이나 동물, 인물을 찾아 수를 세는 활동을 반복하면

단위에 따라 수를 다르게 읽는다는 것을 자연스럽게 알 수 있습니다.

준비물 그림책

① 수를 "일, 이, 삼, …"과 같이 세고 같은 수 이름으로 읽는 상황을 이야기합니다.

   예 3층집 그림을 보면서 아이와 같이 "일, 이, 삼"으로 층수를 세고,

      보호자가 단위를 붙여 "삼층집이야." 하고 말해 줍니다.

② 수를 "일, 이, 삼, …"과 같이 세고 "하나, 둘, 셋, …"으로 읽는 상황을 이야기합니다.

   예 사과가 3개 있는 그림을 보면서 아이와 같이 "일, 이, 삼"으로 개수를 세고,

      보호자가 단위를 붙여 "사과가 세 개 있네." 하고 말해 줍니다.

활동 더하기 물건의 수를 셀 때는 "하나, 둘, 셋, …" 또는 "일, 이, 삼, …"과 같이 세는 것에 집중하고, 단위를 붙여 읽을 때는 상황에 따라 수를 다르게 읽을 수 있다는 것을 인식하게 해 주세요. 여러 개의 단위를 한꺼번에 제시하기보다 한 가지를 수차례 반복해서 자연스럽게 익힌 다음 다른 단위를 쓰는 상황을 경험하도록 이끌어 주세요.

물건 7개와 숫자 '7'을 연결하지 못해요.

아이는 왜?

유아가 숫자와 그 숫자에 해당하는 수량을 인식하는 것은 별개의 문제입니다. 또한 숫자를 인식하기 위해서는 숫자의 모양이 서로 다르다는 것을 알고 구별할 수 있어야 합니다.

이렇게 해 보세요

버스 번호, 아파트 동·호수, 자동차 번호판, 전화번호, 달력 등을 보면서 숫자를 읽어 보세요. 생활 주변의 숫자를 인식할 수 있는 기회에 자주 노출되면 숫자에 저마다 고유한 이름이 있고 서로 모양이 다르다는 것을 자연스럽게 알게 됩니다.

초등학교에서 처음 배우는 수학은 수와 숫자입니다. 아이들은 물체와 수를 하나씩 대응시키는 수 세기를 통해 수를 이해하게 되지요.

2~3세의 유아는 "하나, 둘, 셋, …" 또는 "일, 이, 삼, …"과 같이 수 이름을 말하며 수를 셀 수 있습니다. '🍎 ⇨ 1, 🍎🍎 ⇨ 2, 🍎🍎🍎 ⇨ 3, …'과 같이 숫자가 각각 다른 수량을 나타내며 그 양이 변하지 않는다는 것을 이해하는 것은 대체로 4세 이후입니다. 이때도 숫자의 모양 및 이름을 아는 것과 그 숫자가 의미하는 수량을 인식하는 것은 별개입니다.

숫자를 인식하기 위해서는 숫자의 모양이 서로 다르다는 것을 알아야 합니다. 즉, 숫자를 읽으려면 각 숫자에 대한 이미지를 인지할 수 있어야 하지요. 생긴 모양을 관찰하여 각 부분들이 어떻게 전체를 이루고 있는지, 부분과 전체가 어떤 관계인지 인식해야 합니다. 아이들은 2와 5, 6과 9를 보고 비슷한 부분과 다른 부분을 비교, 구별하는 데서 어려움을 느낍니다.

또한 수 세기를 하면서 숫자 쓰기를 반복하기보다 생활 속 다양한 물체 세기를 경험할 수 있어야 수량을 인식하며 수 개념을 형성하게 됩니다. 숫자를 따라 쓰는 것은 아이의 소근육이 발달되어야 하는 것은 물론 손과 눈의 신경 기관, 운동 기관, 근육 등이 서로 호응하며 조화롭게 움직일 수 있고, 좌우 변별, 선과 도형의 개폐 개념이 형성되어야 가능합니다. 점선을 따라 숫자를 쓰는 등의 학습은 아이의 발달 단계에 적합하지 않고 흥미를 저하시키므로 삼가는 것이 좋습니다.

사탕 6개를 가져오라고 하면 5개를 가져와요.

아이는 왜?

유아는 주어진 수만큼 물체를 세어 집합을 만드는 활동을 어려워합니다. 가져가야 하는 사탕의 개수 6은 물론, 사탕을 셀 때 6개에서 멈춰야 한다는 것을 계속 기억해야 하기 때문입니다.

이렇게 해 보세요

아이에게 요구하는 물건의 수를 작은 수부터 시작하세요. 아이에게 원하는 개수를 여러 번 반복해서 이야기하고 손가락 등으로 수를 표시해 주면 물건을 세는 동안 세어야 하는 물건의 개수를 기억하는 데 도움이 됩니다.

그것이 알고 싶다

합리적인 수 세기 원리 중에서 수를 셀 때 맨 마지막에 말한 수 이름이 전체 수량이 되는 것이 기수(집합수)의 원리입니다. 예를 들어 사과가 5개 있을 때 "하나, 둘, 셋, 넷, 다섯" 하고 세었으면, 마지막의 수 이름인 '다섯'이 전체 사과의 개수가 됩니다.

일반적으로 4세 이전의 유아는 10개가량의 구체물을 셀 수 있어도 원하는 수만큼의 수량을 가져오는 것은 어려워합니다. 물건을 수 이름의 순서에 맞게 기억하면서 세어야 하고, 센 것과 세지 않은 것을 구별해야 하며, 수 세기를 멈춰야 하는 수량을 기억해야 하기 때문입니다.

아이가 쉽게 기억할 수 있도록 가져오게 하는 물건의 수를 작은 수부터 시작해 보세요. 또 아이가 물건을 셀 때 눈을 맞출 수 있는 거리에서 살펴보며 수를 손가락으로 표시해 주거나 여러 번 반복해서 말해 줍니다.

초등학교에 가면

초등학교 1학년은 1학기에 수를 읽고 쓰는 활동과 놀이를 하면서 수 개념을 익힙니다.

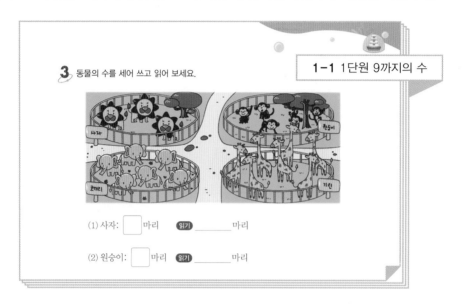

누리과정에서는 숫자나 한글 쓰기를 지도하지 않기 때문에 기호화된 숫자를 보면서 수 세기 활동을 하기보다 원하는 수만큼 말해 보고 세어 보는 놀이를 통해 자연스럽게 수 개념이 형성될 수 있도록 지도합니다.

즐겁게 몸으로 느낀 수학은 기억이 오래 지속됩니다. 유아기에 배우는 수학의 첫 번째 목표는 수학에 대한 호기심과 흥미를 가지고 수학을 즐기는 것입니다. 수학에 대해 긍정적인 태도를 형성하는 것은 앞으로의 수학 학습에 큰 영향을 미치고, 수학적 시각과 사고는 곧 수학에 대한 자신감으로 이어질 수 있습니다.

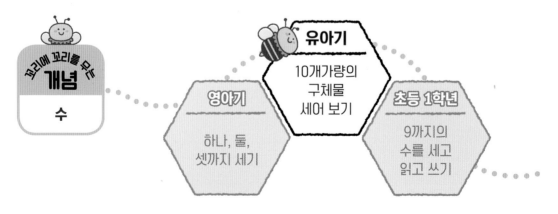

하루 15분 수학 놀이

원하는 만큼 가져오기

아이가 갖고 논 장난감이나 읽은 책을

수 세기를 하면서 정리해 보세요.

| 준비물 | 아이가 놀고 난 장난감과 읽고 난 책 |

① 보호자가 원하는 수만큼을 손가락으로 나타내고 얼마인지 이야기합니다.

② 아이가 흩어져 있는 물건을 개수만큼 가져옵니다.

③ 아이가 가져온 물건의 수를 같이 세어 보며 맞는지 확인합니다.

활동 더하기 아이에게 가져와야 하는 장난감의 수를 말해 주고 그 수를 손가락으로 나타내게 해 보세요. 물건은 여러 차례 나눠서 가져오거나 가방이나 장바구니 등에 담아 올 수 있어요. 보호자와 아이가 번갈아 수를 만들고 가져올 수도 있습니다.

10개가량의 구체물 세어 보기

숫자를 거꾸로 써요.

아이는 왜?

유아에게 숫자 쓰기는 숫자 읽기보다도 어려운 일입니다. 숫자를 쓰려면 어디서 시작하는지, 어느 방향으로 진행하고 어디서 어떻게 방향을 바꿔야 하는지, 어디서 멈춰야 하는지를 알아야 합니다. 이러한 과정들이 불완전할 경우 아이는 숫자를 보고 쓰는 것도 어려워하거나 거꾸로 쓰는 모습을 보이게 됩니다.

이렇게 해 보세요

색연필이나 크레파스로 여러 가지 선을 긋는 연습을 하여 소근육을 키워요. 아이가 숫자에 대한 호기심이 많다면 숫자의 생김새를 눈으로 보고 말로 표현해 보게 합니다. 숫자를 쓰는 데 집중하기보다 숫자의 생김새를 느낀 대로 이야기하고 표현해 보면 숫자의 형태를 인식하고 수를 이해하는 데 도움이 됩니다.

그것이 알고 싶다

숫자를 따라 쓰는 것은 아이의 소근육이 발달되어야 하는 것은 물론 손과 눈의 신경 기관, 운동 기관, 근육 등이 서로 호응하며 조화롭게 움직일 수 있어야 하고, 좌우 변별, 선과 도형의 개폐 개념이 형성되어야 가능합니다.

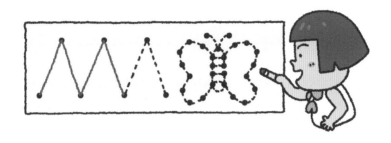

아이가 10 이하의 수를 쉽게 읽더라도 숫자를 쓰는 것은 읽는 것보다 어렵습니다. 숫자를 쓰는 초기 단계에는 거꾸로 쓰기도 하고, 획순을 틀리기도 하며, 다른 숫자로 바꾸어 쓰기도 합니다. 이러한 오류들은 시간이 지나면 고쳐집니다. 오히려 성급하게 쓰기를 시키거나 점선을 따라 숫자를 쓰게 하는 등의 활동은 잘못된 숫자 쓰기 습관을 형성할 수 있고 아이의 발달 단계에 적합하지 않으며 나아가 학습에 대한 흥미를 저하시킬 수 있습니다.

기계적으로 숫자 쓰기를 반복하기보다 주변에서 숫자를 인식할 수 있는 기회를 제공하면서 아이가 숫자에 대한 이미지를 만들어 나가도록 도와주세요.

> 시각화하기 ⑩ 8 → 눈사람
>
> 끈으로 숫자 만들기
>
> 찰흙으로 숫자 만들기
>
> 공중에 손가락으로 숫자 써 보기
>
> 몸으로 숫자 표현하기

수와 연산

'12'를 '일이'로 읽어요.

아이는 왜?

　10 이상의 수를 "열, 열하나, 열둘, …" 또는 "십, 십일, 십이, …"와 같이 순서에 맞게 기계적으로 셀 수 있다고 해도 기호화된 수를 읽을 때는 자릿값의 개념을 알아야 합니다. 두 자리 수를 나타내는 십의 자리와 일의 자리 수의 개념을 알지 못하면, 아이의 눈에는 '12'가 '1'과 '2'를 나란히 놓은 모습으로 보일 수 있습니다.

이렇게 해 보세요

블록이나 수 모형을 이용하여 수를 만들고 읽어 보세요.

예 　⇨ 십이 또는 열둘

　숫자를 단순히 읽기보다 블록이나 수 모형 등 십의 자리와 일의 자리를 구분할 수 있는 자료를 이용하면 자릿값의 개념을 이해하는 데 도움이 됩니다.

십진법은 0~9의 숫자 10개로 수를 나타내는 방법입니다. 묶음의 수가 10이 되면 한 자리씩 자릿값이 올라가지요. 큰 수 쪽으로 한 자리씩 이동할 때마다 자릿값이 10배씩 커집니다. 1이 10개이면 일의 자리에서 십의 자리로 한 자리 이동하여 10이 되고, 10이 10개가 되면 십의 자리에서 백의 자리로 한 자리 이동하여 100이 되는 것입니다.

11은 십의 자리 숫자와 일의 자리 숫자가 모두 '1'이지만 십의 자리 숫자 1은 '10', 일의 자리 숫자 1은 '1'을 의미합니다. 아이들에게 수 모형은 십진법을 이해하는 좋은 교구가 됩니다. 수 모형으로 보면 십 모형과 낱개 모형이 각각 한 개씩이고 십 모형은 낱개 모형 10개로 이루어져 있는 것을 눈으로 확인할 수 있습니다.

수 개념을 이해하는 데 있어서는 '10'의 의미를 아는 것이 매우 중요합니다. 십진법은 수를 나타내는 방법을 이해하고 자릿값의 개념을 형성하는 기초가 되며, 앞으로 학습하게 될 수의 연산을 위해 꼭 습득해야 하는 개념입니다. 수 카드와 같이 기호화된 숫자를 통해 성급하게 도입하기보다 주변의 물건이나 블록을 이용하여 다양하게 10 이상의 수를 세어 보고, 10개씩 묶어 보는 활동을 놀이에 적용해 보세요.

두 자리 수에 대한 개념이 익숙해지면 수 카드를 이용하여 다양하게 수를 만들고 함께 읽어 보는 활동도 해 봅니다.

예 1 , 2

1 2 ⇨ 십이 또는 열둘

2 1 ⇨ 이십일 또는 스물하나

2 1
십의 자리 · 일의 자리

10개가 넘어가면 잘 세지 못해요.

아이는 왜?

아이들이 10까지의 수를 잘 셀 수 있다고 해도, 10보다 큰 수를 셀 때는 십과 일의 자리 수들을 순서대로 기억하면서 세어야 하기 때문에 수의 순서를 혼동할 수 있습니다. '열하나'는 '열'과 '하나'가, '열둘'은 '열'과 '둘'이 합쳐진 수임을 이해해야 합니다.

이렇게 해 보세요

적은 양의 물건을 정확히 세는 것에서 시작해 10개까지 혼동 없이 셀 수 있다면, 11개부터는 10개를 일렬로 놓은 상태에서 다음 줄의 처음부터 다시 물건을 놓고 "열하나, 열둘, 열셋, …"과 같이 세어 봅니다. 10을 기준으로 10보다 큰 수를 세는 규칙을 발견하는 데 도움이 됩니다.

그것이 알고 싶다

우리는 수를 "하나, 둘, 셋, …"으로도 세고 "일(一), 이(二), 삼(三), …"으로도 세지요. 순서를 나타낼 때는 "첫째, 둘째, 셋째, …"로 셉니다. 생활에서 상황에 따라 그에 맞게 사용되므로 아이가 혼동을 느낄 수 있습니다.

여기에 더해 십 단위 수의 경우 "십, 이십, 삼십, 사십, …"과 같은 한자어가 아니라 "열, 스물, 서른, 마흔, 쉰, …"과 같은 고유어로 부르게 되면 수 이름에서 규칙을 찾기가 더 어렵기 때문에 이를 의미 없이 외우기도 합니다. 따라서 수 이름을 학습할 때 1부터 10까지는 기계적으로 암기하더라도 10보다 큰 수에 대해서는 수 이름에 대한 규칙을 발견하여 적용할 수 있게 합니다.

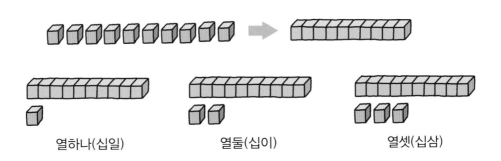

열하나(십일) 열둘(십이) 열셋(십삼)

연결큐브를 1부터 10까지 나란히 놓으면서 수를 센 다음 10개를 연결하면 한 묶음이 된다는 것을 보여 주고, 다시 모형 한 개를 놓아서 열 다음에 열하나, 열하나 다음에 열둘, 열둘 다음에 열셋, …이 되는 과정을 눈으로 확인할 수 있게 도와주세요.

초등학교 1학년은 1학기에 10개씩 묶은 개수와 낱개의 개수를 세어 수로 쓰고 읽어 보는 활동을 합니다.

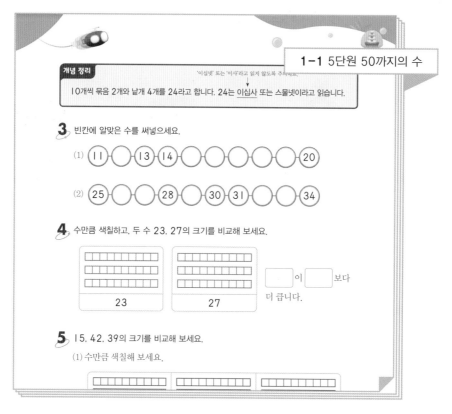

유아는 실제 활동을 통해 학습할 때 그 효과가 크므로 구체물이나 교구를 이용한 놀이와 활동을 하면서 관련된 상황을 아이가 이해하고 있는지 파악해 보고, 이를 말로 표현하도록 도와줍니다. 3세 이후에는 언어적 환경이 수 개념 발달에 결정적인 역할을 합니다.

도장 놀이

10개가 넘는 물건의 수를 제대로 세지 못한다면 수 이름의 규칙을 찾는 활동을 해 보세요.

채소 도장을 만들어 10칸씩 그려진 종이 위에 찍어 보면

10보다 큰 수의 이름을 시각적으로 이해할 수 있습니다.

준비물 사용하고 남은 각종 채소, 물감, 붓, 도화지, 활동지(10칸씩 그려진 종이)

① 음식을 만들고 남은 채소 중에서 아이가 손으로 집을 수 있고 도장으로 사용할 수

있는 것을 고릅니다.

② 처음에는 도화지에 마음대로 채소 도장을 찍습니다.

③ 도화지에 찍힌 모양을 아이와 함께 ○로 표시하면서 수를 셉니다.

　◆ 같은 모양, 같은 색깔 등 다양하게 기준을 정해서 세어 봅니다.

④ 10칸씩 그려진 종이에 도장을 찍고 수를 세어 봅니다.

활동 더하기 우리말로 "열하나, 열둘, …"과 같이 세기보다 한자어로 "십일, 십이, …"와 같이 셀 때 오류를 줄이면서 더 큰 수를 셀 수 있으므로 한자어로 수를 세면서 규칙을 찾아보세요.

수 세기 | 20개가량의 구체물 세어 보기

'이십오'를 '205'로 써요.

아이는 왜?

아이가 말로 큰 수에 대한 수 세기를 할 수 있다고 해서 그 수를 쓸 수 있는 것은 아닙니다. 아이에게 '이십오'를 불러 주면서 써 보라고 했을 때, 아이는 '20'과 '5'를 순서대로 나열해 '205'라고 쓰는 것이 더 자연스러울 수 있습니다. 큰 수를 읽고 쓰기 위해서는 수의 구성 체계에 대한 이해가 필요합니다.

이렇게 해 보세요

교구 등을 이용해 수를 나타내고 읽어 보세요. 자릿값 개념을 이해하는 데 도움이 됩니다.

⑩ 자릿값 카드를 만들어 수를 나타내고 읽어 보세요.

⑩ 탁상달력에 수 카드를 붙여 수를 만들고 읽어 보세요.

누리과정에서 5세까지는 20개가량의 구체물에 대한 수 세기를 다룹니다. 최근 더 큰 수를 세는 것에 대한 필요성이 많이 언급되는데, 이때 수를 세는 것과 쓰는 것은 동일한 능력이 아닙니다. 수 세기는 기계적인 '말로 수 세기'부터 시작하여 '합리적인 수 세기'로 확장됩니다. 이는 저절로 얻어지는 능력이 아니고 다양한 상황에서 수많은 의미 있는 수 세기 활동을 통해 이루어집니다.

아이가 숫자를 쓸 수 있더라도 보고 따라 쓰는 것과 듣고 쓰는 것은 다릅니다. 즉, 수 카드 '25'를 보고 '이십오'라고 읽을 수 있어도 '이십오'를 듣고 '25'를 쓰는 것은 어려울 수 있습니다. 25의 2는 십의 자리 수인 20을, 5는 일의 자리 수인 5를 나타내는 십진법의 구성 체계를 이해해야 하기 때문입니다.

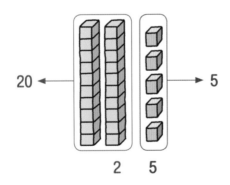

누리과정에서는 숫자 쓰기를 강조하지 않습니다. 그러므로 기호화된 숫자를 읽고 쓰는 활동보다 주변의 물건을 세거나 수 모형을 이용하여 십 모형의 수와 낱개 모형의 수를 세어 전체 모형의 수를 말해 보는 활동을 다양하게 경험할 필요가 있습니다. 수 모형을 이용할 때는 두 자리 수가 시작되는 10부터 11, 12, 13, …과 같이 십 모형 한 개에 낱개 모형 수를 하나씩 늘리면서 수를 말할 수 있게 지도해 주세요. 놀이를 이용하면 재미있게 수 개념을 형성할 수 있습니다.

수 세기　　　20개가량의 구체물 세어 보기

묶음과 낱개를 구별하지 못해요.

아이는 왜?

　3~4세의 유아들은 묶음과 낱개의 의미를 잘 이해하지 못하고 묶음도 낱개와 같이 세는 대상 하나하나로 인식합니다. 수 세기를 할 수 있더라도 묶음과 낱개에 대한 단위의 개념이 없기 때문입니다. 그래서 묶음 한 개와 낱개 한 개가 있을 때 각각 한 개로 인식해 총 2개가 있다고 생각하기도 합니다.

이렇게 해 보세요

　묶음이 여러 개 있을 때 먼저 한 묶음에 들어 있는 낱개의 수가 몇 개인지 센 다음 전체 개수를 세어 보세요. 이때 한 묶음에 들어 있는 낱개의 수가 너무 많지 않게 조절해 주세요. 다양한 개수로 묶어 세는 활동은 묶어 세기와 곱셈의 기본이 됩니다.

유아가 큰 수를 세는 방법 중 하나로 묶어 세기가 있습니다. 그런데 묶음으로 포장된 물건을 셀 때 포장된 묶음 자체를 낱개 한 개와 같은 것으로 인식하여 세는 경우가 있습니다.

물론 묶음 수를 낱개처럼 하나하나 세더라도 묶음의 수와 그 묶음을 이루고 있는 낱개의 관계를 인지하고 있으면 물건의 수를 세는 데 문제가 없습니다. 하지만 묶음과 그 묶음을 이루고 있는 낱개를 구별하지 못하면 전체 낱개의 개수를 셀 때 묶음 안에 들어 있는 낱개의 수를 간과하게 됩니다.

따라서 구체적인 수량을 셀 때 묶음과 낱개를 구별하여 세는 활동을 다양하게 경험할 필요가 있습니다. 예를 들어 한 봉지에 2개씩 들어 있는 과자가 여러 봉지 있을 때, 아직 뜯지 않은 봉지에도 같은 개수만큼 과자가 들어 있다는 것을 생각하고 봉지의 수를 세어 전체 과자가 몇 개인지 구해 봅니다.

생활에서 일정한 양을 단위로 묶어서 셀 필요가 있는 상황을 다양하게 제시하면 여러 가지 방법으로 묶어 세기를 경험할 수 있습니다. 수 세기가 능숙한 아이들은 2개씩 또는 5개씩 묶어 세기를 할 수 있습니다.

초등학교 1학년은 수를 셀 때 여러 가지 방법으로 묶어 세기를 합니다. 묶어 세기를 통해 보다 빠르게 큰 수를 셀 수 있으며, 10개씩 묶어 세면 묶음의 수와 낱개의 수를 이용해서 자릿값의 원리를 학습할 수 있습니다. 묶어 세기는 2학년 때 학습하는 곱셈의 기초가 됩니다.

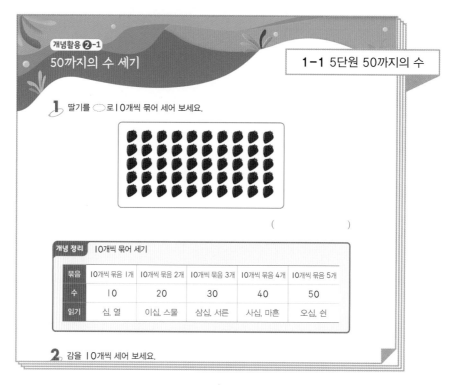

실생활에서 구체물을 셀 때 2개씩, 5개씩, 10개씩 묶어 세면 수 세기의 편리함을 알 수 있고, 묶음과 낱개를 구별해서 세면 자릿값의 원리와 곱셈의 기초 개념을 형성하는 데 도움이 됩니다.

쿠키 포장하기

아이들이 좋아하는 쿠키를 이용하여 여러 가지 경우로 묶어 세는 활동을 해 보세요.

다양하게 묶어 세는 활동은 곱셈 학습의 기초가 되고

10씩 묶어 세기는 자릿값을 이해하는 데도 꼭 필요한 내용입니다.

준비물　쿠키 20개 정도

① 쿠키를 20개 정도 준비합니다.

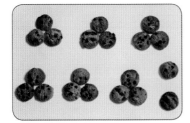

② 쿠키를 3개씩 묶음으로 만듭니다.

③ 3개씩 묶은 쿠키와 남은 쿠키가 모두 몇 개인지

　세어 봅니다.

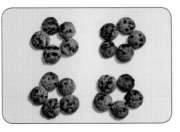

④ 개수를 다르게 해서 묶음으로 만든 다음,

　쿠키 묶음의 수와 남은 쿠키의 수를 셉니다.

◆ 묶음과 낱개를 구별할 수 있게 지도합니다.

활동 더하기　쿠키 묶음을 만든 다음, 묶은 쿠키의 수를 세어 보고 몇 묶음인지도 세어 보세요. 쿠키 묶음을 나란히 놓으면 묶어 세기를 시각적으로 확인할 수 있습니다. 또 묶고 남은 쿠키의 수도 세어 봅니다. 그릇이나 종이컵을 이용해 보세요.

수의 크기 비교 | 구체물 수량의 많고 적음 비교하기

물건의 수를 비교할 때 길게 펼쳐져 있는 쪽이 더 많다고 생각해요.

아이는 왜?

보통 사물이 2개나 3개인 경우에는 직접 세어 보지 않고도 어느 것이 더 많고 적은지 구분할 수 있습니다. 그런데 3개보다 많을 때도 비교하려는 대상을 하나씩 세지 않고 겉으로 보이는 크기(부피나 늘어놓은 길이 등)로 개수가 많고 적음을 판단하려고 하지요. 수 세기를 할 수 있더라도 수의 크기를 어림하는 수 감각은 아직 부족하기 때문입니다.

이렇게 해 보세요

두 종류의 물건을 줄을 맞춰 배열한 다음 개수를 세어 비교해 보세요. 하나씩 짝을 지어 비교하는 활동은 크기 비교뿐만 아니라 뺄셈을 하는 데도 도움이 됩니다.

보통 유아들은 3까지의 수는 직접 세어 보지 않고도 한눈에 알 수 있지만, 그 이상의 수는 하나씩 직접 세어야 정확한 수를 알 수 있습니다. 따라서 비교하기에 있어서도 수량의 차이가 분명하게 드러나는 두 집합을 비교하는 활동을 하면 수량의 많고 적음을 감각적으로 이해하는 데 도움이 되지요. 눈으로 봐도 크기를 구별할 수 있는 자료를 중심으로 '더 많다' 또는 '더 적다'를 탐색하게 해 보세요.

이게 더 많아.

4세부터 점차 눈으로만 봐서는 구별하기 어려운 두 집합의 크기를 비교해 봅니다. 이때 두 집합의 사물을 일대일로 짝을 지어 놓아 보세요.

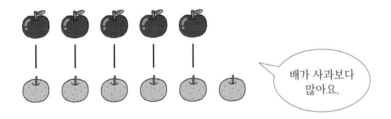

배가 사과보다 많아요.

일일이 개수를 세면서 비교하는 방법도 있습니다.

사과가 다섯, 배가 여섯. 배가 사과보다 더 많아요.

유아기 때는 주변 사물을 이용해 짝을 짓거나 일일이 세어 보면서 어느 것이 더 많거나 더 적은지 확인하는 경험을 많이 해야 합니다. 이렇게 수량을 인식하는 활동은 수학적 이해의 바탕이 됩니다.

두 수의 크기 비교는 수의 순서를 알고 수를 비교하는 상황을 통해서 학습할 수 있습니다. 유아기에 직접 물건을 세고 '더 많다', '더 적다'라고 표현했다면 초등학교에서는 더 나아가 물건의 수량을 수로 나타내어 '더 크다', '더 작다'로도 표현합니다.

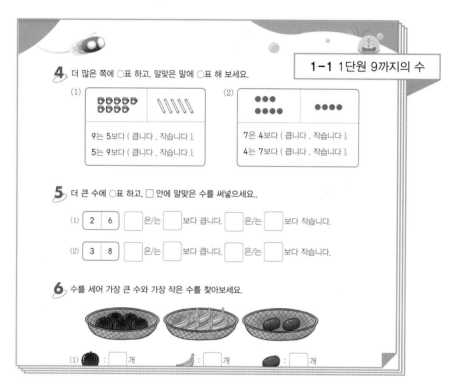

구체적인 사물을 통해 수량을 비교할 때는 '많다', '적다'로, 사물을 수로 나타낼 때는 '크다', '작다'로 표현합니다. 비교 대상에 따라 언어적 표현이 달라지므로, 충분한 연습을 통해 바르게 표현할 수 있도록 도와주세요.

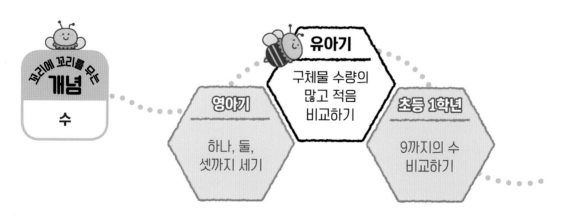

블록으로 탑 쌓기

두 바구니에 블록을 나누어 담고 어느 바구니의 블록이 더 많은지 생각해 본 다음,

직접 쌓아서 비교하는 활동입니다. 아이의 양감을 키우는 데 도움이 됩니다.

| 준비물 | 바구니 2개, 블록 또는 젠가 |

① 2개의 바구니에 블록을 나누어 담습니다.

② 어느 바구니에 블록이 더 많이 들어 있는지 말해 봅니다.

◆ 보호자는 아이가 왜 그렇게 생각했는지 들어 봅니다.

③ 한쪽 바구니에 들어 있는 블록을 개수를 세면서
위로 쌓습니다.

④ 다른 바구니에 들어 있는 블록을 개수를 세면서
위로 쌓습니다.

⑤ 어느 바구니의 블록이 더 높게 쌓였는지 비교합니다.

⑥ 어느 바구니에 블록이 더 많이 들어 있었는지 이야기하고,
왜 그렇게 생각하는지 설명해 봅니다.

활동 더하기 두 번째 바구니에 있는 블록의 수를 셀 때 먼저 쌓아 올린 첫 번째 바구니의
블록 근처에 쌓으면 두 블록 탑을 눈으로 비교할 수 있어요.

수의 크기 비교 구체물 수량의 많고 적음 비교하기

어느 것이 더 많고 더 적은지 구분하지 못해요.

아이는 왜?

유아들은 보통 3개 정도의 수량은 직접 세어 보지 않아도 한눈에 알 수 있습니다. 두 집합을 비교할 때는 수량의 차이가 분명하면 어느 것이 더 많은지, 또는 더 적은지 알 수 있습니다. 반대로 수량의 차이가 적으면 많고 적음을 인지하기 어려우며, 때로는 '더 많다/더 적다'라는 관계적 개념을 표현하는 용어 자체를 이해하지 못하기도 합니다.

이렇게 해 보세요

눈으로 봐도 어느 것의 개수가 더 많고 적은지 알 수 있는 것부터 직접 수를 세거나 짝을 지어 봐야 개수의 차이를 알 수 있는 활동까지 다양한 방법을 통해 수를 비교해 보세요. 두 집합의 크기를 비교하는 활동은 수량의 많고 적음을 감각적으로 이해하는 데 도움이 됩니다.

두 집합의 수량을 비교할 때 12개월 미만의 영아는 두 집합의 수량이 다르다는 사실만 인지할 수 있는 반면, 12개월 이후에는 어느 집합이 더 많고 어느 집합이 더 적은지를 인식할 수 있습니다.

수의 관계를 잘 이해하기 위해서는 먼저 일상생활에서 수량의 차이가 확실한 두 집합을 비교하는 활동을 통해 수량의 많고 적음을 감각적으로 이해해야 합니다.

3세의 경우, 눈으로 봐도 구별이 가능할 만큼 수량 차이가 나는 두 집합을 비교하여 어느 것이 더 많은지/더 적은지 탐색하는 것이 좋습니다.

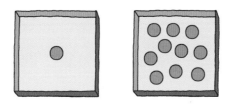

4세부터는 점차적으로 두 집합의 수량 차이를 줄여 가며 크기를 비교해 봅니다. 아이에게 10개 이하의 구체물을 주고, 다른 구체물로 같은 수량을 만들어 보게 한 다음, 두 집합 중 한쪽에 1~2개를 추가하여 두 집합의 수량을 비교해 봅니다.

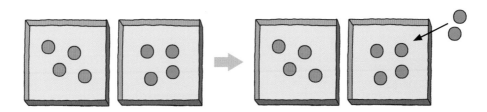

5세는 10개의 물체를 4개와 6개, 3개와 7개 등 여러 방법으로 나누어 보거나 '9 만들기' 놀이와 같이 특정 수량을 여러 방법으로 만들어 보는 활동을 통해 수의 관계를 이해할 수 있습니다.

초등학교에 가면

초등학교 1학년은 수의 순서를 학습한 다음 사물의 수를 세어 1 큰 수와 1 작은 수를 알고, 수를 비교합니다. 유아 때 직접 물건의 수량을 세면서 '더 많다', '더 적다'라고 표현했다면, 초등학교에서는 물건의 수량을 수로 나타내어 '더 크다', '더 작다'로도 표현합니다.

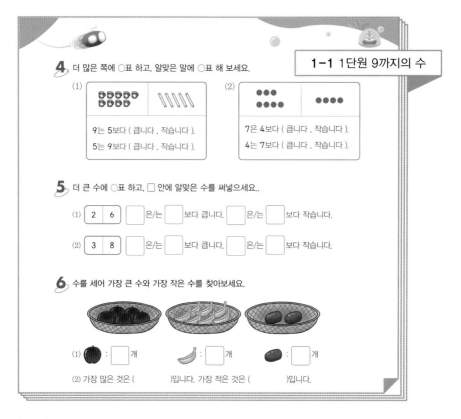

유아들은 추상화된 수의 크기를 비교하는 것보다 구체물의 수량을 비교하는 것에 집중하게 해 주세요.

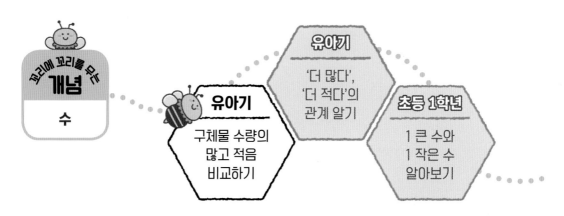

하루 15분 수학 놀이

종이접기로 비교 놀이하기

종이접기는 아이들이 매우 좋아하는 활동입니다. 종이접기를 이용하여

두 집합의 크기를 비교해 보세요. 눈으로 비교 가능한 상황부터 직접 세거나

짝을 지어 비교해야 하는 상황을 모두 경험해 봅니다. 두 집합의 크기를 비교하는 활동은

수의 관계를 이해하고 덧셈과 뺄셈의 개념을 이해하는 기반이 됩니다.

준비물 종이접기용 색종이

① 색종이를 이용하여 아이와 종이접기를 합니다.

② 색깔별로 분류하거나 모양별로 분류하여 어느 것이 더 많은지/더 적은지 비교해 봅니다.

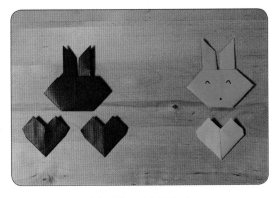

색깔별로 분류하기

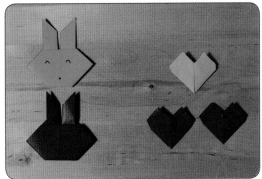

모양별로 분류하기

활동 더하기   두 집합의 수량을 비교하면서 아이에게 다양한 질문을 던져 보세요. 아래 질

문은 덧셈과 뺄셈의 기초 개념을 형성하는 데 도움이 됩니다.

❶ 각각의 수량을 세는 경우

"하나 더 많으면 몇 개일까?", "하나 더 적으면 몇 개일까?"

❷ 일대일로 짝을 짓는 경우

"얼마나 더 많을까?", "얼마나 더 적을까?"

합리적 수 세기의 원리

일대일 대응의 원리

각각의 물체를 셀 때 해당되는 수 이름으로 하나씩 셉니다. 이미 센 물체와 세어야 하는

물체를 구별하며, 물체 하나에 한 번씩만 수 이름을 말해야 합니다.

⭕ 사과 한 개는 "하나", 사과 두 개는 "하나, 둘", …

하나 둘 셋 넷 …

안정된 순서의 원리

각각의 물체를 셀 때 "하나, 둘, 셋, …"과 같이 정해진 순서에 맞게 수 이름을 대며 셉니다.

수를 셀 때마다 정확한 순서로 수 이름을 나열할 수 있습니다.

⭕ "하나, 둘, 셋, 다섯, 넷." (×)

　"하나, 둘, 셋, 넷, 다섯." (○)

순서 무관의 원리

각각의 물체를 셀 때 물체를 모두 한 번씩 센다면 순서에 상관없이 개수는 변함이 없습니다.

⭕ 오른쪽부터 세어도, 왼쪽부터 세어도 ●의 전체 개수는 다섯 개입니다.

　세로로 늘어놓고 세어도 결과는 같습니다.

● ● ● ● ●

| 왼쪽부터 세기 | 하나, | 둘, | 셋, | 넷, | 다섯 |
| 오른쪽부터 세기 | 다섯, | 넷, | 셋, | 둘, | 하나 |

기수의 원리

각각의 물체를 셀 때 가장 마지막에 말한 수 이름이 전체 수량입니다.

단, 일대일 대응의 원리와 안정된 순서의 원리의 체득이 선행되어야 합니다.

● 도넛이 세 개 있을 때 "하나, 둘, 셋" 하고 세었으면 마지막의 수 이름인 '셋'이
전체 도넛의 개수입니다.

하나 　　　 둘 　　　 셋 　　　⇨ 도넛의 개수: 세 개

추상화의 원리

① 세어야 할 대상들의 종류나 특성이 서로 다를지라도 한 집합임을 이해하고
수 세기를 할 수 있습니다.

● 쟁반에 사과 한 개, 배 한 개, 귤 한 개가 있습니다.

이때 "과일이 몇 개지?"라고 묻는다면 "세 개"라고 대답할 수 있습니다.

하나 　　　 둘 　　　 셋

② 눈앞에 있는 물체뿐만 아니라 눈에 보이지 않는 대상도 수 세기를 할 수 있습니다.

● 집 밖에서 아이에게 "네 방에 장난감이 몇 개 있니?"라고 물었을 때,

방에 있는 장난감을 떠올리며 "하나, 둘, 셋, …" 세어 대답할 수 있습니다.

연산 | 10개가량의 구체물을 가지고 더하는 경험하기

3+4=7과 같은 간단한 덧셈식은 가르쳐도 될까요?

아이는 왜?

3+4라는 식은 그 자체가 추상적인 기호이기 때문에 아이 입장에서는 어떻게 이해해야 할지 난감할 수 있습니다. 어른의 입장에서 당연하고 쉬워 보이는 것이 아이에게는 전혀 새롭고 난해한 것일 수 있습니다.

이렇게 해 보세요

식으로 형식화된 덧셈이나 뺄셈은 뒤로 미루세요. 초등학교 1학년이 되면 학교에서 배웁니다. 덧셈 상황을 식으로 나타내는 대신 생활 속에서 덧셈이 필요한 상황을 만들어 보세요. 생활 주변에서 덧셈을 찾는 활동은 수학에 대한 흥미를 높일 수 있습니다.

5세 정도 되면 수학에 대한 개념이 형성되기 시작하면서 어느 정도 능숙하게 수 세기를 할 수 있습니다. 손가락셈을 통해 간단한 덧셈이나 뺄셈을 할 수도 있어요. 수학 동화책이나 유아용 수학 학습지, 수학 교구 등이 5세 정도의 유아를 대상으로 많이 개발되는 이유입니다. 이 시기에는 수에 대한 호기심이 왕성하므로 인터넷 동영상 콘텐츠를 통해 수학과 친숙해질 수 있는 노래를 익히는 것도 수 감각 발달에 큰 도움이 됩니다.

우리 아이에게 3+4=□와 같은 연산 문제를 풀게 하면 어떨까요? 아이의 초등학교 입학을 생각하면 조금 욕심이 생기는 것도 사실입니다. 하지만 5세 유아에게 덧셈을 가르치는 것은 너무 이릅니다.

그렇다면 덧셈에 대한 호기심이 가득한 우리 아이에게 어떤 도움을 줄 수 있을까요? 숫자나 덧셈 기호로 추상화된 식보다는 생활 속에서 덧셈을 경험하게 하는 것이 중요합니다.

생활 속에서는 3+4와 같은 덧셈뿐만 아니라 50+50과 같이 훨씬 큰 덧셈을 다룰 수도 있어요. 아이 주변에서 일어날 수 있는 다양한 덧셈 상황을 통해 덧셈의 의미와 그 필요성을 익히고 수에 대한 풍부한 감각을 기를 수 있습니다.

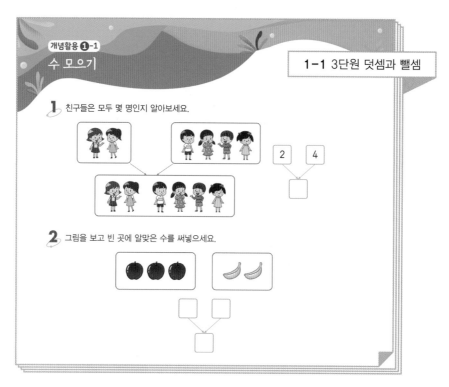

초등학교 1학년은 덧셈에 대한 개념을 한동안 익힙니다. 덧셈 기호(+)를 사용하여 바로 더하기를 하는 것이 아니에요. 그 첫 번째 단계가 두 수를 하나의 묶음으로 합치는 '모으기'입니다.

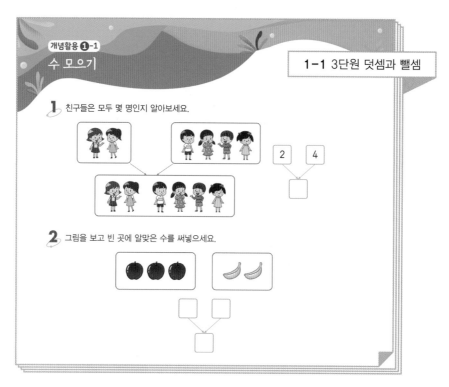

누리과정에서는 20개가량의 구체물을 세고, 구체물을 더하는 경험을 통해 수량이 많아지는 상황을 알아봅니다. 평소 자연스럽게 수 세는 활동을 경험하는 것이 필요하며, 아이들마다 발달에 개인차가 있으므로 성장 속도에 맞춰 수에 호기심을 갖게 하는 것이 좋습니다.

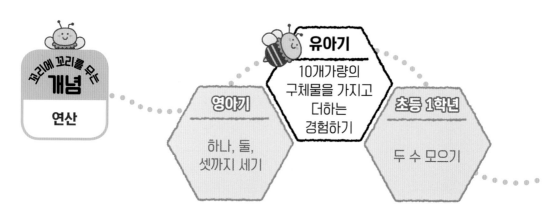

생일 초의 개수 세기

생일 케이크에 꽂은 초의 개수는 나이를 나타냅니다.

생일 초를 이용하여 간단한 수 세기와 덧셈을 해 보세요.

준비물 ｜ 길이가 같은 생일 초 20개

① 초 한 개는 한 살을 나타낸다는 것을 확인합니다.

② 탁자 위에 생일 초 여러 개를 올려놓고 몇 살인지 말해 봅니다.

③ 초를 몇 개 더 놓고 몇 살이 되는지 알아봅니다.

　　예 아이가 지금 5살이라면 생일 초를 처음에 5개 놓습니다.

　　　그리고 생일 초 2개를 더 놓은 다음, 2년 후 몇 살이 되는지 알아봅니다.

　　　⇨ 아이는 5와 2를 더하면 7이 된다는 것을 경험하게 됩니다.

활동 더하기 ｜ 모형 초를 사용할 수도 있고 실제 생일 초를 사용해도 좋아요. 초를 분류하고 세는 활동은 물건을 다루는 소근육을 발달시켜 아이의 성장에도 도움이 됩니다.

연산 | 10개가량의 구체물을 가지고 더하는 경험하기

수 세기를 좋아하는 아이에게 덧셈을 어떻게 지도할까요?

아이는 왜?

3세가 되면 사물에 대한 호기심이 왕성해지고, 눈에 보이는 대상을 특징지어 구별하는 능력도 커집니다. 동시에 구분한 대상을 "하나, 둘, 셋, …" 세면서 차츰 수에 대한 양감도 기르게 됩니다. 수에 대한 관심과 재미로 수 세는 것을 좋아하게 되지요.

이렇게 해 보세요

수를 세는 대상을 둘로 나누고, 수를 세어 보세요. 그런 다음, '모두'라는 말을 사용하여 "모두 몇 개일까?" 하고 물어봅니다. 이렇게 하면 자연스럽게 덧셈에 대한 개념을 기를 수 있습니다.

수 세기는 덧셈의 기초가 되는 활동입니다. 유아가 수 세기에 어느 정도 익숙해졌다면 덧셈으로 영역을 확장해 보는 것도 좋습니다. 수를 셀 때는 하나의 대상을 순서대로 세는 것이 일반적인 방법입니다. 그러나 대상을 달리하거나 같은 대상이라도 둘로 나누어 수 세기를 할 수 있습니다. 이처럼 따로 독립되어 둘로 나눌 수 있는 대상을 하나의 수로 인식하는 것이 덧셈의 출발입니다.

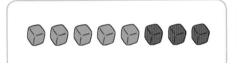 

대상을 달리하여 세기   같은 대상을 둘로 나누어 세기

아이가 수에 관심이 많고 수 세기를 능숙하게 잘한다면 수를 더하거나 빼는 덧셈과 뺄셈을 할 준비가 된 것으로 볼 수 있어요. 하지만 계속 강조하듯이 유아기에는 수학에 관심과 흥미를 갖는 것이 제일 중요합니다. 섣부른 선행이나 학습지 및 문제집을 통한 문제 풀이 학습은 아이가 수학을 멀리하게 되는 원인이 될 수 있음을 유념해야 합니다.

3~5세 유아에게는 수 세기 활동과 같이 덧셈도 놀이처럼 가르칠 수 있습니다. 예를 들어 블록 5개와 블록 3개를 늘어놓고 각각 5개와 3개임을 인식하게 한 다음, 전체는 모두 몇 개인지 물어볼 수 있습니다.

1학년은 덧셈을 구체적인 상황에서 시작합니다. 서로 구분되어 있는 두 양을 하나의 양으로 인식하여 수로 나타내지요. 교과서에서 파란 뚜껑의 물병과 빨간 뚜껑의 물병의 수를 더할 때 물병 대신 ●를 이용하기도 하는데, 이때 아이들은 물병 하나에 ● 한 개를 대응하여 같은 양으로 인식합니다.

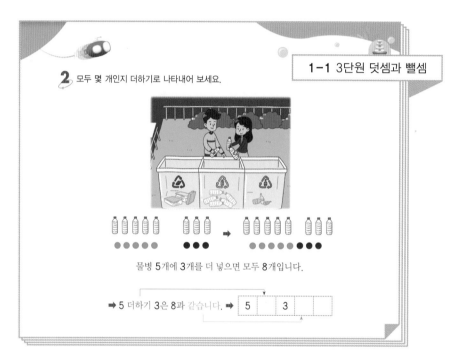

초등학교 입학 전 아이라면 숫자를 이용한 덧셈보다는 실생활에서 겪는 구체적 상황을 통해 덧셈 상황을 경험하는 것이 중요합니다. 누리과정에서 덧셈은 구체물로 더하는 경험을 하는 정도에 그치며, 5+3=8과 같은 기호화된 덧셈은 초등학교에서 배웁니다.

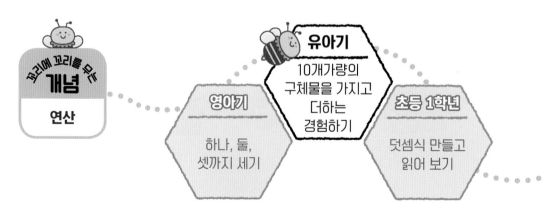

공깃돌이 몇 개일까?

쉽게 구할 수 있는 그릇과 공깃돌을 이용하여 덧셈 놀이를 해 보세요.

주변에 있는 물건들은 아주 좋은 수학 교구가 될 수 있어요.

준비물 그릇 4개, 공깃돌 20개

① 그릇 4개를 준비하고, 각 그릇에 공깃돌을 1~5개 정도 놓습니다.

② 그릇에 있는 공깃돌의 개수를 확인하고, 두 수의 합이 되는 수를 아이에게 말합니다.

③ 아이는 그릇에 놓여 있는 공깃돌의 수를 세어 보고, 두 수의 합이 되는 그릇을

  2개 찾습니다.

④ 그릇에 있는 공깃돌의 수와 합이 되는 수를 달리하며 덧셈 연습을 합니다.

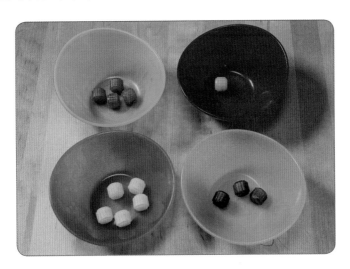

활동 더하기 놀이를 위해 꼭 그릇이나 공깃돌을 준비해야 하는 것은 아닙니다. 주변에서
쉽게 구할 수 있는 물건을 활용해 보세요. "하나, 둘, 셋, …" 셀 수 있는 물
건이라면 모두 수학 교구가 될 수 있답니다.

연산

10개가량의 구체물을 가지고 더하는 경험하기

집에서 할 수 있는 덧셈, 뺄셈 놀이가 궁금해요.

아이는 왜?

연산 학습지를 푸는 것은 아무래도 이른 것 같은데, 그렇다고 아무것도 안 하려니 왠지 불안한 마음이 들 것입니다. 그렇다면 아이와 함께 할 수 있는 연산 놀이를 찾아보세요. 누리과정에서 대부분의 수학은 놀이가 중심인 만큼 집에서도 놀이를 통해 연산에 흥미를 갖게 하는 것이 중요합니다.

이렇게 해 보세요

주변의 모든 물건이 아이에게 수학 교구가 될 수 있습니다. 수를 나타낼 수 있는 그림 카드나 스티커를 붙여 만든 카드를 활용해도 좋아요. '할리갈리'의 과일 카드도 덧셈, 뺄셈 놀이에 활용할 수 있어요. 놀이를 통해 아이가 덧셈이나 뺄셈을 할 수 있는 상황을 만들어 보세요.

3~5세 유아 교육과정인 누리과정은 어린이집과 유치원에서 지도해야 할 학습 내용을 제시하고 있습니다. 누리과정은 초등학교와 마찬가지로 수학의 5개 영역(수와 연산, 도형, 측정, 규칙성, 자료와 가능성)을 모두 다루고 있지만, 초등학교와 다른 점은 일상의 경험을 바탕으로 학습이 이루어지고, 수식이나 기호를 전혀 사용하지 않는다는 것입니다.

누리과정	초등학교 교육과정

경험을 통해
수학을 접한다.

주변을 수학적으로 탐구하고,
이를 형식화한다.

따라서 유아는 가급적 놀이 중심, 생활 중심 활동을 통해 수학을 익히는 것이 좋습니다.

4세나 5세 정도의 유아라면 어느 정도 분류하기와 수 세기가 가능합니다. 이럴 때 간단한 보드게임으로 덧셈을 익힐 수 있습니다. 예를 들어 할리갈리는 같은 종류의 과일끼리 더해 5를 만드는 게임이므로, 5의 보수를 익히는 데 도움이 됩니다.

제로 게임은 여러 사람이 모여 손가락의 개수를 맞히는 놀이입니다. 2명이면 4까지, 4명이면 8까지의 수를 만들 수 있어요. 아이와 둘이서 게임을 할 때는 0~4의 수를 더하거나 빼기를 통해 익힐 수 있습니다.

초등학교 1학년은 1학기 마지막 단원에서 처음 10을 배웁니다. 10은 십진기수법의 기본이 되는 수입니다. 아이들은 두 수를 모아서 10을 만들거나 10을 두 수로 가르기 합니다. 두 수를 더해 10이 되는 어떤 수를 금방 찾아낼 수 있어야 하고, 10을 두 수로 갈라 나타낼 수 있어야 하지요.

5+8=□와 같이 두 수의 합이 10을 넘는 덧셈에서는 10의 보수를 이용하여 10을 만들고, 남은 수를 더해 '십몇'을 나타내기 때문에 10을 제대로 익히는 것은 매우 중요합니다.

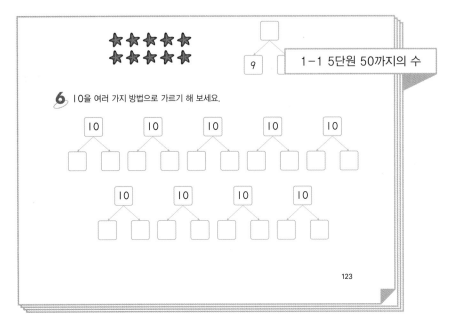

누리과정에 10의 보수에 대한 내용은 없지만, 손가락이 10개인 것을 이용하여 편 손가락과 접은 손가락을 구분하는 과정에서 자연스럽게 10의 보수를 경험할 수 있습니다.

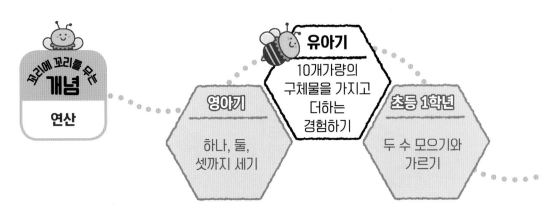

볼링 핀 쓰러뜨리기

볼링 핀은 모두 10개입니다. 10은 연산에서 아주 중요하지요.

초등학교에서는 10의 보수를 익히고, 10을 이용하여 덧셈과 뺄셈을 합니다.

볼링 놀이를 통해 덧셈과 뺄셈의 기초를 익혀 보세요.

준비물   볼링 핀 10개, 고무공

① 볼링 핀 10개를 세워 놓고, 볼링공을 굴립니다.

② 쓰러지지 않고 남은 볼링 핀의 개수를 세어 쓰러진 볼링 핀이 몇 개인지 알아봅니다.

    ◆ 이 활동을 통해 자연스럽게 10의 보수를 익히게 됩니다.

③ 아이가 쓰러진 볼링 핀의 개수를 잘 구하지 못한다면, 손가락을 이용합니다.

    ㉔ 만약 남은 핀이 3개일 때 쓰러진 핀의 개수를 구하려면, 양손의 손가락을 모두 편 후

       손가락 3개를 접습니다. 남은 손가락의 수가 쓰러진 볼링 핀의 개수가 됩니다.

활동 더하기   아이는 놀이를 통해 자연스럽게 수학을 익힙니다. 쓰러진 볼링 핀을 이용해

더하기, 빼기 등 다양한 수학적 활동을 해 보세요.

7까지 셀 수 있는데, 3과 4의 합은 알지 못해요.

아이는 왜?

수 세기와 덧셈은 다릅니다. 덧셈을 하려면 수 세기에 어느 정도 익숙해지고, 두 수를 더하는 연습을 많이 해 봐야 합니다. 수를 셀 수 있다고 해서 아이에게 "3과 4를 더하면 얼마지?", "3과 4를 더해 볼래?"와 같이 물어본다면 아이 입장에서는 전혀 다른 외계어처럼 들릴지도 모릅니다. 덧셈이나 뺄셈 상황을 이해하려면 어느 정도 경험과 연습이 필요합니다.

이렇게 해 보세요

덧셈 상황에서 수 세기를 통해 덧셈을 해 보세요. 예를 들어 블록 3개와 블록 4개를 주고, "모두 몇 개일까?" 하고 물었을 때 아이가 블록을 모두 세어 보고 7개라고 말하면, 아이에게 "3과 4를 더하면 7이 됩니다." 하고 블록을 보며 다시 한 번 말해 줍니다.

3+4=7과 같은 형식화된 덧셈은 초등학교 1학년이 되어야 배웁니다. 5세 정도의 유아는 물건을 3개, 4개 놓고 "모두 몇 개일까?"라고 물었을 때 "하나, 둘, 셋, …" 수 세기를 통해서 두 수의 합이 7이라는 것을 알 수 있습니다. 그렇다고 3과 4의 합이 7이라는 것을 제대로 인식하고 있는 것은 아닙니다. 수를 인지하는 것과 덧셈을 하는 것은 아이의 입장에서 다른 의미를 갖습니다.

3과 4를 더한 값이 7과 같다는 '수량 보존 개념'은 유아의 개인차에 따라 다르게 나타나지만 보통 초등학교 2학년이 되기 전까지 개념이 헷갈리는 '혼재기'를 거쳐 2학년쯤 되면 어떤 수를 더해도 수량이 보존된다는 개념을 당연시하는 단계에 이릅니다. 아이의 발달이 좀 느려 보이더라도 '기다림'이 유아기 및 초등 저학년 시기에 우리가 꼭 지녀야 할 자녀 교육 지침임을 새겨 보세요.

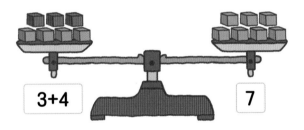

3과 4를 더한다는 개념을 익히기 위해서는 생활 주변의 물건을 통해 구체적인 사례를 접하고, 3과 4를 더한 값과 7이 같은 양임을 아이가 경험할 수 있어야 합니다.

장난감, 공깃돌, 생활용품 등 아이가 자주 접하는 물건으로 수를 세어 보고, 수를 더하고 빼어 보는 과정을 통해 자연스럽게 수 세기와 연산에 익숙해지게 됩니다.

초등학교 1학년은 10을 기본으로 하는 한 자리 수의 덧셈을 학습합니다. 그래서 칸이 10개 그려진 종이에 더하는 두 수를 나타내고 전체의 개수를 세어 덧셈을 하지요. 수를 세어 빈칸에 ○를 그리면서 주어진 대상(꽃, 동물 등) 하나와 ○표 한 개가 일대일로 대응됨을 인식하는 것입니다. 자연히 ○의 전체 개수가 두 수의 합이 되지요.

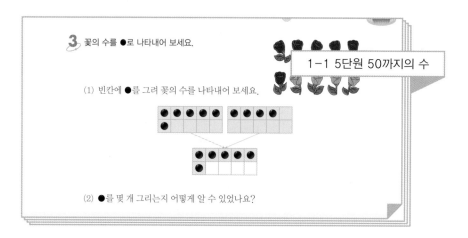

이처럼 꽃이나 동물 같은 구체적인 대상을 ○와 같은 기호로 추상화하는 과정이 초등학교 수학과 누리과정의 차이점이라고 할 수 있습니다. 초등학교에서는 실생활 경험을 바탕으로 숫자나 기호를 활용해 추상적으로 표현하려고 한다면, 누리과정에서는 실생활의 구체적인 경험을 통해 수를 익히는 데 목적이 있습니다.

덧셈과 관련하여, 누리과정에서는 두 곳에 놓인 물건의 개수를 세어 보고 모두 몇 개인지 알아보는 활동을 통해 덧셈에 대한 구체적인 경험을 합니다. 이를 통해 처음 놓은 두 양과 두 수를 더한 양이 같다는 것을 알 수 있습니다.

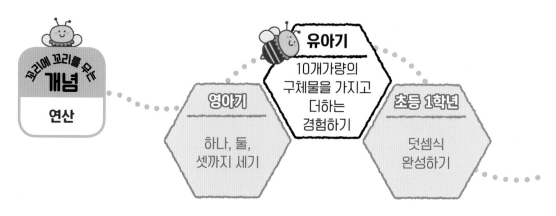

달걀판 덧셈하기

달걀판(10구)을 이용하면 두 수의 합이 10 이하인 수의 덧셈을 하거나

10 이하인 두 수의 뺄셈을 익히는 데 도움이 됩니다.

달걀판과 바둑돌을 이용하여 덧셈 연습을 해 보세요.

준비물 달걀판(10구) 2개, 바둑돌 또는 공깃돌

① 보호자가 달걀판에 색깔이 다른 공깃돌을 2줄로 놓습니다.

② 아이가 다른 달걀판에 2줄로 놓인 공깃돌의 개수와 같은 수만큼의 공깃돌을 놓습니다.

③ 달걀판을 2개 사용하면 두 수의 합이 10보다 큰 수의 덧셈을 익힐 수 있습니다.

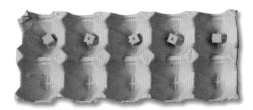
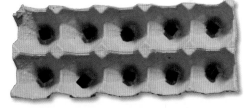

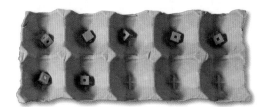
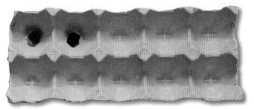

활동 더하기 달걀판은 10 이하의 수를 지도하거나 자릿값 개념을 지도할 때 유익합니다.

가르기나 모으기 활동을 할 때도 달걀판을 이용할 수 있어요.

연산 　10개가량의 구체물을 가지고 더하는 경험하기

요즘 유행하는 연산 학습지를 풀려도 될까요?

아이는 왜?

한때 '19단 외우기'가 사회적 이슈였습니다. 19단을 외우면 좌뇌와 우뇌가 고루 발달해 지능 개발에 좋다는 보도까지 나왔지요. 하지만 요즘 19단 외우기를 주장하는 사람은 거의 없습니다. 연산 학습지의 유행도 같은 현상으로 볼 수 있습니다. 무엇이든 한쪽으로 너무 치우치거나 지나친 것은 좋지 않습니다.

이렇게 해 보세요

우리 아이에게 필요한 수학 공부가 무엇인지 꼼꼼히 살펴보고, 아이가 큰 어려움 없이 즐겁게 해결할 수 있는 수준의 문제집을 선택합니다. 아이의 흥미와 이해 정도를 고려하여 어느 정도의 반복 학습은 필요하나 지나친 연산 반복 학습은 오히려 해가 됩니다.

초등학교 수학에서 수와 연산 영역은 전체 내용의 50퍼센트 이상을 차지합니다. 그만큼 수학에서 수를 다루고 연산을 하는 능력은 중요합니다. 또 초등학교에서 배운 연산 능력은 중학교 이상의 수학을 공부할 때도 매우 중요한 역할을 합니다. 그래서 초등학교 수학을 잘하기 위해 초등학교 저학년이나 유치원에서부터 연산을 반복하는 연산 문제집을 푸는 경우가 많습니다.

아이가 어느 정도 연산에 관심을 갖고 곧잘 따라 온다면 연산 문제집을 푸는 것도 수학 공부를 하는 좋은 방법이 될 수는 있습니다. 또 연산 문제집을 통해 수학에 대한 자신감을 기를 수도 있습니다.

그렇지만 연산 문제집이 장점만 있는 것이 아닙니다. 초등학교 1학년 3월에 처음 수학을 접하는 아이 중 일부는 연산 문제집에 대한 아주 불편한 기억을 갖고 있는 탓에 수학에 대해 부정적인 생각을 드러내고, 수학 시간에 산만한 모습을 보이기도 합니다.

연산 문제집은 수학을 공부하기 위한 도구로 생각하면 좋습니다. 아이들은 다양한 수학적 경험과 탐구 과정을 통해 수학 개념을 하나씩 순차적으로 학습하게 되며, 어떤 수학 내용은 어느 정도의 반복과 복습을 필요로 합니다. 이때 만약 아이가 연산을 어려워한다면 필요한 부분을 반복하여 개념과 함께 익히도록 하면 됩니다.

초등학교 입학 전 유아에게는 반복적으로 익히고 연습해야 할 수학 내용이 없습니다. 그렇다면 초등학교를 입학하지도 않은 아이에게 연산 문제집은 군이 필요가 없겠지요.

초등학교 1학년이 되면 금방 덧셈과 뺄셈을 배울 것 같지만, 아이들은 생각보다는 늦은 시점에 연산을 배우기 시작합니다. 덧셈을 처음 접하는 것은 5월쯤입니다. 이전까지는 9까지의 수의 순서, 수의 크기 비교 등을 배웁니다.

학교에서 덧셈을 처음 배울 때 이미 간단한 덧셈을 능숙하게 하는 아이도 있겠지만 학교에서는 여러 가지 덧셈 상황과 덧셈의 계산 원리를 함께 경험하고 이해하도록 가르칩니다.

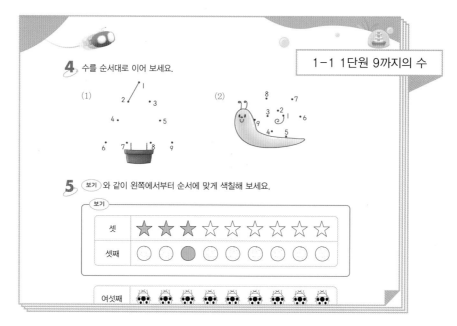

누리과정에서는 20 이하의 수의 범위에서 덧셈과 뺄셈 상황을 다룹니다. 이때 초등학교에서 배우는 덧셈과 뺄셈은 다루지 않습니다. 덧셈과 뺄셈을 형식화하지 않고 주변의 물건이나 블록 같은 구체물을 이용해서 두 양을 더하거나 두 수의 차를 구해 보는 경험을 제공합니다.

뱀 주사위 놀이

뱀 주사위 놀이는 인터넷 쇼핑몰에서 쉽게 구입할 수 있어요.

부모 세대에게는 익숙한 놀이 중 하나입니다.

이때 주사위를 2개 사용하면 놀이에 덧셈을 적용할 수 있어요.

놀이 방법을 변형하여 새로운 재미를 느껴 보세요.

준비물	뱀 주사위 놀이판, 주사위 2개

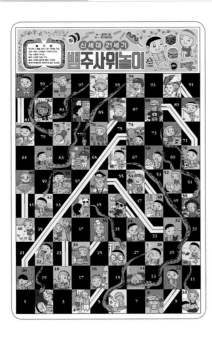

① 놀이판과 주사위를 준비합니다.

② 주사위 2개를 던져 나온 눈의 수만큼
   말을 움직입니다.

③ 말이 도착한 곳에 고속도로가 있으면 위로,
   뱀이 있으면 뱀을 따라 아래로 말을 이동합니다.

④ 100에 가장 먼저 도착한 사람이 이깁니다.

활동 더하기 8절 도화지를 이용해서 뱀 주사위 놀이판을 만들어 보세요. 기존 놀이와 조건을 달리하고 알록달록 스티커를 붙여서 우리 가족이 즐길 수 있는 보드게임을 만들면 놀이에 더 관심을 갖고 참여할 수 있어요.

수학 연산

수직선을 이해하지 못해요.

아이는 왜?

어른들은 수직선을 많이 접해 보아 익숙하겠지만, 처음 접하는 아이에게 수직선은 이해하기 어려운 추상적인 도식입니다. 아직 숫자나 수학적 형식에 익숙하지 않은 유아라면 이해하기 어려운 설명서를 읽는 것과 같이 느껴질 것입니다.

이렇게 해 보세요

간결하고 세련되어 보일지는 모르지만 수직선은 뒤로 미루세요. 주변에서 쉽게 찾을 수 있는 물건이 충분히 수직선의 역할을 해 줍니다.

수직선은 자연수, 정수 등 수를 표현할 수 있는 상당히 유용한 도구입니다. 그래서 수학에서 수직선은 상당히 친근한 소재이기도 합니다. 그렇다면 수직선은 언제 처음 배울까요?

현재 사용되는 초등학교 수학 교과서에서는 수직선을 2학년 1학기 '세 자리 수' 단원에서 수의 순서를 나타내기 위해 처음 다룹니다.

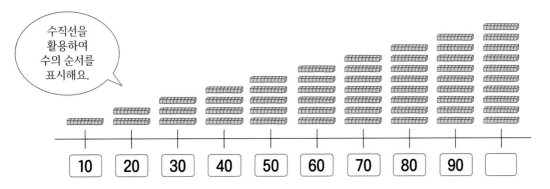

수직선은 수의 순서를 나타내거나 덧셈과 뺄셈을 할 때, 매우 유용한 모델입니다. 그런데 왜 2학년이 되어서야 교과서에 등장할까요? 그 해답은 명쾌합니다. 초등학교 1학년 학생에게 수직선은 아직 이해하기 어렵다는 것이지요.

① 연속적인 양을 나타낸 수직선 모델   ② 구슬을 이용하여 수를 나타낸 모델

수의 순서

위의 ①, ② 상황에서 ①의 수직선 모델이 세련되어 보일 수 있지만 유아에게는 ②와 같이 하나씩 구분하여 셀 수 있는 모델이 훨씬 적합합니다.

유아에게 수학을 지도할 때, 수학적 형식은 가급적 초등학교 1학년 수준을 넘지 않는 것이 좋습니다.

수직선은 초등학교 2학년에 수의 순서를 나타내기 위해 도입됩니다. 1학년은 수의 순서를
덧셈과 뺄셈에 활용하는데, 이때 수직선 대신 구체물을 이용하여 1씩 뛰어 세기를 합니다.

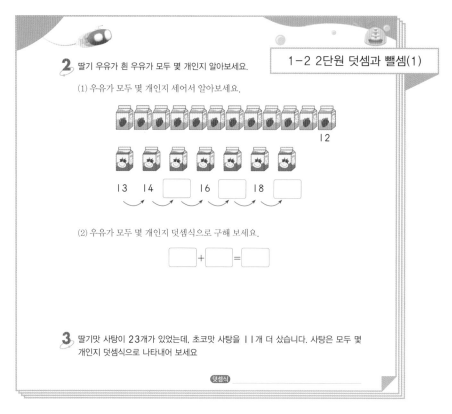

누리과정에서는 20개 이하의 구체물로 수 세기를 하고, 구체물을 이용하여 더하거나 빼는
경험을 합니다. 주변에서 쉽게 구할 수 있는 물건으로 더하거나 빼는 놀이를 하고 전체의 개수
를 수 세기를 통해 알아보는 활동을 하면 덧셈과 뺄셈에 대한 기본 개념을 익힐 수 있습니다.

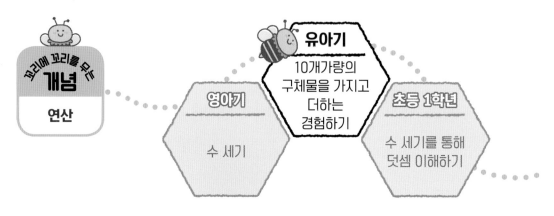

계단 오르내리기

아이와 계단에서 수 세기와 덧셈, 뺄셈 놀이를 해 보세요.

계단을 7칸 오른 다음 4칸을 더 올라가면 모두 몇 칸을 올랐을까요?

계단에 수 카드를 붙여 놓고 놀이를 하면 덧셈도 뺄셈도 자연스럽게 익힐 수 있습니다.

준비물 1부터 20까지의 수 카드 또는 숫자 스티커

① 아이와 함께 계단을 오르며 "일, 이, 삼, …" 수 세기를 합니다.

② 수 세기 중간에 멈췄다가 다시 처음부터 수를 셉니다.

③ 이제 전체 오른 계단의 수를 알아봅니다.

④ 수 세기 계단을 집 안에 만들 수도 있습니다.

　㉑ 커다란 종이에 계단(또는 아파트, 건물 등)을 그리고 숫자 스티커를 붙입니다.

활동 더하기 종이로 계단이나 아파트 등을 만들 때 높낮이를 달리하여 순서대로 수를 나타내면 수의 계열을 이해하는 데 도움이 됩니다. 시각적으로 드러나는 수의 배열을 통해 수 사이의 관계를 파악하거나 수의 크기를 비교해 보세요.

수의 연산

덧셈에서 '첨가', '합병' 같은 것도 알아야 하나요?

아이는 왜?

대부분의 아이는 비슷한 발달 단계를 거칩니다. 3~5세 아이는 주로 수를 이어 세는 방법으로 두 수를 더합니다. 이때 주어진 상황에 덧셈이 필요하다는 것을 이해하기까지는 좀 더 많은 시간이 걸립니다. 대부분은 직관적 판단에 따라 덧셈 상황과 뺄셈 상황을 판단하기 때문에 틀리는 경우도 많습니다.

이렇게 해 보세요

아이가 좋아하는 물건(인형, 장난감 등)으로 여러 덧셈 상황을 만들어 보세요. 또 같은 덧셈식이지만 두 집합을 더할 수도 있고, 한 집합에 다른 집합을 첨가하는 경우도 있음을 실제 경험을 통해 알려 줍니다.

그것이 알고 싶다

'첨가', '합병'은 어른들에게도 상당히 낯선 용어입니다. 아이들은 초등학교 1학년이 되어 덧셈을 공부할 때 이 개념을 처음 접하게 됩니다. 3+6, 53+14를 단순히 계산할 때는 첨가와 합병이 별 의미가 없습니다. 그러나 3+6이 필요한 상황을 이해하려면 첨가와 합병의 2가지 상황에서 덧셈이 필요한 경우를 각각 찾아낼 수 있어야 합니다.

"2+3은 왜 5가 되지?"라는 질문에 아이는 "자동차 2대와 자동차 3대가 모이면 자동차 5대 이므로 2+3은 5가 됩니다"와 같이 말할 수 있어야 합니다. 그러려면 덧셈을 실생활 장면에서 끌어올 수 있어야 합니다.

첨가 상황 　　　　　 합병 상황

2+3=5

하지만 덧셈을 공부할 때 첨가와 합병이라는 용어를 알아야 하는 것도 아니고, 두 상황을 굳이 구분해야 하는 것도 아닙니다. 유아기에는 아이가 실생활에서 수를 인식하고 즐기는 것이 필요합니다. 이때 아이는 의도하지 않았겠지만 은연중 첨가와 합병을 덧셈 상황으로 인식하고 활용하게 됩니다.

초등학교 1학년이 되면 여러 가지 덧셈이 필요한 상황을 다루는데 이때도 첨가나 합병 같은 어려운 용어는 사용하지 않고 문제 상황에서 자연스럽게 익혀 나갑니다.

덧셈과 뺄셈 연산에 이미 익숙해져 있는 초등학교 1학년 학생이라면 교과서에 제시된 덧셈과 뺄셈 상황이 조금 당황스럽게 느껴질 수 있습니다. 제시된 수를 아무 생각 없이 더하고 싶은데 주어진 문제 상황을 이해해야 하는 것이 아이의 입장에서는 어색한 것이지요.

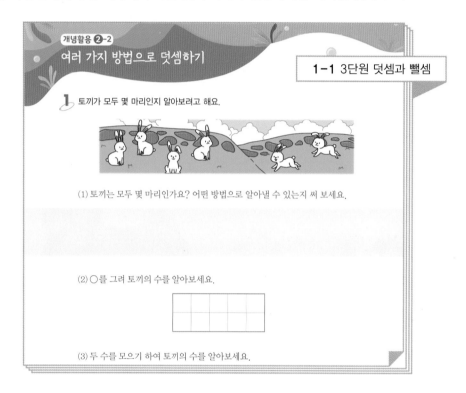

누리과정에서는 첨가와 합병같이 덧셈 상황을 따로 두지 않습니다. 아이들은 두 수의 합을 구해야 하는 상황에서 하나씩 이어 세는 방법으로 전체의 개수를 구할 수 있습니다. 그리고 아이의 입장에 따라 덧셈 상황을 뺄셈 상황으로 이해할 수도 있기 때문에 덧셈 상황과 뺄셈 상황을 지나치게 구분하지 않습니다.

실 꿰기 놀이

실 꿰기 놀이로 수 세기나 덧셈 상황을 익힐 수 있어요.

도형을 색깔이나 모양으로 분류하고 그중 두 묶음을 선택해서 덧셈이나 뺄셈 상황을 만들어 보세요.

또 온 가족이 모여 도형을 누가 더 많이 꿰었는지 비교하거나

두 사람이 꿴 도형의 합이 몇인지 알아볼 수도 있습니다.

준비물　실 꿰기 놀이 세트

① 실 꿰기 놀이를 준비합니다.

　◆ 집 안에 있는 물건을 사용해도 좋습니다.

② 도형을 같은 색깔끼리 모아 분류합니다.

③ 덧셈이 필요한 상황을 만들어 봅니다.

　예 첨가 : "빨간 도형 3개를 꿰고, 파란 도형 5개를 더 꿰었어요."

　　합병 : "한 줄에는 도형이 4개, 다른 줄에는 도형이 6개 있어요."

　　"도형은 모두 몇 개일까요?"

활동 더하기　실 꿰기 교구가 없다면 종이컵에 바둑돌이나 작은 물건을 넣으며 활동할 수

있어요. 주변에 있는 물건을 활용하면 실생활 장면이 수학과 연결되어 아이

의 흥미를 끄는 데도 도움이 됩니다.

연산 　10개가량의 구체물을 가지고 빼는 경험하기

덧셈은 곧잘 하는데, 뺄셈은 힘들어해요.

아이는 왜?

덧셈은 "하나, 둘, 셋, …" 수 세기를 통해 두 수의 합을 구하는 것이기 때문에 아이에게 친숙한 상황입니다. 그러나 뺄셈은 전체에서 부분의 양을 뺀 나머지를 구하는 것이기 때문에 복합적으로 생각해야 합니다. 그래서 뺄셈에 익숙해지려면 보다 많은 시간과 경험이 필요합니다.

이렇게 해 보세요

연산 문제집과 같이 활자로 된 연산 연습은 가급적 뒤로 미루고, 실제 구체적인 상황을 통해 뺄셈을 연습해요. 예를 들어 공깃돌 8개를 준비하여 "공깃돌 8개에서 3개를 빼면 몇 개가 남을까?"와 같이 물으면 아이가 직접 활동을 통해 결과가 5가 됨을 알 수 있습니다.

덧셈에는 수 세기에 기초한 직선 모델이 주로 활용됩니다. 덧셈은 주로 첨가와 합병 상황을 다루는데, 이 2가지 모두 아이들은 수 세기 전략을 활용해서 보통 쉽게 해결합니다. "하나, 둘, 셋, …" 수를 세는 것만으로 충분히 해결할 수 있지요.

3+2=5

첨가(한 집합에 다른 집합을 더하는 것)

3+3=6

합병(두 집합을 합하는 것)

뺄셈은 어떨까요? 뺄셈은 덧셈에 비해 다소 복잡한 과정을 거칩니다. 전체의 양을 알아야 하고, 그 수에서 어떤 수를 뺀 나머지를 구해야 합니다. 얼핏 생각해 보아도 덧셈보다 훨씬 복잡합니다.

4-1=3

제거(전체에서 부분의 양을 빼는 것)

4-3=1

비교(두 집합의 차를 알아보는 것)

위의 상황처럼 뺄셈은 무엇을 구해야 하는지 알기 위해 문제 상황을 파악해야 하기 때문에 아이 입장에서 어려울 수밖에 없습니다. 따라서 입학 전 무리하게 뺄셈을 형식화하여 가르치기보다 다양한 뺄셈 상황을 접해 보고 친숙해질 수 있게 도와주는 것이 좋습니다.

단순히 연산 문제집을 풀고 뺄셈을 능숙하게 하는 것은 5세 아이에게 중요한 수학적 활동이 아닙니다.

뺄셈은 주로 제거와 비교 상황을 다룹니다. '제거'는 전체에서 부분의 양을 빼는 것이고, '비교'는 두 집합의 차를 알아보는 것입니다. 그런데 이 문제 상황을 주의 깊게 보지 않고 뺄셈 상황을 덧셈 상황으로 잘못 이해하여 덧셈을 해 버리는 아이도 많습니다.

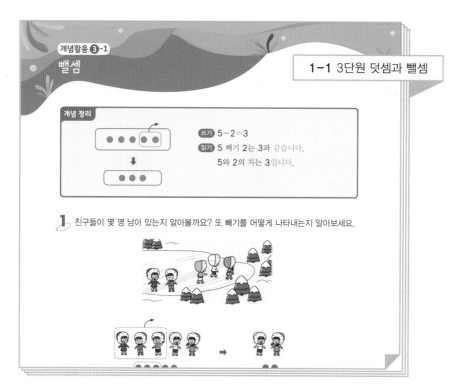

누리과정에서는 뺄셈식을 따로 다루지 않고 구체물을 이용하여 전체에서 주어진 양을 빼는 활동을 합니다. 공깃돌이나 쌓기나무 등으로 빼는 활동을 하고, 빼는 상황을 말로 이야기해 보는 활동이 필요합니다.

공깃돌 빼기 놀이

공깃돌 10개로 쉽게 할 수 있는 뺄셈 놀이입니다. 두 사람이 번갈아 가며 뺄셈식을 만들고

그 식이 맞는지 확인해 보세요. 공깃돌의 개수를 세어 처음 수와 변화한 수,

남은 수에 관심을 가져야 하기 때문에 뺄셈 능력을 기르는 데 많은 도움이 됩니다.

준비물　　공깃돌 10개

① 공깃돌 10개를 놓습니다.

② 번갈아 가며 공깃돌을 원하는 만큼 가져갑니다.

③ 이때 공깃돌 개수의 변화를 식으로 말합니다.

　　예 공깃돌 7개 중 2개를 가져갔다면 "7 빼기 2는 5입니다"와 같이 말합니다.

　　(처음 공깃돌 개수)-(가져간 공깃돌 개수)=(남은 공깃돌 개수)

④ 공깃돌을 모두 가져가면 다시 공깃돌 10개를 놓고 놀이를 계속합니다.

10 빼기 2는 8이에요.

8 빼기 3은 5예요.

활동 더하기　　처음 수를 10으로 하지 않아도 됩니다. 아이의 상황에 맞게 개수를 줄이거

나 경우에 따라서는 개수를 더 늘릴 수 있겠지요.

수학 연산

뺄셈에서 제거와 비교를 구분해야 하나요?

아이는 왜?

덧셈이나 뺄셈을 좋아하는 아이도 반복되는 연산 학습을 하다 보면 어느새 싫증이 나기 마련입니다. 연산 문제집을 보면 첨가와 합병의 원리를 활용한 다양한 덧셈 상황, 제거와 비교의 원리를 이용한 여러 뺄셈 상황이 되풀이되는데, 이 모든 것을 계속해야 하는지 마음이 복잡해집니다.

이렇게 해 보세요

구체물(인형, 장난감 자동차 등)을 놓고 다음과 같이 질문할 만한 짧은 상황을 만들어 보세요.

처음에 몇 개가 있었을까? □−3=2

몇 개를 뺐을까? 5−□=2

남은 것은 몇 개일까? 5−3=□

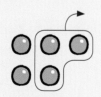

덧셈이 필요한 상황은 첨가와 합병, 뺄셈이 필요한 상황은 제거(구잔)와 비교(구차)로 크게 구분할 수 있습니다. 첨가는 한 집합에 다른 집합을 더하는 경우이고, 합병은 두 집합을 합하는 경우입니다. 또 제거는 전체에서 부분의 양을 없애는 경우이고, 비교는 두 집합의 차를 알아보는 경우입니다.

하지만 이는 일반적인 형태일 뿐입니다. 같은 상황도 구하는 수에 따라 덧셈이 되기도 하고 뺄셈이 되기도 합니다. 예를 들어 제거는 주로 뺄셈 상황이라고 생각하지만 어떤 양을 구하는지에 따라 덧셈이 되기도 합니다.

상황 1   나뭇가지에 앉아 있던 새 5마리 중 2마리가 날아갔습니다.

나뭇가지에 남아 있는 새는 몇 마리인가요?

⇨ 5-2=□

상황 2   나뭇가지에 앉아 있던 새 중 2마리가 날아가고 3마리가 남았습니다.

처음 나뭇가지에 앉아 있던 새는 몇 마리인가요?

⇨ 2+3=□

유아에게 덧셈이나 뺄셈의 여러 상황을 의도적으로 구분하여 가르칠 필요는 없습니다. 다만 연산을 지도하다 보면 여러 가지 덧셈과 뺄셈 상황을 접하게 되는데, 덧셈과 뺄셈에 대한 여러 상황이 있다는 것을 알고 지도하면 아이에게 보다 풍성한 문제 상황을 제시해 줄 수 있습니다.

첨가, 합병, 제거(구잔), 비교(구차)라는 용어는 사용하지 않지만 1학년은 1학기에 덧셈과 뺄셈을 처음 배울 때부터 덧셈과 뺄셈이 필요한 여러 가지 상황을 접합니다.

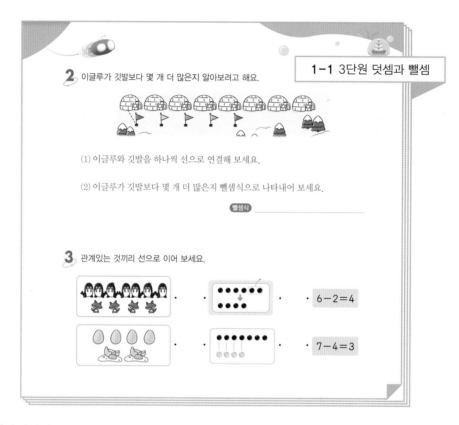

누리과정에서는 구체물을 가지고 더하거나 빼는 경험을 하게 되는데, 이때 구체물을 다양한 상황에서 접하는 것이 좋습니다. 또 이러한 수학적 경험이 유의미하려면 아이가 자신의 말로 수학적 상황을 표현해 보는 기회를 갖는 것이 필요합니다.

덧셈과 뺄셈으로 이야기 만들기

덧셈과 뺄셈 상황을 만들어 보세요. 아이는 의외로 여러 가지 상황을 만들 수 있어요.

비슷하거나 같은 상황이면 정답으로 인정하고,

가급적 구체적인 상황을 많이 만들어 보는 것이 좋습니다.

준비물　　공깃돌(또는 미니카 등), 고무줄(또는 털실) 2개

① 고무줄 2개를 펼쳐 놓습니다.

② 공깃돌 몇 개를 준비한 다음 두 부분으로 나누어 고무줄 안쪽에 넣습니다.

③ 공깃돌을 구체물(자동차, 꽃, 오리 등)로 생각하고 덧셈과 뺄셈 상황을 만듭니다.

④ 서로 덧셈과 뺄셈 상황을 만들어 돌아가며 이야기합니다.

연못에 오리
4마리가 놀고 있었는데,
오리 3마리가 같이 놀기 위해
찾아왔어요.

꽃 7송이가
피어 있었는데, 그중
2송이를 꺾었더니
5송이가 남았어요.

활동 더하기　　종이에 간단히 그림을 그리거나 종이컵 등 주변에서 쉽게 구할 수 있는 물건을 이용할 수도 있어요. 이때 아이의 말을 경청하는 것이 중요해요. 정답 여부를 지나치게 따지는 것은 삼가는 편이 좋습니다.

10개가량의 구체물을 가지고 더하고 빼는 경험하기

숫자를 좋아하는 아이에게 식 만들기를 가르쳐도 될까요?

3과 4를 더하면 7이야!

우리 딸 덧셈식도 잘 만드는구나?

와~

아이는 왜?

수를 인식하고 숫자를 구별할 수 있는 시기가 되면 아이는 숫자에도 상당한 관심을 갖습니다. 특히 숫자 자석을 칠판에 붙이는 활동을 좋아하지요. 나아가 아이가 수 세기나 연산에 어느 정도 능력을 나타내면, 아이에게 덧셈식이나 뺄셈식을 가르쳐도 될지 고민이 됩니다.

이렇게 해 보세요

식을 읽을 수 있다면 식이 나타내는 상황을 말로 표현해 보는 것이 좋아요. 이때 그림 카드나 블록을 이용해 구체적인 상황과 연계해 보세요. 누리과정에서는 굳이 식을 읽거나 이해할 필요는 없지만 덧셈 상황을 이해하는 것은 중요합니다.

2   +   3   =   5(마리)

숫자 카드나 숫자 블록을 통하더라도 아이에게 숫자는 상당히 추상적인 기호로 보입니다. 3+4=7과 같은 식은 외계어처럼 보일 수 있어요. 그러면서도 자석 칠판에 식 만들기를 즐기는 것은 일종의 모방 심리가 작용하기 때문입니다. 아이가 수식을 만들려고 시도한다면 수식의 옳고 그름에 상관없이 수학 학습에 상당한 흥미를 갖고 있다는 증거가 될 수 있습니다. 이럴 때는 아이의 수학 학습 동기를 십분 활용하여 수학에 좀 더 관심을 갖도록 만들어 주는 것이 중요합니다. 식을 만드는 활동을 마치 놀이처럼 느낄 수 있도록 해 주면 좋습니다.

또, 이 덧셈에 이야기를 붙여 "토끼 3마리는 놀고 있고, 염소 5마리는 풀을 뜯고 있어요. 풀밭에는 동물이 모두 8마리 있어요"와 같이 표현해 봅니다. 그러면 아이도 같은 표현을 따라 하거나 새로운 이야기를 만들어 낼 수 있습니다. 이처럼 아이와 상호작용하며 식이 만들어지는 과정을 이야기로 풀어 보고, 또 이야기를 식으로 나타내는 활동에서 아이는 자연스럽게 식과 친해집니다.

덧셈이나 뺄셈 상황을 식으로 나타내어 보는 활동은 초등학교 입학 전 아동에게도 가능한 활동입니다. 하지만 아이의 흥미와 발단 단계를 고려하지 않은 무조건적인 강요는 절대 금물입니다. 아이가 수식에 관심을 갖는 것만으로도 이미 수학에 대한 기본 소양은 충분히 갖추었다고 할 수 있습니다.

등호(=)는 좌변과 우변이 같다는 뜻입니다. 3+1=4에서 3과 1의 합은 4와 같다는 뜻으로 등호를 사용합니다. 그런데 5+2=□와 같은 식에서 '5+2='는 문제이고, □는 답이라고 생각하는 오개념을 갖는 경우가 많습니다.

등호는 '같다'라는 뜻으로 사용된다는 것을 틈틈이 지도해야 아이가 등호 개념을 제대로 익힐 수 있습니다.

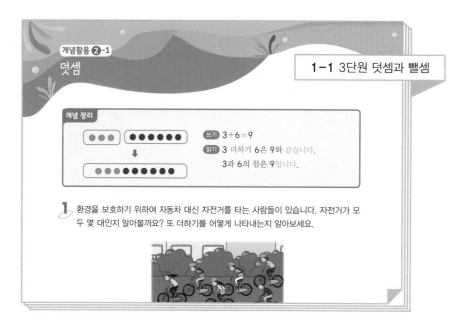

개념활용 2-1
덧셈

1-1 3단원 덧셈과 뺄셈

개념 정리

쓰기 3+6=9
읽기 3 더하기 6은 9와 같습니다.
3과 6의 합은 9입니다.

1 환경을 보호하기 위하여 자동차 대신 자전거를 타는 사람들이 있습니다. 자전거가 모두 몇 대인지 알아볼까요? 또 더하기를 어떻게 나타내는지 알아보세요.

누리과정에서는 숫자나 기호를 이용한 덧셈식을 다루지 않습니다. 호기심이 많은 아이라면 숫자나 기호에 관심을 보이고 자기 나름의 덧셈식을 사용하기도 합니다. 굳이 아이의 호기심을 막을 필요는 없지만 아직은 덧셈식을 다루기에 이른 시기이니 억지로 가르칠 이유도 없습니다.

꼬리에 꼬리를 무는 **개념**
연산

유아기
10개가량의 구체물을 가지고 더하고 빼는 경험하기

영아기
구체물로 하나, 둘, 셋까지 세기

초등 1학년
덧셈식 이해하기

수 저울 놀이

덧셈식이나 뺄셈식에서는 등호(=)의 의미를 제대로 익히는 것이 중요한데,
'수 저울'을 사용하면 도움이 됩니다. 수 저울은 양쪽에 추를 걸어 추가 수평이 되게 하는
놀이를 통해 자연스럽게 연산 학습이 이루어지도록 만든 교구입니다. 이 놀이를 통해 아이들은
좌우 양쪽이 같게 되는 상황을 경험하고, 이때 등호가 쓰인다는 것을 익힐 수 있어요.

준비물   수 저울, 숫자 블록

① 보호자가 수 저울의 한쪽에 추를 한 개 겁니다.

② 아이는 저울이 수평이 되도록 반대쪽에 추를 한 개 겁니다.

   ㉾ 만약, 보호자가 추를 3에 걸고 아이가 반대쪽의 3에 추를 걸었다면 아이에게

   "3과 3은 같아요." 하고 말해 줍니다.

③ 어느 정도 놀이에 익숙해지면, 보호자가 수 저울의 한쪽에 추를 2개 걸고,

   아이는 저울이 수평이 되도록 반대쪽에 추를 한 개 겁니다.

   ㉾ 만약, 보호자가 2와 3에 추를 걸었다면 아이는 5에 추를 겁니다.

   이번에는 아이가 "2와 3를 더하면 5와 같아요." 하고 말해 보게 합니다.

활동 더하기   유아기의 아이들은 수학을 놀이로 즐기는 경향이 있습니다. 억지로 덧셈이
나 뺄셈을 지도하기보다 마치 놀이를 하듯 수를 경험하게 도와주세요.

수학연산

덧셈과 뺄셈 지도를 어떻게 시작할까요?

아이는 왜?

2+3=5와 같이 기호화된 연산 학습은 아이에게 아직 맞지 않는 과정일 뿐만 아니라 지금 시기에 형성해야 할 수학적 기능에 오히려 방해가 될 수 있습니다. 형식적인 연산 기능을 익히기보다 수에 대한 관계를 파악하는 것이 중요합니다. 즉, 5는 1과 4, 2와 3 등으로 가를 수 있고, 다시 1과 4, 2와 3을 모으면 5가 됩니다. 수에 대한 가르기와 모으기는 수에 대한 감각을 기르고 수의 관계를 파악하는 데 중요한 역할을 하며 덧셈과 뺄셈의 기초가 됩니다.

이렇게 해 보세요

바둑돌을 이용해서 모으기와 가르기 놀이를 해 보세요. 가르기와 모으기는 덧셈과 뺄셈을 이해하는 기초가 됩니다.

영아도 한 개의 물건에 또 다른 하나의 물건을 더하면 2개가 된다는 사실을 이해할 수 있다는 연구 결과가 있습니다. 영·유아도 더하고 빼는 상황을 이해한다는 뜻입니다. 그러나 실생활에서 더하고 빼는 상황을 이해한다고 해서 수끼리의 덧셈과 뺄셈을 할 수 있는 것은 아닙니다. 더군다나 기호를 사용하여 덧셈식과 뺄셈식으로 나타내고 계산하는 것은 아이의 발달 단계에도 맞지 않습니다.

아이가 연산 학습을 빨리 시작할수록 좋을 것 같다는 생각에서 연산 학습지를 이른 시기에 시작하고 반복하다 보면 계산은 빨리 할 수 있을지 몰라도 연산을 어느 상황에서 어떻게 사용하는지에 대한 이해가 부족해질 수 있습니다. 연산 속도는 빨라질 수 있어도 수학에 대한 흥미는 점점 떨어지고 연산에서 실수도 많이 하게 되지요. 연산 능력을 키우려면 수에 대한 감각을 기르고 수의 관계를 이해해야 합니다.

9 이하의 수의 범위에서 가르기와 모으기를 충분히 연습함으로써 수에 대한 감각과 수의 관계를 익힌 다음, 10에 대한 가르기와 모으기를 경험해 나갑니다. 10에 대한 가르기와 모으기는 받아올림이 있는 덧셈과 받아내림이 있는 뺄셈의 이해를 돕는 매우 중요한 과정입니다.

실생활에서 다양한 상황을 통해 수에 대한 가르기와 모으기 활동을 충분히 경험하는 것이 필요합니다.

초등학교 1학년은 1학기에 덧셈과 뺄셈의 기초 개념을 형성하기 위해 모으기와 가르기를 학습합니다. 9 이하의 수 범위에서 모으기와 가르기를 학습한 다음, 더하기와 빼기의 상황을 덧셈식과 뺄셈식으로 나타내고 읽는 방법을 익힙니다.

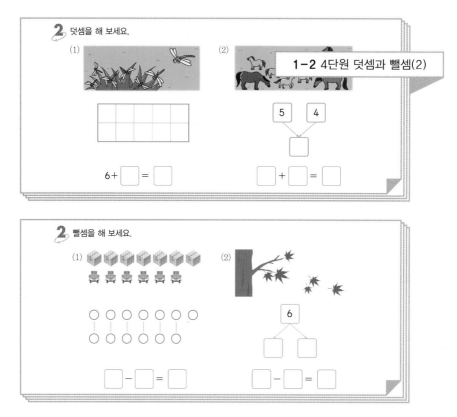

아이와 함께 더하기와 빼기의 필요성을 인식할 수 있는 실생활 상황에서 구체물이나 반구체물을 이용하여 합하거나 덜어 내는 활동을 하면서 그 의미를 이해할 수 있도록 지도해 주세요.

이야기 만들기

아이들은 이야기 만드는 것을 좋아합니다. 아이와 읽은 그림책의 내용을 변형하여

실생활에서 더하고 빼는 상황을 이야기로 꾸며 보세요. 친숙한 동화나 실생활과 관련된 상황에서

아이는 전체와 부분의 의미를 생각하며 수의 관계를 이해하게 됩니다.

준비물   아이가 좋아하는 그림책, 인형 또는 바둑돌

① 아이가 좋아하는 그림책을 준비합니다.

② 그림책의 주인공을 이용하여 덧셈과 뺄셈에 관한 이야기를 꾸밉니다.

③ 이야기의 흐름에 따라 구체물(인형 등)이나 반구체물(그림 카드, 바둑돌 등)을

　 합하거나 덜어 내는 과정을 보여 줍니다.

④ 보호자가 먼저 이야기를 만들고 자연스럽게 아이와 함께 이야기를 만들어 나갑니다.

활동 더하기　아이와 함께 이야기 만들기가 어느 정도 익숙해지면 아이 혼자서 이야기를

꾸며 가게 해 주세요. 이야기의 흐름에 따라 구체물이나 반구체물 등을 합하

거나 덜면서 덧셈과 뺄셈의 의미를 이해할 수 있게 도와주세요.

구체물이 없으면 덧셈이나 뺄셈을 하지 못해요.

아이는 왜?

덧셈식 2+2+3=□은 추상적인 수학 기호입니다. 아이는 대부분의 사물을 있는 그대로 인지하므로 아직 추상적인 기호 체계를 인식하는 데 어려움을 겪습니다. 아이 입장에서 생활 속 상황과 기호나 숫자 상황은 전혀 다른 것이지요. 스스로 기호를 사물과 연결 지어 인식할 때까지 아직은 더 기다려야 합니다.

이렇게 해 보세요

사물의 개수를 수로 표현하는 것은 수학의 첫 시작입니다. 그림이나 물건을 숫자로 표현하여 식을 만드는 활동을 해 보세요. 자석 칠판을 이용하면 놀이하듯 재미있게 식 만들기를 경험할 수 있습니다.

유아에 따라 개인차는 있겠지만 입학 전 아이라면 대부분 숫자 읽고 쓰는 것을 힘들어합니다. 나아가 식을 이해하고 계산하는 것은 무리일 수 있어요.

식은 숫자와 기호로 이루어진 추상적인 상징입니다. 식을 이해하려면 식을 이용한 문제 상황을 접해 본 경험이 많아야 합니다. 아이에게 초등수학을 무리하게 권하기보다는 일상생활에서 다양한 수학적 경험을 충분히 쌓을 수 있게 해 주세요. 이때 배우는 수학적 경험이 초등학교에서 다루는 수학 내용보다 높은 수준이 될 수도 있습니다.

꽃의 모양이
오각형이에요.

생활에서 접한 수학을 표현하는 가장 좋은 방법은 말이나 글로 나타내는 것입니다. 아이의 입으로 수학적 상황을 이야기해 보면 좋아요. 숫자나 기호로 표현하는 것은 아직 어려운 일입니다. 이때 좋은 방법 중 하나가 숫자 블록이에요. 숫자 블록은 책상에 놓고 사용할 수도 있고 칠판에 붙이며 활용할 수도 있어요.

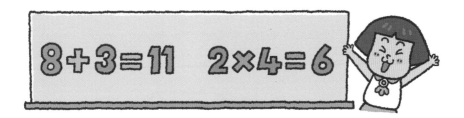

아직 곱셈을 경험하지 못한 아이는 2×4=6과 같이 엉뚱한 식을 만들기도 하겠지만 새로운 '곱셈 기호'를 경험하며 수학에 호기심을 갖게 됩니다. 식이 맞고 틀림은 아이에게 중요한 일이 아닙니다. 수학이 즐거우면 최고입니다.

초등학교 1학년 2학기에 세 수의 덧셈을 배웁니다. 세 수의 덧셈은 우선 두 수의 덧셈을 먼저 하고 남은 수를 더하는 방법으로 계산합니다. 세 수의 뺄셈도 마찬가지입니다. 이때 풍선이나 귤과 같은 구체물을 이용하여 세 수의 덧셈과 뺄셈 원리를 익힙니다.

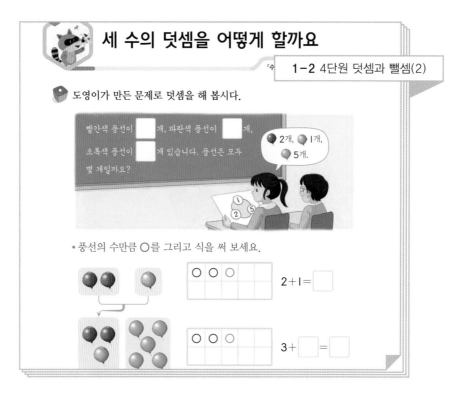

구체물을 이용하여 더하거나 빼는 경험은 누리과정(5세)에 먼저 나옵니다. 아이는 생활 속에서 매번 수를 만납니다. 아이가 흥미를 느낄 수 있는 범위에서 주변의 사물을 더하거나 빼는 경험을 반복해 보세요. 덧셈과 뺄셈에 흥미를 갖게 될 것입니다.

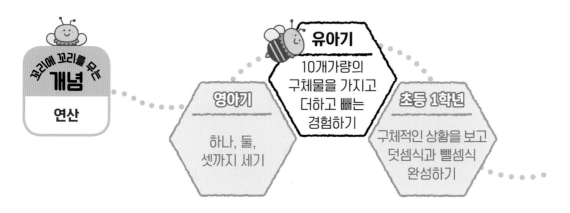

하루 15분 수학 놀이

집안일 돕기

아이와 집안일을 함께하면 어떨까요?

집안일을 하려면 수와 양을 적절히 사용해야 합니다. 빨래를 해서 빨랫줄에 널어 말린 양말을

가족별로 분류하고 각각 개수를 세어 보는 활동을 해 보세요.

준비물	양말

① 온 가족의 양말을 개어 봅니다.

② 갠 양말을 가족별로 분류한 다음, 엄마-아빠, 아빠-아이, 엄마-아이 등 여러 가지로 묶어

　양말의 개수를 구해 봅니다.

③ 아이의 양말을 색깔이나 크기별로 분류하여 덧셈을 하는 활동도 해 봅니다.

> 양말을
> 더하거나
> 빼어 볼까요?

활동 더하기　'달걀 나누어 담기' 활동도 해 보세요.

　　　　① 아이에게 달걀판 2개에 달걀을 몇 개씩 나누어 담아 달라고 부탁합니다.

　　　　② 아이가 달걀을 모두 담으면 두 달걀판에 담긴 달걀이 모두 몇 개인지 물

　　　　　어봅니다. 이때 덧셈이나 뺄셈을 할 수도 있습니다.

수와 연산

100+100이 얼마인지는 모르는데, 100원짜리 동전 2개가 200원인 것은 알아요.

100원이 2개면 얼마지?

오~ 그럼 100+100은 얼마지?

헤헤

그것도 모르냐? 200원이지!

히익!

그렇게 어려운 건 모르쥐!

아이는 왜?

100원짜리 동전 2개가 200원인 것과 100+100=200인 것은 전혀 다른 문제입니다. 아이에게 숫자 100은 낯선 대상이지만 100원짜리 동전은 생활 속에서 많이 접하여 익숙한 대상입니다. 100원짜리 동전 2개가 200원인 것은 수학이 아니라 자연스럽게 터득한 지식인 것이지요. 5000원짜리 지폐 2장이 만 원인 것을 안다고 해서 아이가 네 자리 수의 덧셈을 할 수 있는 것이 아니듯이요.

이렇게 해 보세요

생활 속에서 수를 경험하는 데 동전을 활용해 보세요. 누리과정에서 다루지 않는 20 이상의 수도 충분히 경험해 볼 수 있어요. 다만, 수에 대한 경험을 학습과 연계하는 것은 위험해요.

㉠ 동전을 하나씩 놓으며 동전의 액수를 말해 봅니다.

100원 동전: 100 - 200 - 300 - 400 - 500 - …

50원 동전: 50 - 100 - 150 - 200 - 250 - …

이제 "하나, 둘, 셋, …" 겨우 수를 세고, 손가락으로 3+2를 셈하는 아이가 100씩 뛰어 세기를 할 수 있을 리 만무합니다. 초등학교에 들어가서도 2학기가 되어야 100이라는 수를 처음 배우지요. 100보다 큰 수는 1학년에서 아예 다루지 않습니다.

하지만 아이들은 100보다 큰 교과서 쪽수를 읽고, 일상생활에서 천 원, 만 원짜리 지폐를 사용하여 물건을 사고 거스름돈을 정확히 받습니다.

생활에서 사용하는 수와 수학 시간에 다루는 수는 다른 점이 있습니다. 수학 교과서에서는 수를 이용하여 연산을 하고, 수를 분해하여 자릿값을 정하기도 합니다.

일상생활에서 수는 어떻게 사용될까요? 교과서 쪽수는 수의 위치를 나타내고, 물건값은 돈의 크기만 나타냅니다. 아이가 볼 때 일상생활에서 접하는 수는 일정한 규칙을 갖고 있기 때문에 어느 정도 익숙해지면 더 새로울 것이 없습니다. 그래서 큰 수도 척척 다룰 수 있는 것이지요.

이럴 때 큰 수를 여러 가지 방법으로 경험해 보는 것이 좋습니다. 동전을 하나씩 쌓아 가며 뛰어 세기를 한다거나 시장 놀이를 하며 물건값을 치러 보는 것이지요. 당장 초등학교 1학년에서 쓸 일이 없어도 수학을 풍부하게 경험하는 기회가 될 것입니다.

2학년이 되면 100씩 또는 1000씩 뛰어 세기를 합니다. 누리과정에서는 20까지의 범위에서 수 세기를 하지만, 일상생활에서는 그보다 훨씬 큰 수를 아이도 접하기 때문에 100씩, 1000씩 뛰어 세기를 해 보는 것도 좋습니다.

또 초등학교 2학년은 100 이상의 수를 배우므로 입학 전이나 1학년 때 100, 1000과 같은 수를 다루어 보면 100씩, 1000씩 뛰어 세는 것이 훨씬 쉬울 것입니다.

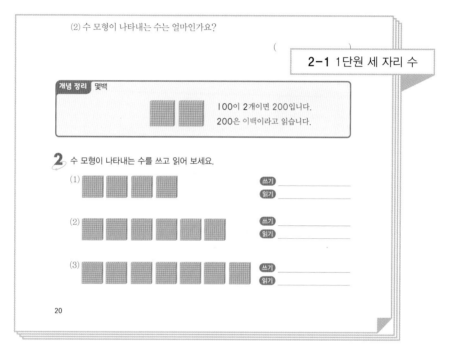

같은 수만큼 뛰어 세기는 덧셈, 곱셈, 나눗셈의 기초가 됩니다. 누리과정에서는 2씩 또는 3씩 뛰어 세기를 하여 연산에 대한 기초 능력을 기를 수 있습니다.

시장 놀이

시장 놀이는 경제 개념을 심어 줄 뿐만 아니라 수에 대한 감각을 키워 주는 놀이예요.

돈의 단위가 크고 돈의 액수가 숫자와 글자로 표현되어 있어서

유아에게 어려워 보일 수 있지만 뜻밖에도 아이들은 잘 적응한답니다.

준비물　　모형 돈, 여러 가지 물건

① 동전이나 지폐를 여러 개 놓고 아이에게 "물건값을 치러야 하는데, 얼마짜리가 몇 개
필요할까?" 하고 물어봅니다.

　예 보호자: 필통은 500원이야. 100원짜리가 몇 개 필요할까?

　　아이: (동전을 세며) 5개가 있으면 500원이에요.

② 이때 100+100=200 등으로 수식화하지 않습니다. 100+100은 초등학교 2학년이 되어야
배웁니다.

활동 더하기　　지폐와 동전은 아이들이 쉽게 접할 수 있는 물건이지요. 1000원짜리 지폐 2
장이 있으면 2000원이 되는 것도 시장 놀이를 통해 알아볼 수 있어요.

수학 연산

아이가 수학 교구에 관심이 없어요.

아이는 왜?

아이가 하나의 사물에 꾸준히 관심을 갖기란 쉽지 않습니다. 대부분의 아이가 새로운 물건에 관심을 갖다가도 금방 싫증을 느끼거나 다른 곳으로 관심을 돌립니다. 어른이 보기에 아무리 좋은 수학 교구라도 아이의 관심을 꾸준히 받는 것은 어렵습니다.

이렇게 해 보세요

지나치게 많은 양의 교구 노출은 피하세요. 아이가 직접 보고 만질 수 있는 교구를 5개 이하로 제공해 주세요. 다른 교구가 있다면 상자에 담아 두었다가 보름이나 한 달 간격으로 기존 교구와 바꾸어 줍니다. 관심을 잃었던 교구도 오랜만에 만나면 새로 산 교구처럼 반갑습니다.

시중에는 유아수학과 관련하여 많은 교구가 있습니다. 아이가 1~2가지 교구에만 관심을 보이고 다른 교구는 쳐다보지도 않으면 은근히 걱정이 되기도 합니다.

먼저 해야 할 일은 시중에 판매되는 수학 교구가 아이의 수학 공부에 도움이 되는지 판단하는 것입니다. 도움이 되는 교구가 있다면 1~2개 구입하여 적용해 봐도 좋습니다. 수·연산은 물론 도형 및 공간 개념을 기를 수 있는 교구들이 있으니 신중히 잘 선택하면 분명 수학 공부에 도움이 될 수 있습니다.

보호자의 지나친 욕심으로 아이에게 많은 양의 교구를 제공하거나 아이의 수준을 벗어나는 교구를 주는 것은 교육적 효과를 거두기가 힘듭니다. 또 값비싼 교구를 사면 아이의 흥미와 관계없이 강압적으로 투입하게 되는 경향이 있으므로 피하는 것이 좋습니다.

교구는 쓰임에 따라 아이의 공부를 돕는 데 도움이 되기도 하지만 꼭 교구가 있어야 수학 능력이 향상되는 것은 아닙니다. 또한 유아기에 수·연산 연습을 위한 학습지에 과도하게 노출되면 이로 인해 초등 1~2학년이 되어 수학을 싫어하게 되기도 합니다.

누리과정에서 아이와 수·연산 공부를 하는 데 가장 좋은 교구는 주변에서 쉽게 구할 수 있는 물건이나 아이가 자주 접하는 놀잇감입니다. 또 아이와 함께 수학 교구를 직접 만들 수도 있습니다. 함께 만든 물건이라면 아이가 더욱 좋아하겠지요.

수학 교과서에 나오는 수·연산 교구는 생각 외로 많지 않습니다. 초등학교 1학년에 나오는 수·연산 교구는 연결큐브가 거의 유일합니다. 그것도 처음 덧셈과 뺄셈을 도입할 때 쓰이는 정도입니다. 2학년은 수 모형을 수·연산 교구로 씁니다. 수 모형은 두 자리 수의 범위에서 덧셈이나 뺄셈을 할 때 보다 적극적으로 활용됩니다.

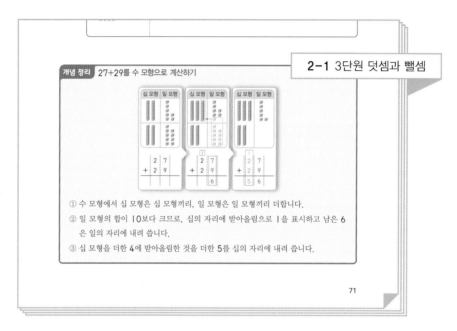

수 모형을 유아의 연산 공부에 적용하기에는 무리가 있습니다. 또 1학년에 쓰이는 연결큐브도 딱히 유아에게 큰 도움이 되지 않습니다.

누리과정에서 수·연산을 지도할 때 연결큐브와 같은 교구를 활용하기도 하지만 공깃돌, 콩주머니 등 주변에서 쉽게 구할 수 있는 물건이면 수 세기나 연산 공부에 충분합니다.

달걀판으로 덧셈, 뺄셈 교구 만들기

수·연산을 위한 교육 목적으로 개발된 화려한 교구들도 있지만

아이와 함께 만든 수학 교구는 어떨까요? 아이는 자신이 직접 만든 물건에

더욱 애착을 갖습니다. 그러다 보면 수학 공부도 저절로 좋아지겠지요.

달걀판 2개로 손쉽게 수·연산 교구를 만들어 보세요.

준비물 숫자 스티커 또는 별 스티커, 달걀판(10구) 2개

① 달걀판 2개와 숫자 스티커를 준비합니다.

② 달걀판 구멍에 순서대로 1부터 10까지 스티커를 붙입니다.

   같은 방법으로 하나를 더 만듭니다.

③ 달걀판 양쪽에 공깃돌을 몇 개씩 놓고 두 수를 더하거나 비교하는 놀이를 합니다.

   예 덧셈: "모두 몇 개인가요?"

   뺄셈: "어느 쪽이 몇 개 더 많은가요?"

활동 더하기

계란판 구멍의 수만큼 공깃돌을 담아 보는 활동을 해 보세요. 또 두 수를 선택해 어느 쪽이 몇 개 더 많은지, 두 수를 더하면 몇 개인지 계산해 볼 수도 있어요.

연산   20개가량의 구체물을 가지고 빼는 경험하기

15-5는 아는데 15-6은 몰라요.

아이는 왜?

블록 15개를 준비하고 '몇'을 뺀 나머지를 세는 활동으로 '15-(몇)'을 계산한다면 대부분 무리 없이 답을 찾을 수 있습니다. 그렇다고 아이가 15-5와 15-6을 이해한 것은 아닙니다. 아이는 직접 수를 세어 빼는 구체적인 조작 활동을 통해 뺄셈을 하나씩 해결해 나갑니다. 어른 입장에서는 아이가 블록을 세어 15-5를 해결했으니 블록을 1개 더 빼는 것으로 15-6을 해결할 수 있다고 생각할 수 있습니다. 그러나 아이 입장에서 15-5와 15-6은 별개의 문제입니다.

이렇게 해 보세요

10이 넘는 수를 다룰 때는 가급적 구체물(공깃돌 등)을 이용합니다. (두 자리 수)-(한 자리 수)의 계산도 가급적 구체물을 이용하여 하나씩 수 세기 방법으로 해결하면 뺄셈 상황을 경험할 수 있습니다. 식을 쓰는 형식화된 뺄셈은 초등학생이 되어 공부해도 충분합니다.

5+7=□를 해결할 수 있는 아이가 5+8=□을 해결하지 못하는 경우가 종종 있습니다. 이 아이의 경우 덧셈을 할 때 이어 세기, 10 만들기, 가르기와 모으기 같은 전략을 사용하는 것이 아니라 2학년 아이가 곱셈을 위해 구구단을 외우듯이 덧셈구구에 의존해서 문제를 풀기 때문입니다. 덧셈구구를 제대로 암기하지 못한 상태에서 덧셈을 한다면 당연히 제대로 답을 할 수 없겠지요.

뺄셈의 경우도 마찬가지입니다. 뺄셈의 개념이나 뺄셈에 대한 계산 원리를 제대로 익히지 못한 상태에서 뺄셈을 하다 보면 방금 전에 풀었던 문제를 또 틀리기도 합니다. 이 역시 암기에 의존해 문제를 풀기 때문에 생길 수 있는 사례입니다.

덧셈에 비해 뺄셈이 어렵습니다. 뺄셈은 주어진 수에서 또 다른 수를 빼기 때문에 두 수를 함께 고민해야 합니다. 또 여러 가지 뺄셈 전략 중 적절한 모델을 선택해야 합니다. 다루는 수의 크기가 커질수록 뺄셈에 어려움을 겪는 아이들이 더 늘어납니다.

초등학교 1학년이 되면 가르기와 모으기를 이용하여 (두 자리 수)−(한 자리 수)를 계산합니다. 15−6의 경우

① 6을 5와 1로 가르기 하고, 15−5=10을 계산한 후, 10에서 1을 뺍니다.
② 15를 10과 5로 가르기 하고, 10−6=4를 계산한 후 4와 5를 더합니다.

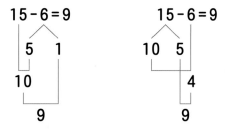

어른이 보기에는 상당히 귀찮은 방법이지요. 하지만 1학년 수준의 아이들이 익히기에는 최적의 모델 중 하나입니다.

초등학교에 가면

초등학교 1학년 2학기에서 받아내림이 없는 (두 자리 수)−(두 자리 수)를 배우고, 후에 6단원에서 11−4와 같은 (두 자리 수)−(한 자리 수)를 배웁니다.

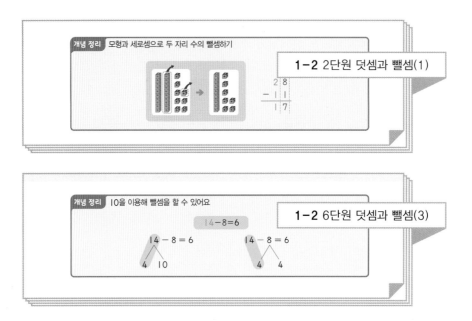

교과서에는 11−4를 계산하는 여러 가지 방법을 찾아보도록 안내되어 있습니다. 또한 연결큐브를 이용하여 시각적으로 문제를 인식할 수 있도록 돕는 내용이 이어집니다. 초등학생이되면 적어도 2가지 방법으로 뺄셈을 설명할 수 있어야 합니다.

지금 누리과정인 아이들은 수 세기 방법을 이용하여 전체에서 하나씩 빼어 남은 양이 몇인지 구하는 방법으로 뺄셈을 하는 것이면 충분합니다.

달걀판 뺄셈하기

달걀판 2개와 연결큐브가 있으면 (두 자리 수)-(한 자리 수)를 거뜬히 계산해 낼 수 있어요.

이때 중요한 것은 처음 수와 빼는 수를 정확히 세는 것입니다.

준비물 달걀판 2개, 연결큐브 또는 달걀 20개

① 달걀판 2개와 연결큐브를 준비합니다.

◆ 연결큐브 대신 진짜 달걀을 사용해도 아이가 재미있어합니다.

이때는 달걀이 깨지지 않게 조심하세요.

② 한 명이 뺄셈식을 부릅니다.

㉠ 13-5

③ 달걀판을 이용하여 뺄셈을 합니다.

㉠ 달걀판을 이용하여 13을 만듭니다. → 뒤에서부터 5를 뺍니다.

④ 남은 달걀의 개수를 확인합니다.

㉠ 13-5=8임을 알 수 있습니다.

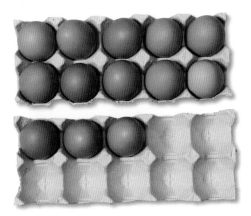
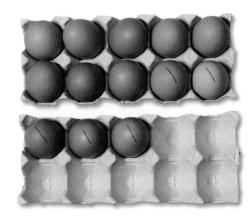

활동 더하기 위 뺄셈 상황을 수식으로 나타내지 말고 달걀판을 이용해서 어떻게 뺄셈을 했는지 말로 설명해 보세요.

사과 2개와 사과 3개를 합하면 사과 5개라는 것은 아는데, 2+3이 5라는 것은 몰라요.

아이는 왜?

물건의 개수를 "하나, 둘, 셋, …" 세는 것과 수 개념을 이해하는 것은 다른 차원입니다. 유아는 시각적으로 볼 수 있는 사물은 쉽게 수로 받아들여 연산할 수 있지만, '2 더하기 3'과 같은 추상적인 의미를 받아들이기에는 아직 어렵습니다.

이렇게 해 보세요

덧셈이나 뺄셈 상황을 말로 표현해 보세요. 실제 2개, 3개 놓여 있는 사과의 개수를 세며 "2와 3을 더하면 5"라고 말하는 연습을 합니다. 기호인 숫자와 실제 상황을 연결 짓는 경험을 통해 수 개념을 익힐 수 있습니다.

아이는 물건값을 계산할 때 500원짜리 과자 2봉지가 1000원이라는 것은 알아도 '500 +500=1000'이라는 것은 알지 못합니다. 일상생활에서 경험하는 수의 연산과 숫자나 기호를 써서 추상화한 수식을 이해하는 것은 상당한 차이가 있기 때문입니다. 마찬가지로 일상생활에서 사과 2개와 사과 3개의 합을 구하는 것은 아이가 쉽게 해결할 수 있지만, "2+3은 얼마일까?"와 같은 물음에 쉽게 답하기는 어렵습니다.

5세 이하의 유아는 단순한 수 세기는 할 수 있어도 주어진 수가 변하지 않는다는 수의 보존 개념을 알기에는 아직 어렵습니다.

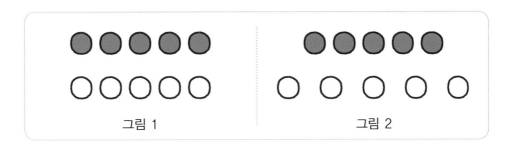

그림 1과 같이 바둑돌을 놓고 어느 색깔 바둑돌이 더 많은지 비교해 보면 아이는 수를 세어 바둑돌이 각각 5개이고 개수도 같다고 말합니다. 그림 2의 경우 바둑돌의 개수는 각각 5개이지만 아이는 흰색 바둑돌이 더 많다고 생각합니다. 5세 이하의 유아는 아직 수에 대한 보존 개념이 없기 때문입니다.

수를 더하고 빼는 활동은 어른의 입장에서 너무 쉬운 일이지만, 수 개념이 형성되지 않은 5세 이하의 유아에게는 어려운 일입니다. 초등학교 1학년이 한 자리 수의 덧셈과 뺄셈을 1년 내내 공부하는 것은 아이의 인지적 특성을 고려한 결과입니다.

유아기에 수 개념을 형성하는 가장 효과적인 방법은 일상의 경험을 통해 수를 익히는 것입니다. 물건의 개수를 세거나 주변 물건을 더하는 놀이를 통해 자연스럽게 수를 익히도록 지도해 주세요.

초등학교에 가면

초등 1~2학년은 직접 몸을 움직이며 경험한 것을 학습합니다. 초등 수학 교과서에서도 학생들의 직접적인 경험을 통한 활동이 강조됩니다. 수에 대한 직접적인 경험이 풍부한 학생이 이후 연결큐브, 수 모형 등 반구체물을 활용한 활동이나 2+3=□와 같은 추상적인 숫자와 기호로 된 식을 수월하게 이해합니다.

누리과정에서도 유아는 직접적인 경험을 통해 수를 익히고 수에 대한 양감을 기릅니다. 아이가 주변 사물에 관심을 갖고 주변 사물을 통해 수를 익히도록 지도해 주세요.

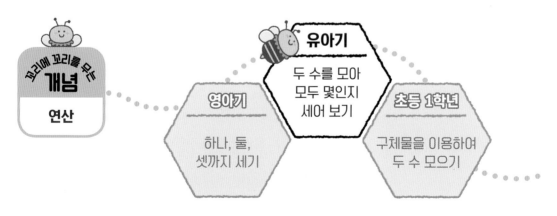

몇 개일까?

수 세기는 덧셈과 뺄셈의 기초가 됩니다. 주변에서 쉽게 구할 수 있는 물건을 이용하여
두 수를 더하거나 빼는 활동을 해 보세요. 서로 번갈아 가며 "몇 개일까?" 하고 문제를 내면
다양한 덧셈과 뺄셈 상황을 자연스럽게 경험할 수 있습니다.

준비물 주변에서 쉽게 볼 수 있는 여러 가지 물건

① 손가락으로 주변의 물건을 가리킵니다.

② "몇 개일까?" 하고 문제를 냅니다.

　예 "의자가 5개, 쿠션이 3개 있어요. 모두 몇 개일까요?"

　　"의자가 5개, 쿠션이 3개 있어요. 의자가 몇 개 더 많은가요?"

③ 수를 세어 답을 맞힙니다.

활동 더하기 블록이나 바둑돌 등 작은 물건으로 놀이를 할 수도 있고 형광등, 장롱, 액자
처럼 움직일 수 없는 집 안의 물건을 이용해도 좋아요. 또 집 밖으로 나가
주변 사물(건물, 나무, 자동차 등)을 이용할 수도 있어요.

연산　수량의 부분과 전체의 관계 알기

덧셈을 익히는 데 도움이 되는 활동은 어떤 것이 있나요?

아이는 왜?

그림의 질문을 다시 살펴볼까요? "5와 7을 더하면 얼마일까?" 하고 물었습니다. 아이는 이 물음을 이해하는 것 자체가 힘듭니다. 그래도 5와 7의 수를 손가락으로 나타내어 보려 하는데, 두 수의 합을 나타내기에는 손가락이 부족하지요. 결국 아이는 몇 번 더 시도하다가 덧셈을 포기하고 맙니다.

이렇게 해 보세요

두 수의 합이 10보다 큰 덧셈을 익히기 전에 우선 10 만들기를 해 보세요. 양손을 모두 펼쳐 10을 만들고, 손가락 몇 개를 접어 남은 손가락의 개수를 세어 봅니다. 그리고 두 수의 합이 10이 됨을 확인해요. 10이 되는 두 수를 익히는 활동은 덧셈의 기초가 됩니다.

그것이 알고 싶다

덧셈과 뺄셈을 배울 때 처음 접하는 활동 중 모으기와 가르기가 있습니다. 단순해 보이지만 덧셈과 뺄셈에서 아주 중요한 개념입니다. 모으기는 두 수를 하나의 수로 합하는 활동으로, 4와 2를 모으면 6, 3과 5를 모으면 8이 됩니다. 가르기는 한 수를 둘로 나누는 활동으로, 5는 1과 4, 2와 3으로 가르기 할 수 있습니다.

모으기   가르기

모으기와 가르기는 결과 중심으로 답만 구하기보다 바둑돌이나 연결큐브 등의 교구를 사용하여 하나씩 수 세기를 통해 익히는 것이 좋습니다.

유아에게 모으기와 가르기를 가르칠 때는 달걀판이 유용합니다. 달걀판 2개를 준비해서 바둑돌이나 연결큐브를 각각 같은 수만큼 놓은 다음, 모으기나 가르기를 하여 두 수를 비교해 봅니다.

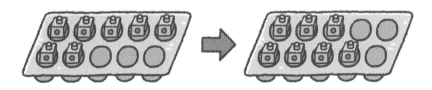

그럼 5+7과 같은 덧셈은 언제 할 수 있을까요? 유아에 따라 다르겠지만 보통 초등학교 입학 때쯤 되면 덧셈을 곧잘 합니다. 이때 정답만 확인하지 말고 아이에게 왜 그렇게 되는지 이야기하도록 해 보세요. 어쩌면 자신의 생각을 말하는 것이 수학 공부의 가장 중요한 요소일 수도 있어요.

1학년은 1학기에 5단원에서 50까지의 수를 익히고 두 수의 합이 10을 넘는 덧셈을 처음 배우는데, 그 기본 활동으로 접하는 것이 두 수의 모으기입니다.

두 수를 모으면 얼마가 되는지 알아볼 때는 5씩 묶어 세거나 10을 만들고 나머지를 구하는 방법을 쓸 수 있습니다. 또 이어 세는 방법도 있지요. 이러한 모으기 활동은 이후 8+3=□을 해결하는 기본 개념이 됩니다.

누리과정에서는 20개 이하의 구체물로 수 세기를 하고, 구체물을 더하거나 빼는 경험을 합니다. 구체물을 이용하여 서로 다른 묶음의 수를 모아 이어 세는 활동은 덧셈의 기초가 됩니다.

10 만들기

10을 만드는 활동은 덧셈의 기본이 됩니다. 10구 달걀판과 같이

10을 단위로 하는 물건으로 간단한 덧셈 교구를 만들어 활용할 수 있습니다.

다양한 방법으로 아이와 10 만들기에 도전해 보세요.

준비물　달걀판(10구), 2~3가지 색깔의 연결큐브 또는 각종 블록

① 10구 달걀판과 연결큐브를 준비합니다.

② 연결큐브를 달걀판 위에 하나씩 올려놓아 10을 만듭니다.

③ 달걀판 위의 연결큐브를 같은 색끼리 모읍니다.

　　예 빨강 2개, 노랑 3개, 파랑 5개

④ 같은 색끼리 모은 연결큐브가 10이 됨을 이야기합니다.

　　예 "빨간 모양 2개, 노란 모양 3개, 파란 모양 5개로 10이 만들어져요."

활동 더하기　연결큐브를 하나씩 연결하여 10을 만들 수도 있습니다. 또 연결큐브의 색깔을 달리하여 여러 가지 방법으로 10을 만들어 보세요. 이는 가르기와 모으기를 이해하는 데도 도움이 됩니다.

수학 연산

구구단을 곧잘 외우는데, 모두 외우게 해도 될까요?

아이는 왜?

아이들은 영상 매체에 익숙하고, 다양한 학습 콘텐츠를 접하다 보니 구구단을 노래처럼 쉽게 익히는 경우가 있습니다. 그렇다고 구구단을 이해하고 활용할 수 있는 것은 아니기 때문에 조심스럽게 접근할 필요가 있습니다. 우리 아이가 수학을 잘한다고 보기보다 '수학에 거부감이 없구나.' 하고 생각할 수 있겠습니다.

이렇게 해 보세요

아이가 즐거워한다면 구구단 외우기를 권장해도 됩니다. '구구단을 외자' 놀이를 하며, 구구단 문제를 내어 보세요. 그러나 특별한 경우가 아니라면 절대 식으로 된 곱셈 문제는 풀리지 마세요. 아이가 구구단을 즐기는 것만으로 충분합니다.

그것이 알고 싶다

아이가 구구단을 노래처럼 친숙하게 외우거나 구구단에 재미를 느낀다는 것은 우선 반가운 일입니다. 아이가 수에 자신이 붙었고 수학에 대해 긍정적인 태도를 지니고 있는 것이기 때문입니다.

그렇다고 1~2학년 수준의 수학을 곧잘 하는 것으로 생각하여 성급하게 초등 과정을 선행하도록 하면, 초등학교에 입학해서 수학에 싫증을 내고 수업 시간에 산만해질 수 있습니다.

초등 1~2학년 수학은 단순히 연산의 숙달 정도로만 생각한다면 별로 학습할 내용이 없습니다. 그런데도 2년 동안 수와 연산 학습을 하는 것은 이를 통해 다양한 사고 활동을 하기 위해서입니다. 하지만 이미 공식처럼 연산 방법을 익히고 있는 아이는 학교에서 배우는 내용을 모두 알고 있는 것으로 생각해서 수업에 소홀해지기 쉽습니다.

1학년		2학년 1학기
• 덧셈의 의미를 알고 다양한 방법으로 덧셈하기 • 10개씩 묶어 세기	➡	• 여러 가지 방법으로 세기 • 몇씩 몇 묶음으로 묶어 세기 • 배의 개념 이해하기

곱셈은 2학년 1학기가 끝날 무렵에 배웁니다. 초등학교 입학 전인 아이라면 수학에 대한 긍정적인 경험을 갖는 것이 중요합니다. 곱셈이나 구구단은 수학에 대한 놀이로 생각하여 즐겁게 익히는 정도로 하고, 실제 학습과 연계하지 않아야 합니다.

곱셈은 초등학교 2학년 1학기 마지막 단원에서 배의 개념으로 몇씩 묶어 세는 활동을 통해 익히게 됩니다. 사과의 수를 2씩 6번 세었다면 2+2+2+2+2+2=2×6이 됩니다.

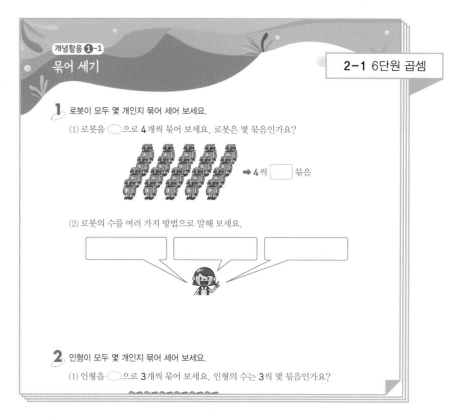

누리과정에서 곱셈(또는 구구단)을 다루는 것은 바람직하지 않습니다. 대신 수를 능숙하게 다룰 수 있도록 2씩, 3씩, … 묶어 세어 보는 활동은 권장할 만합니다. 아이들이 수에 친숙해 지는 것이 중요합니다.

같은 수만큼 뛰어 세기

같은 수를 반복하여 더하는 덧셈은 곱셈의 기초가 됩니다.

공깃돌과 같은 교구를 활용하여 같은 수만큼 더하며 수를 뛰어 세어 보세요.

곱셈에 대한 자연스러운 경험이 됩니다.

준비물   공깃돌 30개 내외

① 공깃돌을 2~5개 골라 바닥에 놓고 공깃돌의 수를 말합니다.

② 바닥에 놓인 공깃돌의 수만큼 공깃돌을 새로 놓으며 합한 수를 말합니다.

  ◆ 공깃돌은 뭉쳐 놓아도 되고 한 줄로 늘어놓아도 좋습니다.

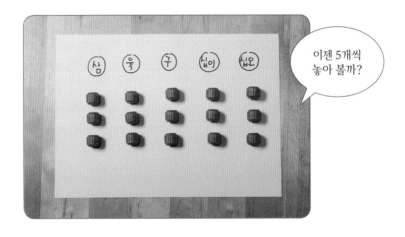

이젠 5개씩 놓아 볼까?

활동 더하기   한 변의 길이가 1cm 정도 되는 나무공깃돌을 활용해 보세요. 나무공깃돌은 수 세기에 용이하고 수에 대한 양감을 기르는 데 도움이 됩니다. 또한 도형의 측정(넓이나 부피)에도 활용할 수 있어요.

수·연산

아이가 나눗셈을 물어보는데, 가르쳐도 될까요?

아이는 왜?

유아기는 수학에 대한 아이들의 호기심이 왕성한 때입니다. 그렇다 보니 덧셈, 뺄셈에 머무르지 않고 초등 1~2학년 수준을 뛰어넘는 질문을 하는 경우가 있지요. 그런 질문을 받으면 어떻게 설명해야 할지 당황하게 됩니다.

이렇게 해 보세요

수학은 규칙(패턴)의 학문이라고도 합니다. 덧셈이 그러하듯 나눗셈에도 규칙이 있어요. 아이가 똑같이 분배하는 나눗셈의 규칙을 익힐 수 있게 기회를 제공해 주세요. 블록 8개를 바구니 2개에 똑같이 나누어 담거나 공깃돌 12개를 접시 3개에 하나씩 놓아 나누는 활동은 굳이 나눗셈을 설명하지 않더라도 아이들에게 흥미로운 놀이가 됩니다.

하나의 수학 개념은 다른 여러 수학 개념들과 연계되어 있습니다. 또 이런 개념들은 일상생활의 다양한 경험을 바탕으로 합니다. 일상생활의 경험에서 덧셈과 뺄셈의 개념을 끌어내는 것처럼 곱셈이나 나눗셈도 일상생활의 경험을 바탕으로 합니다.

나눗셈은 3학년 1학기에 처음 다루는데, 이는 누리과정 및 초등 1~2학년에서 배운 여러 활동을 나눗셈과 연계하는 것입니다. 누리과정에서는 나눗셈을 다루지 않지만, 수를 다양하게 다루는 과정은 자연스럽게 나눗셈과 연계됩니다.

바둑돌이나 물건(구체물)을 봉지 2개에 똑같이 나누는 활동은 모든 사칙연산에 적용할 수 있습니다.

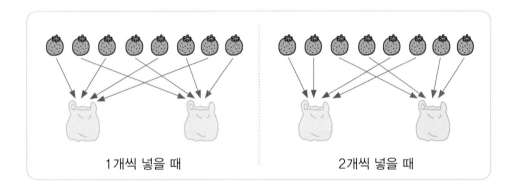

1개씩 넣을 때   2개씩 넣을 때

8에서 2씩 덜어 내는 활동으로는 뺄셈을 공부할 수 있는데, 이는 나눗셈의 기초가 되는 활동입니다.

$$8-2-2-2-2=0 \Rightarrow 8 \div 2 = 4$$

물론 누리과정에 있는 3~5세의 아이에게 나눗셈을 가르쳐서는 안 됩니다. 그런데 나눗셈을 궁금해하는 아이가 있다면 "나눗셈은 전체를 몇씩 똑같이 나누어 주는 거야"라고 말해 줄 수는 있겠지요. 또 컵이나 접시를 이용하여 똑같이 나누어 보는 활동을 하면 등분할의 개념도 자연스럽게 형성할 수 있어 수·연산 감각을 키우는 데 큰 도움이 됩니다.

나눗셈은 어떤 양을 똑같이 분배하는 활동에서 출발합니다. 수를 똑같은 양으로 분배하는 활동은 얼핏 쉬워 보이지만 초등학교 3학년 학생들도 과정을 이해하고 이를 수식화하는 데 어려움을 겪습니다.

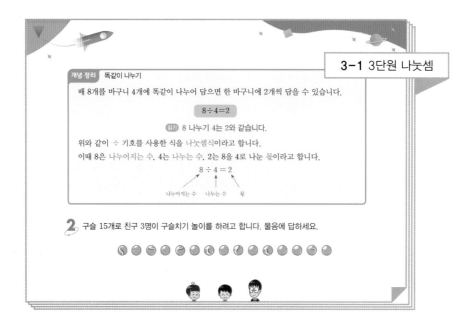

곱셈은 2학년에서 처음 배우고, 나눗셈은 3학년에서 처음 배우지만, 양을 똑같이 분배하는 활동은 5세 이하의 유아에게도 충분히 적용할 수 있습니다.

누리과정에서 수를 다양하게 다루는 활동은 이후 수 감각을 기르는 데 중요한 요소가 됩니다. 곱셈과 나눗셈을 배우지는 않지만 사칙연산의 기본이 되는 수 감각을 기르기 위해 수를 모으거나 분배하는 활동을 권장합니다.

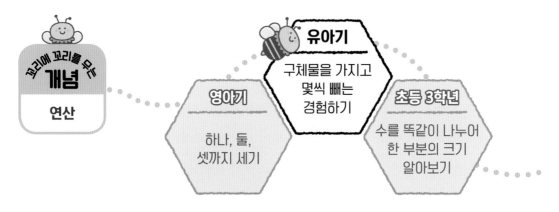

같은 수만큼 덜어 내기

같은 수를 덜어 내는 활동은 나눗셈의 기초가 됩니다.

공깃돌과 같은 교구를 활용하여 같은 수만큼 몇 번 덜어 낼 수 있는지 알아보세요.

또 몇씩 묶음으로 나누어 보는 활동도 할 수 있습니다.

준비물 나무공깃돌 또는 공깃돌, 바둑돌 20개 내외

① 공깃돌을 한 움큼 쥐어 바닥에 놓습니다.

② 바닥에 놓인 공깃돌을 같은 수만큼 계속해서 덜어 내며, 덜어 낸 횟수를 셉니다.

③ 더 덜어 낼 수 없으면 덜어 낸 바둑돌이 몇 개인지 세어 보고,

몇씩 몇 번 덜어 냈는지 말해 봅니다.

> 12개를 4개씩
> 세 번 덜어 냈어요.

세 번   두 번   한 번

활동 더하기 공깃돌은 2~5개씩 묶음으로 덜어 내는 것이 좋아요. 그리고 전체 공깃돌의

개수는 20개 이내가 적당합니다.

피아제Piaget의 수 보존 능력의 발달 3단계

1단계 | 일대일 대응을 할 수 없는 단계

물체의 개수가 아니라 물체가 차지하는 공간이나 물체를 늘어놓은 길이 등

사물의 배열 형태를 보고 집합의 크기를 비교합니다.

A가
더 많아요.

2단계 | 일대일 대응을 할 수 있으나 지속적이지 않은 단계

물체의 개수가 같아도 배열 형태가 다르면 집합의 크기가 다르다고 생각합니다. 예를 들어 같은

수의 물체를 일대일 대응으로 늘어놓으면 두 수가 같다는 것을 알지만, 그중 한 줄을 좀 더 길게

옆으로 늘어놓으면 긴 쪽의 개수가 더 많다고 생각합니다.

개수가 같아요.

A가
더 많아요.

일대일 대응이 지속되는 단계

두 집합의 개수가 같다면 배열의 형태가 달라도 두 집합의 크기가 같다는 것을 압니다.

두 집합의 크기를 비교할 때 "●가 더 많다", "○가 더 적다"라고 말하는 것에서 그치지 않고 한 걸음 더 나아가서 "●가 ○보다 얼마나 더 많을까?" 또는 "어느 것이 얼마나 더 적을까?"와 같이 일대일 대응으로 짝을 지어 남는 수에 대해서도 이야기해 봅니다.

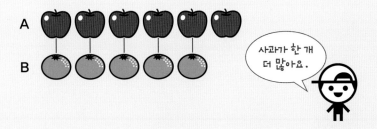

한 가지 상황에서 일상 언어를 통해 여러 가지 수학적 표현을 해 보세요. 수의 크기를 정확히 알고, 그 크기를 자신의 언어로 이야기할 수 있도록 충분히 연습해야 하지요. 수의 크기를 비교하는 것은 단순히 수를 아는 단계를 넘어 덧셈과 뺄셈의 기초로 확장되는 매우 중요한 내용입니다.

2장

도형

2장에서는 생활 주변의 여러 가지 물건이나 장난감 등으로
뭔가를 창의적으로 만들고 맘껏 놀면서 공간 감각을 익히는 것을 목표로 합니다.
이 시기에 공간 감각을 키우지 못하면 초등 이후에 도형 영역에서
어려움을 느끼게 됩니다. 공간과 도형의 기초 개념을 형성하기 위해서는
유아가 자신이나 물체의 위치와 방향을 인식하고
여러 가지 방법으로 나타내어 보는 활동을 해 보면 좋습니다.

나를 중심으로 방향 알아보기

위치와 방향을 여러 방법으로 나타내기

물체의 모양에 관심 갖기

기본 도형의 특성 인식하기

상황

옷을 거꾸로 입어요.

아이는 왜?

아이들은 생활 속에서 순서와 방향을 나타내는 말과 상황을 다양하게 경험합니다. 이때 앞과 뒤의 방향을 나타내는 말을 헷갈리기도 하고, 옷을 입을 때 앞과 뒤를 구분하지 못해 거꾸로 입기도 합니다.

이렇게 해 보세요

영·유아기의 방향에 대한 이해는 자기 자신을 중심으로 발전해 나갑니다. 자기가 중심이기 때문에 방향과 순서를 일관되게 나타내지 못하고 항상 헷갈리는 것입니다. 순서와 방향을 나타낼 때 아이 중심으로 표현하여 아이가 헷갈리지 않게 도와주세요.

영·유아기 아이들은 자신을 중심으로 생각을 점차 키워 나갑니다. 방향에 대한 이해 역시 자기 자신을 중심으로 발전시켜 나가지요. 그래서 앞과 뒤, 위와 아래 등을 자신을 중심으로 이해하다가 점차 지표물을 중심으로 이해하는 단계로 발전합니다. 이때가 되면 유치원을 중심으로 오른쪽과 왼쪽에 무엇이 있는지 생각할 수 있게 되지요.

방향 및 위치를 나타내는 말은 아이들이 처음 배우기에 다소 어려울 수 있습니다. 신체 활동과 놀이 활동을 이용하면 방향이나 위치를 나타내는 말들을 효과적으로 즐겁게 배울 수 있습니다. 손을 머리 위로 올리기, 손을 머리 아래로 내리기, 손을 앞으로 쭉 뻗기, 다리를 뒤로 쭉 뻗기 등과 같이 위치와 방향을 나타내는 말에 따라 몸을 움직이는 신체 활동을 해 보세요. 또한 장난감을 이용하여 장난감의 앞부분을 나란히 정리해 보는 놀이를 통해서 자연스럽게 앞과 뒤를 구분하는 활동을 해 볼 수 있습니다.

처음에는 아이가 헷갈리지 않도록 아이를 중심으로 방향과 위치를 나타내는 말을 많이 들려주세요. 그리고 앞과 뒤를 구분해 보는 경험을 많이 만들어 주세요. 그 과정에서 아이들은 앞과 뒤를 구분하는 힘을 기를 수 있게 됩니다.

초등학교 1학년은 교과서보다 놀이 활동 및 학교생활 속에서 자연스럽게 방향과 위치를 익히게 됩니다. 2학년은 '여러 가지 도형' 단원에서 쌓기나무를 이용하여 여러 가지 입체도형의 모양을 만들고 쌓기나무의 방향과 위치를 말해 봅니다.

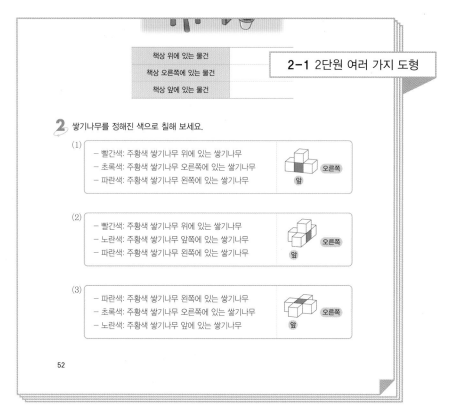

| 책상 위에 있는 물건 |
| 책상 오른쪽에 있는 물건 |
| 책상 앞에 있는 물건 |

2-1 2단원 여러 가지 도형

2 쌓기나무를 정해진 색으로 칠해 보세요.

(1)
- 빨간색: 주황색 쌓기나무 위에 있는 쌓기나무
- 초록색: 주황색 쌓기나무 오른쪽에 있는 쌓기나무
- 파란색: 주황색 쌓기나무 왼쪽에 있는 쌓기나무

앞 / 오른쪽

(2)
- 빨간색: 주황색 쌓기나무 위에 있는 쌓기나무
- 노란색: 주황색 쌓기나무 앞쪽에 있는 쌓기나무
- 파란색: 주황색 쌓기나무 왼쪽에 있는 쌓기나무

앞 / 오른쪽

(3)
- 파란색: 주황색 쌓기나무 왼쪽에 있는 쌓기나무
- 초록색: 주황색 쌓기나무 오른쪽에 있는 쌓기나무
- 노란색: 주황색 쌓기나무 앞에 있는 쌓기나무

앞 / 오른쪽

52

누리과정에서 방향과 위치에 대한 이해는 아이가 생활 속에서 자연스럽게 경험하는 것이 무엇보다도 중요합니다.

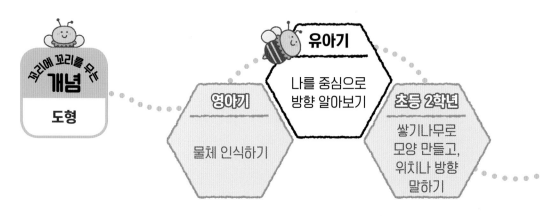

꼬리에 꼬리를 무는 **개념**
도형

유아기
나를 중심으로 방향 알아보기

영아기
물체 인식하기

초등 2학년
쌓기나무로 모양 만들고, 위치나 방향 말하기

옷 정리하기

옷장 속에서 좋아하는 옷들을 꺼내고 앞과 뒤를 구분하면서 옷을 정리해 보세요.

아이는 좋아하는 물건에 특별한 관심을 갖고 있기 때문에

앞과 뒤의 구분을 더 잘 할 수 있습니다.

준비물　앞과 뒤가 구분되는 옷

① 옷장에서 좋아하는 옷들을 여러 벌 꺼냅니다.

② 옷을 자유롭게 바닥에 펼칩니다.

③ 이번에는 옷의 앞이 잘 보이도록 바닥에 펼칩니다.

④ 이번에는 옷의 뒤가 잘 보이도록 바닥에 펼칩니다.

⑤ 옷을 접는 방법에 따라 잘 정리합니다.

활동 더하기　옷을 펼치는 과정에서 아이가 옷의 앞과 뒤를 구분하여 충분히 말로 표현할
수 있도록 도와주세요.

마주 보고 있을 때 오른쪽과 왼쪽을 헷갈려해요.

아이는 왜?

아이들은 생활 속에서 오른쪽과 왼쪽을 구분해야 하는 다양한 상황을 경험합니다. 그때마다 오른쪽과 왼쪽의 방향을 헷갈리기도 합니다. 자기 자신이 중심일 때는 오른쪽과 왼쪽을 쉽게 찾아도 다른 사람을 중심으로 생각하는 것은 어려워하거나 거꾸로 말하기도 하지요.

이렇게 해 보세요

영·유아기 아이들의 큰 특징 중 하나는 자기 자신을 중심으로 생각하는 것입니다. 이러한 특성 때문에 방향을 나타낼 때도 헷갈리는 것이지요. 아이를 중심으로 오른쪽과 왼쪽의 방향을 연습해 본 다음, 다른 사람을 중심으로 오른쪽과 왼쪽의 방향을 연습하면서 둘의 경우를 서로 비교해 보세요.

영·유아기 아이들은 자기 자신을 중심으로 생각을 키워 나갑니다. 예를 들어, 아이에게 "책상 옆에 가방 있잖아"라고 말하면 아이는 책상 옆이 아니라 자신의 옆에서 가방을 찾습니다. 자기 자신을 중심으로 방향을 인식하기 때문입니다. 이러한 공간과 방향에 대한 이해가 점차 발전하면 우리 주변의 사물을 중심으로 위치와 방향을 정확히 표현할 수 있습니다.

아이들은 수저를 사용하기 시작하면서 처음으로 오른손과 왼손을 구분하게 됩니다. 처음에는 오른손과 왼손이라는 말 자체가 어렵기 때문에 '밥 먹는 손'과 '밥 먹는 손이 아닌 손' 등으로 아이들의 눈높이에서 표현해 주는 것이 좋습니다. 오른손, 왼손이라는 말을 익히고 나면 오른쪽과 왼쪽이라는 표현을 연습해 봅니다. 이때 신체 활동과 놀이 활동을 통해 오른쪽과 왼쪽을 나타내는 말들을 효과적으로 배울 수 있습니다. 더불어 다른 위치와 방향을 나타내는 말들도 자연스럽게 익힐 수 있습니다.

아이가 헷갈리지 않도록 아이를 중심으로 오른쪽, 왼쪽을 충분히 연습해 보고, 점차 다른 사람이나 우리 주변의 물건 등을 중심으로 연습해 보세요. 아이는 충분한 연습을 통해 오른쪽과 왼쪽을 쉽게 구분하게 됩니다.

초등학교 2학년은 '여러 가지 도형' 단원에서 쌓기나무를 이용하여 여러 가지 입체도형의 모양을 만들며 오른쪽과 왼쪽을 구분하여 말하는 연습을 합니다. 6학년 때는 '공간과 입체' 단원을 통해 위치와 방향에 대한 내용을 심도 있게 다루게 됩니다.

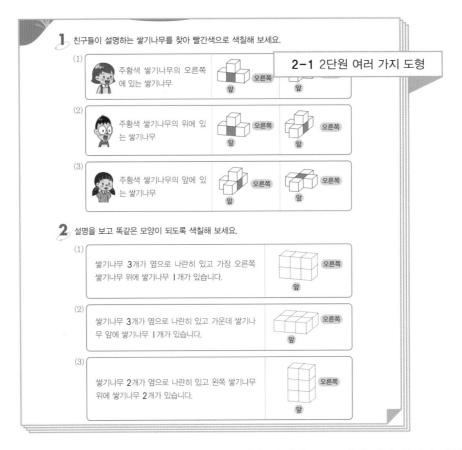

누리과정에서 유아는 자신이나 물체의 위치와 방향을 인식하고, 중심에 따라 위치와 방향을 표현하는 것이 다르다는 것을 알아 갑니다.

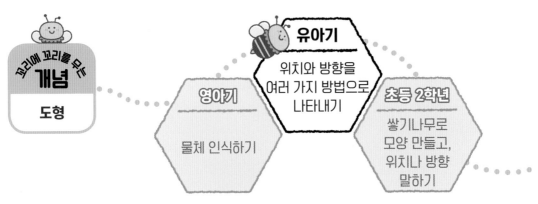

인사하기

여러 나라의 재미있는 인사말과 인사 방법을 알아보고

다양한 방법으로 인사해 보세요. 마주 보고 인사하면서 자신을 중심으로 본 방향과

마주 보고 있는 사람을 중심으로 본 방향이 서로 다르다는 것을 발견할 수 있습니다.

① 둘이 마주 보고 섭니다.

② 서로 오른손을 내밀며 다양한 말로 인사합니다.

　⑩ "안녕하세요", "헬로"

③ 이번에는 서로 왼손을 내밀며 다양한 말로 인사합니다.

　⑩ "곤니치와", "니하오"

④ 오른쪽으로 한 발 옆으로 가면서 헤어집니다.

⑤ 왼쪽으로 한 발 옆으로 가면서 다시 만나 인사합니다.

  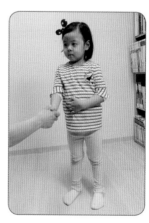

활동 더하기　아이에게 다양한 나라의 간단한 인사말을 알려 줍니다. 오른쪽 옆으로 갔다가 왼쪽으로 다시 와서 만나고, 방향을 바꿔서 반복하여 연습해 보세요. 마주 보고 있을 때 오른손 또는 왼손의 방향이 서로 반대라는 사실을 아이들이 발견할 수 있게 도와주세요.

집으로 가야 하는데 자꾸 엉뚱한 방향으로 가려고 해요.

아이는 왜?

아이들은 머릿속으로 공간 전체를 내려다보면서 이해하기까지 매우 어려운 과정을 거칩니다. 공간에 대한 이해는 연령에 따라 점차 발달하는데, 초기에는 자신의 위치와 자신이 보는 것을 중심으로 이해합니다. 따라서 이 시기에는 아이가 길을 찾아가거나 예전에 갔던 길을 기억하는 것이 쉽지 않습니다.

이렇게 해 보세요

아이와 함께 자주 가는 곳부터 시작하여 우리 동네를 그림지도로 만들어 보세요. 집으로 오는 길에 어떤 장소와 건물이 있는지 함께 이야기하면서 지도를 완성해 가는 과정을 통해 아이가 3차원의 공간을 머릿속으로 그려 볼 수 있게 도와주세요.

영·유아기 아이들은 공간 안에서 자신의 위치와 방향을 알아 가며 공간 감각을 발달시킵니다. 초기에는 자신의 위치와 자신이 보는 방향을 중심으로 이해하다가 점차 익숙한 건물 등을 중심으로 건물들의 위치와 방향을 기억해 나가지요.

아이와 함께 놀이터에서 집까지 오는 길을 그림지도로 만드는 과정을 상상해 보세요. 먼저 놀이터에서 집까지 오는 길을 이야기하면서 그림지도를 머릿속으로 그려 봅니다. 자주 다니는 익숙한 길이지만 처음에는 어떤 건물들이 있는지 기억해 내지 못하기도 합니다. 아이와 대화를 하면서 익숙한 건물과 장소를 하나씩 이야기해 보세요. 예를 들어, 놀이터와 집 사이에 유치원이 있다는 것을 이야기해 주면 아이는 놀이터에서 집까지의 길을 떠올릴 때 유치원과 그 주변의 건물들을 함께 떠올릴 수 있습니다. 이를 그림지도로 완성해 가는 활동을 통해 3차원의 공간을 그림으로 그려 볼 수 있습니다.

아이는 집에서부터 자주 가는 장소들의 길을 찾는 과정을 통해 주위 건물들을 기억해 내고, 돌아올 때는 건물들의 위치와 방향이 서로 바뀐다는 것을 이해하게 됩니다. 이를 통해 공간 감각을 기를 수 있습니다.

초등학교 2학년은 쌓기나무를 이용해서 위치와 방향을 알아가는 학습을 하고, 6학년은 '공간과 입체' 단원을 통해 위치와 방향에 대한 내용을 심도 있게 다룹니다. 3학년은 사회 교과에서 그림지도에 대한 내용을 학습합니다. 수학 교과에서는 그림지도에 대한 내용을 따로 다루지 않지만 우리의 생활 속에서 위치와 방향을 자연스럽게 경험하고 이해하는 것은 공간 감각을 기르는 데 중요한 역할을 합니다.

누리과정에서는 공간 안에서 위치와 방향을 인식하면서 공간에 대한 기초적인 이해를 발달시켜 나갑니다.

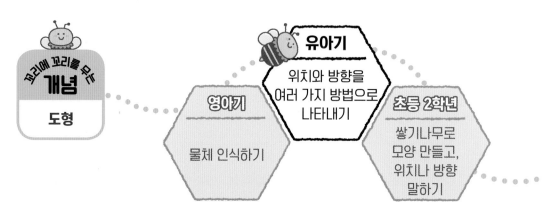

우리 동네 지도 그리기

아이와 함께 집에서 마트까지 걸어서 이동한 경험을 떠올리며 어떤 것이 생각나는지 이야기해 보세요. 그리고 우리 집에서 마트로 가는 길에 본 건물들을 그림지도로 그려 보세요. 그림지도를 완성해 가는 과정에서 아이들의 공간 감각을 기를 수 있습니다.

준비물　큰 도화지, 색연필, 풀, 가위

① 우리 집에서 마트까지 가는 길에 보이는 것들을 이야기해 봅니다.

② 지도에 나타내고 싶은 몇 가지 건물들을 종이에 그립니다.

③ 큰 도화지에 우리 집에서 마트까지 가는 길을 그립니다.

④ 종이에 그린 건물들을 오려서 큰 도화지에 붙입니다.

⑤ 작은 인형을 움직여 우리 집에서 마트까지 가 보고, 다시 마트에서 우리 집으로 돌아옵니다.

활동 더하기　큰 도화지에 길을 그리는 것은 보호자가 도와주세요. 집을 기준으로 가까운 곳에서 시작해 점차 먼 곳으로 확대해 나가고, 가는 길에 보이는 건물들의 순서와 오는 길에 보이는 건물들의 순서가 다르다는 것을 알 수 있게 지도합니다. 그림지도를 들고 밖에 나가서 실제로 비교해 보면 아이가 큰 성취감을 느낄 수 있습니다.

방금 만든 블록을 알아보지 못해요.

아이는 왜?

영·유아기의 공간 감각 발달 과정을 살펴보면, 아이는 자신의 위치에서 자신이 보는 방향을 중심으로 이해하다가 점차 다른 사물의 위치에서 객관적으로 바라보게 됩니다. 초기에 자신이 보는 방향을 중심으로만 이해할 때는 같은 물건이라도 보는 방향에 따라 보이는 모습이 달라져 다른 물건이라고 생각하기도 합니다.

이렇게 해 보세요

아이와 함께 블록으로 모양을 만들고 여러 방향에서 살펴보세요. 그리고 여러 방향에서 사진을 찍어 보세요. 아이는 사진을 보면서 보는 방향에 따라 블록으로 만든 모양이 다르게 보인다는 것을 이해할 수 있습니다.

앞 옆 위

공간 감각은 공간 시각화와 공간 방향으로 구분할 수 있습니다. 그중 공간 방향은 어떤 공간에서 자신과 다른 사물들의 위치와 거리를 알고 방향에 따라 움직이는 방법을 아는 것입니다. 여기에는 앞과 뒤, 오른쪽과 왼쪽, 위와 아래, 동서남북과 같은 방향을 아는 능력, 지도에서 위치와 이동하는 방법을 표현하는 능력, 사물이 다양한 위치와 방향에서 어떻게 보이는지 상상하는 능력이 포함되지요. 공간 방향 능력 중 사물이 다양한 위치와 방향에서 어떻게 보이는지 상상하는 능력이 발달하는 과정 초기에는 자신의 위치와 방향을 중심으로만 생각하기 때문에 같은 물건이라도 보는 방향에 따라 보이는 모습이 달라지면 다른 물건으로 여깁니다.

아이와 함께 블록으로 여러 가지 모양을 만들고 사진을 찍어 전시해 보세요. 이때 사진은 여러 방향에서 찍습니다. 아이는 사진을 찍으면서 사진을 찍은 방향, 즉 바라보는 방향에 따라 같은 물건도 다르게 보인다는 것을 이해할 수 있습니다. 더 나아가 점차 자기중심적 생각에서 벗어나 다른 사람의 입장도 생각할 수 있게 됩니다.

초등학교 2학년은 '여러 가지 도형' 단원에서 평면도형에 대해 학습하고, 이어서 여러 가지 모양을 쌓기나무로 똑같이 쌓기, 여러 가지 모양으로 쌓기나무 쌓아 보기 등의 활동을 합니다. 이때 쌓기나무를 쌓으며 위, 앞, 옆에서 본 모양을 관찰함으로써 쌓기나무의 모양을 더 정확히 이해할 수 있습니다. 쌓기나무뿐만 아니라 사물을 여러 방향에서 자세히 관찰하면 그 모양을 더 정확하게 파악할 수 있습니다.

누리과정에서는 기본 도형을 사용하여 여러 가지 모양을 구성하는 활동을 합니다. 이때 여러 방향에서 관찰하는 연습을 충분히 하는 것은 초등학교 과정과 연계가 됩니다.

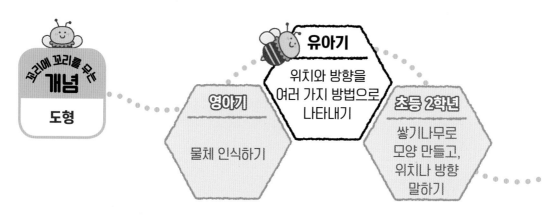

이리 보고 저리 보고 전시회

쌓기나무를 여러 가지 모양으로 쌓아 보고 여러 방향에서 관찰해 보세요.

바라보는 방향에 따라 쌓기나무의 모양이 다르게 보인다는 것을 자연스럽게 알 수 있습니다.

준비물　　쌓기나무

① 쌓기나무를 자유롭게 쌓아 봅니다.

② 쌓기나무를 앞, 뒤, 옆, 위에서 관찰하고, 보이는 모습을 이야기해 봅니다.

③ 여러 방향에서 쌓기나무의 사진을 찍어 전시합니다.

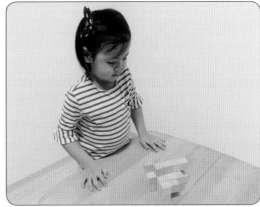

활동 더하기　쌓기나무를 투명판 위에 쌓으면 아래에서 본 모습도 쉽게 관찰할 수 있습니다. 아이와 함께 쌓기나무를 앞, 뒤, 위, 아래 그리고 오른쪽과 왼쪽 등 다양한 방향과 각도에서 관찰해 보세요. 이때 눈에 보이는 쌓기나무의 개수를 세어 보는 활동을 할 수도 있습니다. 쌓기나무뿐만 아니라 아이가 좋아하는 물건들도 다양한 방향과 각도에서 관찰해 보세요.

안 돼

음료수 병을 기울이면 음료수도 함께 기울어진다고 생각해요.

아이는 왜?

아이들은 일반적으로 유리병이 기울어지면 안에 들어 있는 물도 유리병과 같은 모양으로 기울어진다고 생각합니다. 피아제에 따르면 4~5세 이전의 아이는 수평의 개념이 없다가 점차 유리병의 바닥면과 들어 있는 물이 수평을 이룬다고 생각하게 됩니다. 이후 다시 바닥면과 수평이 됨을 알게 되지요.

이렇게 해 보세요

투명한 병에 물 또는 음료수를 넣어 병을 기울여 보세요. 물 또는 음료수를 넣은 병을 기울여 보기 전에 어떻게 될지 아이가 생각해 보게 하여 호기심을 키워 주는 것도 좋습니다. 그리고 점차 다양한 모양의 유리병에 물을 넣어 기울여 보면서 바닥면과 병 안의 물이 수평을 이루는 모습을 눈으로 확인해 보세요.

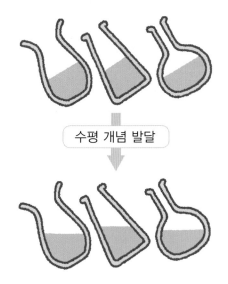

수평 개념 발달

피아제는 유아기의 아이들에게 물이 담긴 유리병을 기울였을 때 병 안의 물의 모양을 그려 보게 함으로써 유아기 수평 개념의 발달 과정을 연구했습니다. 4~5세 이전의 아이는 수평의 개념이 없고 물의 표면을 그림으로 잘 표현하지 못하기 때문에 단순한 낙서를 하게 됩니다. 수평 개념이 발달하는 초반에는 물의 표면을 선으로 그릴 수는 있지만 병의 바닥면과 평행하다고 생각합니다. 이후 물의 표면과 병의 바닥면이 항상 평행하지는 않다는 것을 알게 됩니다. 수평 개념이 발달하면 아이는 주변을 관찰하며 수평선을 찾습니다. 병이 놓인 탁자의 선, 천장과 바닥의 선 등에서 수평선을 찾을 수 있게 됩니다. 또한 유리병에 담긴 물을 기울여 보는 활동을 통해 물의 성질을 이해합니다. 물병을 기울이면 물의 모양이 변화한다는 것을 알게 되지요.

아이와 함께 다양한 모양의 유리병에 물을 넣어 기울여 보세요. 그리고 병에 든 물이 바닥면과 수평을 이룬 모습을 직접 확인해 보세요. 아이와 함께 수학과 과학의 세계를 동시에 경험할 수 있고 아이의 지적 호기심을 키워 줄 수 있답니다.

초등학교 3학년은 1학기에 선의 종류를 학습하면서 직선, 곡선, 반직선, 선분의 개념과 각과 직각의 개념을 학습합니다. 이후 초등학교 4학년에야 비로소 평행선을 학습하면서 수직과 수평에 대해 이해할 수 있게 됩니다.

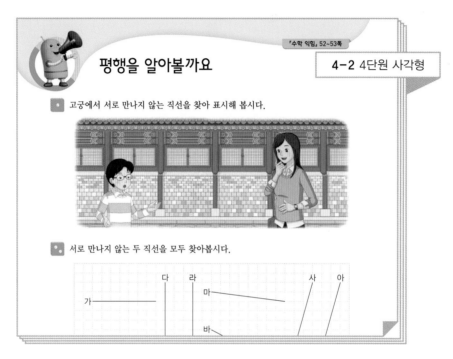

누리과정에서는 수평의 개념을 인식하고 실제 수평선을 찾아보는 데 중점을 두고 있습니다. 다양한 물체 및 사물의 관찰을 통해 수직과 수평, 평행의 개념을 생활 속에서 자연스럽게 경험하는 것이 필요하고 또 가장 중요합니다.

주변의 탁자와 바닥의 선, 바닷가의 수평선, 지평선 등과 같이 실생활에서 수평을 찾아보세요.

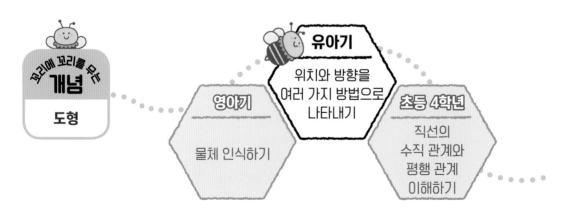

모양이 변하는 액체

다양한 모양의 음료수 병에 음료수를 담고 병을 기울여

병 안의 음료수가 어떻게 변하는지 관찰해 보세요. 음료수를 넣은 병을 기울이면 어떻게 될지

아이의 호기심을 자극하고 함께 관찰해 보는 과정이 중요합니다.

준비물　　다양한 모양의 투명한 음료수 병, 여러 색깔의 네임펜

① 다양한 모양의 유리병에 음료수를 담습니다.

② 담긴 음료수가 수평을 이루는 면을 네임펜으로 표시합니다.

③ 병을 기울여서 달라진 음료수의 수평면을 다른 색 네임펜으로 표시합니다.

④ 병의 기울기를 달리하여 같은 방법으로 음료수의 수평면을 표시해 봅니다.

⑤ 병의 모양을 달리하여 같은 방법으로 음료수의 수평면을 표시해 봅니다.

⑥ 병을 기울이면 음료수의 수평면이 어떻게 되는지 이야기해 봅니다.

활동 더하기　　수평, 중력, 액체의 성질과 같은 어려운 개념을 알기보다 다양한 물체의 변화를 관찰하고 특징을 발견하는 것이 중요합니다. 유리병에 담긴 음료수의 수평면을 네임펜으로 표시하는 활동이 아이에게 어려울 수도 있으므로 함께 하면서 도와주세요.

위치와 방향을 여러 가지 방법으로 나타내기

가까이 있는 것, 멀리 있는 것을 잘 구분하지 못해요.

아이는 왜?

3~4세가 되면 자신의 위치를 중심으로 앞, 뒤, 옆, 위, 아래를 인식하고 표현합니다. 이 시기가 지나면 주변의 물건이나 건물을 기준으로 물체의 위치와 방향을 인식하고 표현할 수 있습니다. 그러나 거리에 대한 양감이 형성되지 않았다면 가깝고 먼 것을 구분하지 못할 수 있습니다.

이렇게 해 보세요

위치와 방향에 대한 이해와 함께 거리에 대한 양감이 형성되면 자연스럽게 멀고 가까운 것의 개념을 이해할 수 있습니다. 처음에는 자신을 중심으로 가깝고 먼 것을 구분하므로 아이를 중심으로 가까이 있는 것은 무엇이고 또 멀리 있는 것은 무엇인지 묻고 대답해 보세요. 그다음 물건이나 건물을 중심으로 연습해 봅니다.

위치와 방향에 대한 이해는 태어날 때부터 서서히 발달해 3~4세가 되면 자신의 위치를 중심으로 앞, 뒤, 옆, 위, 아래를 인식하고 표현할 수 있습니다. 이때 거리에 대한 양감이 형성된다면 자연스럽게 멀고 가까운 것에 대한 개념을 이해할 수 있습니다. 이는 아이의 공간 감각 형성과도 연관됩니다.

처음에는 자신을 중심으로 가깝고 먼 것을 구분합니다. 예를 들어, 아이가 자신을 중심으로 놀이터에서 가장 가까이 있는 놀이 기구와 가장 멀리 있는 놀이 기구를 구분합니다. 그리고 점차 다른 놀이 기구 또는 다른 친구의 위치에서 가깝고 먼 것을 구분할 수 있습니다. 처음에는 아이를 중심으로 가까이 있는 것과 멀리 있는 것이 무엇인지 묻고 대답하는 활동을 합니다. 이때, '가까이', '멀리'와 같이 거리와 관련된 단어들을 사용해서 이야기하면, 거리에 대한 양감뿐만 아니라 자연스럽게 말로 표현하는 방법도 익히게 됩니다.

초등학교 1학년은 '비교하기' 단원에서 구체물의 길이를 비교하여 '길다', '짧다'의 용어로 말하는 학습을 합니다. 2학년은 '길이 재기' 단원에서 길이를 나타내는 단위를 학습하고 여러 가지 물건의 길이를 어림하며 길이에 대한 양감을 기릅니다.

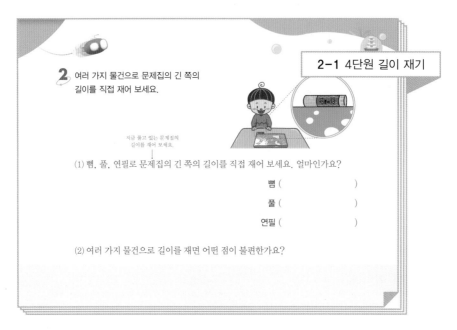

초등학교 수학 교육과정에서는 공간에 대한 내용이 많이 강조되지 않지만, 누리과정에서 공간에 대한 감각을 기르는 것은 중요합니다. 누리과정에서 '가까이', '멀리'와 같은 거리에 대한 양감을 기르는 것은 초등학교 수학 교육과정의 길이 비교, 양감 기르기와 연결됩니다.

무궁화 꽃이 피었습니다

술래를 정하고 '무궁화 꽃이 피었습니다' 놀이를 하면서

누가 가장 가까이 있고 누가 가장 멀리 있는지 찾아보세요.

놀이를 통해 자연스럽게 거리에 대한 양감을 기르고 공간 감각을 키울 수 있습니다.

① 술래를 한 사람 정합니다.

② 술래가 뒤를 보고 "무궁화 꽃이 피었습니다!"를 외칠 때 나머지 사람들은 술래에게로
   가까이 다가갑니다. 이때 누가 제일 가까이 있고, 누가 제일 멀리 있는지 확인합니다.

③ 술래가 돌아보면 모두 멈춥니다. 이때 움직인 사람은 술래와 손가락을 겁니다.

④ 같은 방법으로 놀이를 하다가 술래와 가까운 누군가가 술래와 손가락을 건 사람들의 손가
   락을 떼어 주면 모두 출발선으로 돌아옵니다.

활동 더하기 보호자와 아이 둘이서 놀이를 한다면 서로 돌아가며 술래를 함으로써 아이
가 보호자와 멀리 있다가 점점 가까워지는 것을 느껴 볼 수 있어요. 이때,
'가까이', '멀리'와 같이 거리와 관련된 수학적 용어를 충분히 사용합니다.

도형의 변환　　위치와 방향을 여러 가지 방법으로 나타내기

퍼즐 조각을 돌려서 맞추는 활동을 어려워해요.

아이는 왜?

아이들은 퍼즐 맞추기 놀이를 좋아합니다. 그런데 퍼즐 맞추기를 하면서 주어진 퍼즐 조각을 돌리거나 뒤집는 방법에 대해 생각하기까지는 시간이 걸립니다. 처음에는 단순히 주어진 조각 그대로를 활용하여 퍼즐을 맞추려는 경향이 있습니다. 유아기 아이에게 퍼즐을 돌리고 뒤집는 것은 어려운 일입니다.

이렇게 해 보세요

다양한 퍼즐 맞추기 활동을 통해서 도형을 밀고, 돌리고, 뒤집는 경험을 해 보세요. 도형을 이동하는 방법을 자연스럽게 배울 수 있습니다. 퍼즐 맞추기를 할 때는 쉬운 것부터 시작하여 아이가 퍼즐을 완성하는 것에 대해 성취감을 느낄 수 있게 합니다. 이러한 성취감은 아이가 더 어려운 퍼즐 맞추기 활동에 도전할 수 있는 자신감을 심어 줄 수 있습니다.

밀기   뒤집기   돌리기

유아기 아이들은 도형의 움직임을 '밀기 → 뒤집기 → 돌리기'의 순서로 이해하며, 물건을 옮기는 상황에서 이런 움직임을 자연스럽게 경험합니다. 물건을 옮기면 같은 물건이라도 조금씩 다르게 보이지요. 예를 들어 컵을 옆으로 밀면 자리만 달라지고 위, 아래, 오른쪽, 왼쪽은 같은 모습입니다. 그런데 컵을 왼쪽(또는 오른쪽)으로 뒤집어 보면 왼쪽과 오른쪽이 바뀐 모습으로 보이지요. 또 컵을 시계 반대 방향으로 90° 돌리면 손잡이와 컵의 입구도 시계 반대 방향으로 90° 돌아가서 컵이 누워 있는 모습으로 보입니다. 이렇게 여러 가지 방법으로 도형을 움직였을 때 도형의 위치는 바뀌어도 크기나 모양은 달라지지 않습니다.

하트 퍼즐   달걀 퍼즐   마름모 퍼즐   눈송이 퍼즐

아이와 여러 가지 모양의 퍼즐 맞추기 놀이를 해 보세요. 아이는 도형 밀기, 뒤집기, 돌리기의 과정을 거쳐야 완성할 수 있는 퍼즐 맞추기 놀이를 하면서 자연스럽게 도형의 움직임을 경험할 수 있습니다. 퍼즐 맞추기 놀이는 공간 감각을 기르는 데도 도움이 됩니다.

초등학교 2학년은 여러 가지 평면도형에 대해 학습하면서 칠교놀이를 다룹니다. 칠교놀이의 모양 조각들을 통해 다양한 모양의 삼각형과 사각형을 알고, 모양을 맞추는 과정에서 자연스럽게 평면도형의 움직임을 경험할 수 있습니다. 4학년은 밀기, 뒤집기, 돌리기 등 평면도형의 이동에 대해 구체적으로 학습합니다.

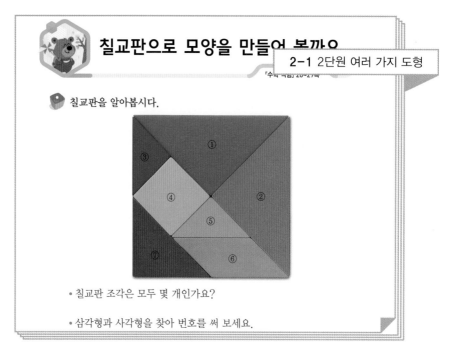

칠교판으로 모양을 만들어 볼까요

2-1 2단원 여러 가지 도형

「수학 익힘」 26~27쪽

칠교판을 알아봅시다.

• 칠교판 조각은 모두 몇 개인가요?

• 삼각형과 사각형을 찾아 번호를 써 보세요.

누리과정에서는 기본 도형을 사용하여 여러 가지 모양을 구성해 보면서 도형을 밀고, 뒤집고, 돌리는 경험을 반복합니다. 또한 칠교놀이와 같은 퍼즐 맞추기 활동을 통해서 자연스럽게 도형 움직이기를 경험합니다.

꼬리에 꼬리를 무는 **개념**

도형

영아기

물체 인식하기

유아기

위치와 방향을 여러 가지 방법으로 나타내기

초등 4학년

평면도형 밀기, 뒤집기, 돌리기

색종이 무늬 만들기

색종이를 밀고, 뒤집고, 돌려서 무늬를 만들어 보세요.

색종이를 자르는 모양과 움직이는 방법을 달리하면 서로 다른 무늬를 다양하게 만들 수 있습니다.

색종이 무늬 만들기를 하면서 자연스럽게 도형을 밀고, 돌리고, 뒤집는 경험을 하고

완성된 작품을 전시하여 감상하는 즐거움도 느껴 보세요.

준비물 색종이, 도화지, 풀, 가위

① 색종이를 여러 장 겹치고 가위로 잘라서
   같은 모양을 여러 개 만듭니다.

② 오린 색종이를 밀기, 뒤집기, 돌리기 등 여러
   가지 방법으로 움직이며 도화지에 붙입니다.

③ 나만의 멋진 무늬를 만들고 나만의 무늬에는
   어떤 특별한 점이 있는지 이야기해 봅니다.

활동 더하기 아이가 색종이를 도화지에 붙일 때 도형의 움직임을 경험할 수 있도록 색종이를 밀고, 뒤집고, 돌려 보세요. 그리고 각각의 특징도 이야기해 보세요. 양면 색종이를 이용하면 뒤집었을 때의 모습을 더 잘 비교할 수 있습니다.

위치와 방향을 여러 가지 방법으로 나타내기

반쪽 그림을 보고 나머지 한쪽을 똑같이 그리지 못해요.

아이는 왜?

대칭을 이루고 있는 그림의 한쪽을 보고 대칭이 되도록 나머지 그림을 완성하는 것은 아이들에게 어려운 작업입니다. 아직 손의 힘이 부족하기도 하고, 대칭에 대한 개념을 이해하지 못하기 때문이지요. 그래서 이때 자신만의 모양으로 새롭게 그리는 것이 보통입니다. 대칭의 개념을 확실히 이해하고 활용하는 것은 초등학교 3학년이 되어서야 가능합니다.

이렇게 해 보세요

아직 대칭의 개념을 이해하기는 어렵습니다. 아이와 함께 대칭을 만들어 보는 활동들을 통해 자연스럽게 대칭을 경험하면서 대칭의 특징을 찾아보세요.

대칭을 이루는 자연의 아름다움

대칭은 가운데를 기준으로 양쪽이 같은 형태로 이루어져 있는 것을 말합니다. 대칭을 이루는 모습은 균형감과 안정감을 주지요. 예를 들어 자연 속에서 대칭을 이룬 모습을 많이 발견할 수 있는데 바라보면 안정감을 느낄 수 있어 마음이 편안해집니다. 대칭은 점대칭, 선대칭, 면대칭, 수직대칭, 수평대칭으로 나눌 수 있습니다.

영·유아기 아이는 수직대칭을 수평대칭보다 더 좋아하고 쉽게 알아봅니다. 선대칭이란 사물이나 도형이 대칭축을 중심으로 완전히 겹쳐지는 것을 말하는데, 사람, 물건, 글자, 점 등을 거울에 비춰 보거나 여러 가지 모양을 반으로 접어 보면서 선대칭도형을 경험할 수 있습니다. 대칭에서 가장 중요한 것은 대칭을 이룰 때 기준이 되는 선인 대칭축을 중심으로 양쪽의 크기와 모양이 똑같다는 것입니다. 아이가 생활 속에서 다양한 대칭을 찾아보고 충분히 관찰하도록 도와주세요.

대칭에 대한 정확한 개념을 이해하는 것은 초등학교 3학년 이후입니다. 따라서 누리과정뿐만 아니라 초등학교 저학년도 대칭에 대해 다루지 않습니다. 초등학교 5학년이 되면 선대칭도형의 특징과 선대칭도형 그리는 방법을 학습합니다.

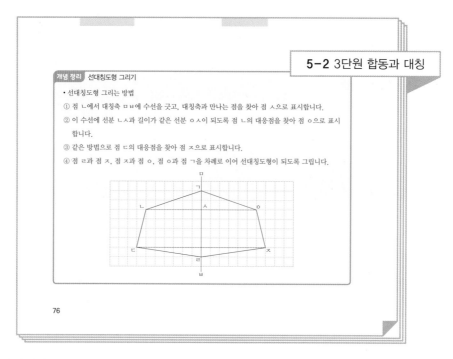

누리과정에서는 자연과 일상생활 속에서 여러 사물을 통해 대칭을 자연스럽게 경험하고 이해할 수 있게 해 주세요.

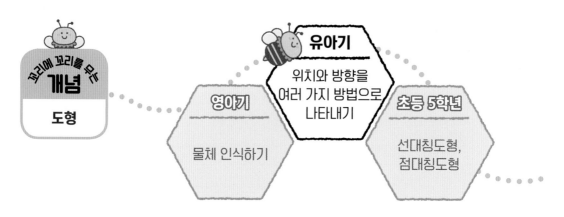

데칼코마니 그림 그리기

도화지에 물감으로 데칼코마니 그림을 그려 보세요.

도화지를 접었다 펴기만 해도 대칭이 되는 멋진 작품을 만들 수 있습니다.

또 데칼코마니 그림의 특징을 알아보면서 대칭의 개념을 자연스럽게 습득할 수 있어요.

간단한 방법으로 멋진 작품을 완성할 수 있어 아이들이 성취감을 크게 느낄 수 있는 활동입니다.

준비물   도화지, 물감

① 도화지를 반으로 접습니다.

② 도화지를 다시 펼치고, 한쪽 면에만 여러 가지 색깔의 물감을 짜서 그림을 그립니다.

③ 다시 도화지를 접고 손이나 수건으로 잘 문지릅니다.

④ 이제 한쪽 면을 펼쳐서 대칭 그림을 만들고 그림에 어떤 특별한 점이 있는지

　이야기해 봅니다.

활동 더하기   대칭이라는 수학적 용어를 강조하기보다 아이들 스스로 대칭의 특징을 찾아
보는 것이 중요해요. 물감을 사용하는 대신 도화지를 반으로 접어 가위로 오
린 다음 다시 펴는 방법으로도 대칭을 확인할 수 있어요.

입체도형 　　　　물체의 모양에 관심 갖기

보이는 물건들을 높이높이 쌓고 싶어 해요.

아이는 왜?

영·유아기 아이는 생활 속에서 자연스럽게 입체도형을 경험합니다. 입체도형에 대한 발달 과정을 살펴보면 아이들은 가장 먼저 쌓기 등의 놀이를 통해 입체도형을 경험하게 됩니다. 따라서 아이가 물건을 높이 쌓는 것은 자연스러운 현상입니다. 아이에게 놀이란 생활이고 즐거움이며, 성장을 도와주는 활동입니다.

이렇게 해 보세요

놀이 활동에 중점을 두고 쌓기 놀이를 즐겨 보세요. 블록, 상자, 휴지, 음료수 캔 등 다양한 물건들을 이용할 수 있습니다. 아이와 함께 생활 속에서 여러 가지 모양의 입체도형을 충분히 탐색하면서 즐겁게 놀이해 봅니다.

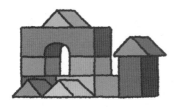 

우리 생활 곳곳에는 입체도형이 가득합니다. 그래서 영·유아기 아이는 무엇보다 입체도형을 먼저 경험하게 됩니다. 초등수학에서도 입체도형을 평면도형보다 먼저 학습하지요. 영·유아기 아이의 입체도형에 대한 인식의 발달 과정을 살펴보면, 가장 먼저 입체도형을 활용한 놀이를 시작합니다. 예를 들어 장난감 블록이 보이면 블록을 충분히 탐색한 후 블록으로 쌓기 놀이를 시작하는 것이지요.

초기에는 입체도형의 특징에 따라 구분하고 분류하는 것이 어렵기 때문에 주어진 입체도형을 보고 같은 모양을 만드는 데 어려움이 있습니다. 이때는 쌓기 놀이 활동에 초점을 맞추어 여러 가지 모양의 입체도형을 충분히 탐색하는 것이 중요합니다. 블록뿐만 아니라 상자, 휴지, 음료수 캔 등 다양한 물건들을 쌓는 놀이를 해 보세요. 아이는 놀이를 하면서 즐겁고 의미 있게 다음 단계로 성장해 나갑니다.

초등학교 1학년은 여러 가지 모양을 탐구하면서 입체도형에 대한 학습을 시작합니다. 1학년의 입체도형과 평면도형에 대한 탐구는 누리과정과 비슷합니다. 생활 속 여러 가지 물건들을 관찰하고 쌓아 보고 만져 보는 구체적인 경험을 바탕으로 이루어집니다.

생활 속에서 다양한 물건들을 만져 보고 관찰해 보는 활동을 통해서 도형에 대한 감각을 충분히 길러 주세요. 영·유아기의 쌓기 놀이에 대한 재미있는 경험은 1학년에서 여러 가지 모양을 만들어 보는 활동에 도움이 될 것입니다.

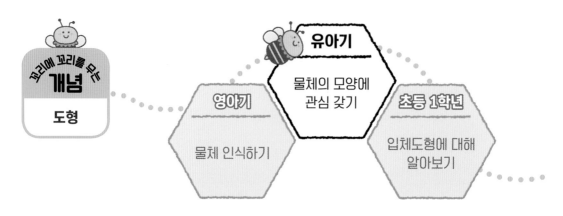

상자 쌓기 놀이

집에 있는 상자를 찾아 모으고, 여러 가지 모양의 상자들을 높이높이 쌓아 보세요.

상자를 높이 쌓아 보면서 자연스럽게 입체도형을 탐색할 수 있습니다.

준비물　여러 가지 모양의 상자들

① 우리 집에서 쌓을 수 있는 상자들을 찾아 모읍니다.

　　예 "(상자를 보여 주면서) 이 상자와 모양이 비슷한 물건들을 찾아볼까?"

② 상자들을 쌓아 봅니다.

③ 상자 뒤에 숨었다 나타나는 놀이를 합니다.

④ 쌓은 상자를 무너뜨립니다.

⑤ 새로운 방법으로 상자를 쌓아 봅니다.

⑥ 마지막으로 상자들을 다시 제자리에 정리합니다.

활동 더하기　상자뿐만 아니라 생활 속 다양한 물건들을 활용해 쌓기 놀이를 할 수 있습니다. 이때, 날카롭거나 다칠 수 있는 물건들은 피합니다. 아이가 다양한 방법으로 상자를 쌓아 볼 수 있게 여러 번 반복해서 활동하고, 보호자가 쌓은 모양을 보고 아이가 따라서 쌓는 활동도 해 보세요. 아이는 상자를 쌓고 무너뜨리는 놀이 활동을 통해 소근육을 충분히 사용하게 됩니다.

똑같은 모양으로 블록 쌓기가 잘 안 돼요.

아이는 왜?

영·유아기의 입체도형에 대한 발달 과정을 살펴보면, 입체도형을 쌓는 놀이가 그 시작점입니다. 아이는 다양한 입체도형을 가지고 놀면서 공통점과 차이점을 비교해 보고, 같은 종류끼리 분류할 수 있게 됩니다. 이렇게 특성에 따라 입체도형을 분류할 수 있는 단계가 되어야 주어진 모양을 보고 같은 모양으로 쌓을 수 있습니다.

이렇게 해 보세요

처음에는 보호자가 쌓은 모양을 보고 아이가 따라 쌓고, 나중에는 역할을 바꾸어 아이가 쌓은 모양을 보고 보호자가 쌓는 놀이를 해 보세요. 아이가 입체도형 쌓는 것에 대해 더 흥미를 갖고 창의력을 십분 발휘할 것입니다.

공 모양 　　　　 원뿔 모양 　　　　 둥근 기둥 모양 　　　　 상자 모양

영·유아기 아이의 입체도형에 대한 발달은 입체도형을 쌓는 놀이에서 시작됩니다. 놀이를 하면서 입체도형을 탐색하고 점차 눈에 보이는 특징에 따라 입체도형을 구분하고 비교하지요. 아이가 가장 먼저 알아보는 입체도형은 일상생활 속에서 많이 경험하게 되는 공 모양(구), 둥근 기둥 모양(원기둥), 상자 모양(직육면체)입니다. 아이는 다양한 입체도형을 가지고 놀면서 공통점과 차이점을 비교해 보고, 같은 종류끼리 분류할 수 있게 됩니다. 이 과정에서 아이가 생각하는 기준에 따라 도형을 분류하고 이에 대해 이야기 나누어 보는 활동을 하면 입체도형의 특징을 더 잘 이해하는 데 도움이 됩니다.

이렇게 입체도형의 특징에 따른 분류가 가능해지면 이제 주어진 모양을 보고 같은 모양으로 쌓을 수 있습니다. 이때, 아이가 주어진 모양을 보고 따라서 쌓고, 다음으로 아이가 쌓은 모양을 보고 부모님이

똑같이 쌓아 보세요. 아이는 입체도형 쌓는 것을 흥미롭게 생각하고, 창의력을 발휘하기도 할 것입니다. 혹시 아이가 같은 모양으로 쌓지 못했다고 해서 실망한다거나 아이에게 정답을 강요하지는 마세요. 아이가 입체도형을 보고 만지고 느끼면서 충분히 탐색할 수 있는 기회를 갖는 것이 더 중요합니다.

초등학교 1학년은 우리 생활 속에서 여러 가지 모양을 탐구함으로써 입체도형에 대한 학습을 시작합니다. 이를 토대로 2학년은 쌓기나무를 활용하여 똑같은 모양으로 쌓아 보는 학습을 합니다. 더 나아가 여러 가지 다양한 모양으로 쌓고 설명해 보는 활동을 하게 됩니다. 이때 수학적으로 의사소통할 수 있어야 하므로 입체도형에 대한 활동을 하면서 도형의 특징 및 자신의 생각을 설명하는 과정을 갖는 것이 중요합니다.

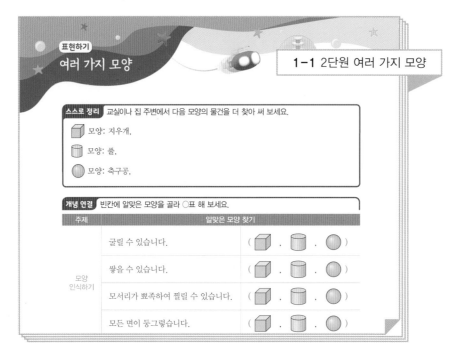

누리과정에서는 우리 생활 속에서 다양한 물건을 만져 보고 관찰하는 활동을 통해서 도형에 대한 감각을 충분히 기릅니다.

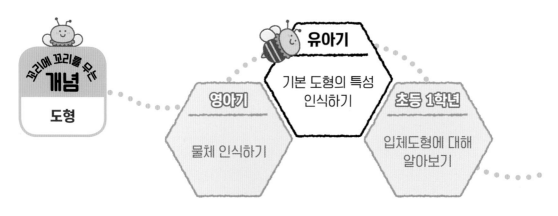

우리는 쌍둥이

나무 블록을 관찰하고 비슷한 블록끼리 모아요. 그리고 쌓아 놓은 블록을 보고

같은 모양으로 쌓아 봅니다. 특징에 따라 비슷한 모양의 블록끼리

구분하고 분류하는 과정을 통해 도형의 특성을 잘 이해할 수 있게 됩니다.

준비물	다양한 모양의 나무 블록 또는 쌓기나무

① 다양한 모양의 나무 블록을 살펴보면서 특징을 관찰합니다.

② 나무 블록을 특징에 따라 분류합니다.

③ 보호자가 먼저 블록을 쌓고 쌓기 문제를 냅니다.

　㉑ "같은 모양으로 쌓아 볼까?"

④ 이번에는 아이가 블록을 쌓고 쌓기 문제를 냅니다.

⑤ 쌓은 블록에 어떤 이름을 붙일지 함께 이야기해 봅니다.

활동 더하기　굴러가는 특성이 있는 공 모양 블록은 어떻게 쌓으면 좋을지 이야기해 보세요. 이 과정에서 아이의 상상력과 창의력이 발휘될 수 있습니다. 블록을 쌓을 때는 블록의 특징을 관찰할 수 있게 도와주세요. 또 아이가 블록을 쌓아 쌓기 문제를 냈을 때 아이가 쌓은 블록의 이름을 지어 보고 설명할 수 있도록 유도해 보세요.

기본 도형의 특성 인식하기

동그라미와 공을 같은 모양이라고 생각해요.

아이는 왜?

영·유아기 아이는 입체도형과 평면도형을 분리해서 생각하지 않습니다. 상자 모양이나 사각형 모양을 모두 네모라고 부르기도 하고, 공 모양이나 원 모양을 모두 동그라미라고 부르면서 같은 것으로 생각합니다. 그러다 점차 도형에 대한 충분한 경험을 통해서 입체도형이 여러 면의 평면도형으로 이루어졌음을 이해하기 시작합니다.

이렇게 해 보세요

아이가 입체도형을 많이 경험해 볼 수 있게 도와주세요. 아이와 함께 입체도형을 손으로 만져 보고 굴려 보는 등 입체도형의 특징을 감각적이고 자유롭게 경험해 보세요. 공, 둥근 기둥, 상자 모양의 입체도형과 동그라미, 세모, 네모의 평면도형을 모두 경험하며 공통점과 차이점을 발견하고 구분해 보도록 도와주세요.

영·유아기에는 입체도형과 평면도형을 분리하여 생각하지 못하기 때문에 이 시기 아이는 입체도형이 평면도형으로 이루어져 있음을 이해하기가 어렵습니다. 그래서 공 모양을 동그라미와 같은 모양이라고 생각하게 됩니다. 둥근 기둥 모양을 동그라미와 같은 모양이라고 생각하기도 합니다.

아이들이 입체도형을 다양하게 돌려 가며 입체도형이 지닌 여러 면의 특징을 살펴보게 해주세요. "위에서 보면 동그라미 모양이지만 옆에서 보면 네모네?"라고 말해 주면서 아이들이 입체도형의 여러 면을 살피는 데 관심을 가질 수 있게 합니다. 또 블록에 물감을 묻혀 찍거나 여러 방향에서 입체도형을 관찰하고 관찰한 모양을 따라 그려 보세요. 아이가 입체도형을 손으로 만지고 굴려 보는 등 도형의 특성을 감각적이고 자유롭게 경험하는 것이 중요합니다.

이를 통해 아이는 입체도형과 평면도형을 연결해서 생각할 수 있고, 공통점과 차이점을 발견함으로써 입체도형과 평면도형을 쉽게 구분하게 됩니다.

초등학교 1학년은 '여러 가지 모양' 단원을 두 번에 걸쳐서 학습합니다. 먼저 입체도형과 관련해서 우리 주변의 물건들을 활용하여 쌓아 보고 만져 보는 구체적인 경험을 바탕으로 ⬜️🥫⚪️ 모양의 입체도형을 탐구합니다. 이후 평면도형에 관한 '여러 가지 모양'에서 입체도형에 대한 경험을 바탕으로 입체도형의 부분적인 모양을 알아보며 ⬜️🔺⚫️ 모양의 평면도형을 탐구합니다.

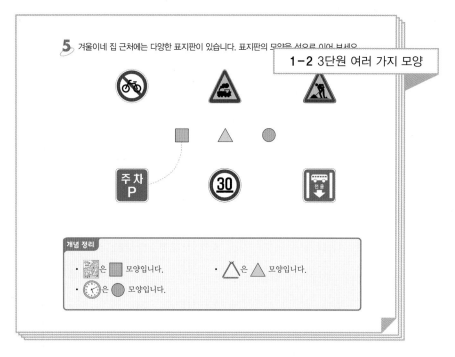

누리과정에서는 우리 생활 속에서 다양한 물건들을 만져 보고 관찰해 보는 활동을 통해 입체도형과 평면도형에 대한 도형 감각을 충분히 기릅니다.

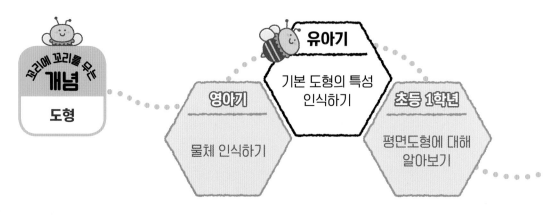

모양을 찍어 그림을 그려요

여러 가지 물건에 물감을 묻혀 찍어 보고, 물감을 찍어 그림을 그려 보면서

입체도형의 특징을 감각적이고 자유롭게 경험해 보세요.

입체도형에 대한 충분한 경험은 나아가 평면도형을 이해하는 데 중요한 역할을 합니다.

준비물 공 모양, 상자 모양, 둥근 기둥 모양 등 여러 가지 모양의 생활 속 물건들, 물감, 종이

① 우리 집에서 공 모양, 상자 모양, 둥근 기둥 모양의 물건들을 하나씩 찾아봅니다.

② 공 모양부터 한 면에 물감을 묻혀서 종이에 찍습니다.

③ 공 모양을 여러 방향으로 돌려 가며 물감을 묻히고 찍어 봅니다.

④ 어떤 모양들이 찍혔고, 어떤 특징이 있는지 관찰합니다.

⑤ 나머지 모양들도 같은 방법으로 물감을 묻혀서 종이에 찍어 봅니다.

⑥ 여러 모양에 물감을 찍어서 그림을 그려 봅니다.

활동 더하기 공 모양, 상자 모양, 둥근 기둥 모양 대신 재미있는 이름을 지어 불러 보세요. 물감을 묻혀 찍을 때 공 모양은 잘 굴러가기 때문에 찍기가 쉽지 않을 수 있습니다. 보호자가 도와주세요. 또한 입체도형의 여러 면을 골고루 찍어서 관찰하고, 물감을 찍어 그린 그림을 잘 보이는 곳에 전시하면 아이가 입체도형과 연결해서 특징을 관찰해 보는 기회를 가질 수 있습니다.

동그라미, 세모, 네모를 마음대로 불러요.

아이는 왜?

우리 주변의 여러 가지 물건들이 동그라미, 세모, 네모 모양이라는 것을 알고 도형별로 분류할 수 있어도 도형의 수학적 이름과 단어는 정확하게 말하지 못할 수 있습니다. 세모 모양을 네모, 네모 모양을 세모로 바꾸어 말하기도 하지요. 도형을 말로 표현하는 것은 발달 단계의 마지막 과정에 해당합니다.

이렇게 해 보세요

영·유아기의 도형에 대한 발달 단계에 따르면, 아이는 먼저 우리 주변의 친숙한 물건들을 통해 물체를 전체적으로 인식합니다. 따라서 아이가 도형을 나타내는 수학적 이름과 단어를 사용하지 못한다고 해서 서두를 일은 아닙니다. 도형에 대한 충분한 경험을 통해서 도형을 이해하고 도형의 특징을 스스로 알아 가다 보면 자연스럽게 말로 표현할 수 있습니다.

아이는 수학적 이름과 단어를 연결 지어 사용하는 것에 어려움을 느낍니다. 영·유아기의 도형에 대한 발달 단계에 따르면 아이는 먼저 우리 주변의 친숙한 물건을 통해 물체를 전체적으로 이해하고, 점차 도형에 대한 다양한 경험을 통해서 도형의 특징을 알아 갑니다. 도형을 말로 표현하는 것은 마지막 단계입니다. 따라서 아이가 도형을 나타내는 수학적 이름과 단어를 알맞게 사용하지 못한다고 해서 조급해할 일은 아닙니다. 도형에 대한 충분한 경험을 통해서 도형을 이해하고 도형이 지니고 있는 특징을 알아 가는 것이 먼저입니다.

이를 위해서 아이와 함께 도형의 특징을 살려 이름을 짓는 활동을 할 수 있습니다. 예를 들어 동그라미 모양을 관찰하면서 이름 짓기 활동을 하면 아이들은 동글이, 떼굴이 등 무한한 상상력으로 도형의 이름을 지어 낼 것입니다. 이때 이름을 그렇게 지은 이유 등을 이야기하면서 수학적으로 의사소통해 보세요. 이러한 활동이 익숙해지면 아이와 함께 도형의 이름을 동그라미, 세모, 네모 등으로 약속해 볼 수 있습니다. 더 나아가 원, 삼각형, 사각형과 같은 수학적 이름을 사용해도 쉽게 이해할 수 있을 것입니다.

초등학교 1학년은 자유롭게 평면도형을 탐색하고, 이를 동그라미, 세모, 네모 등 아이들에게 친근한 이름으로 이해합니다. 평면도형의 수학적 명칭과 특성에 대한 구체적인 학습은 2학년에서 이루어집니다.

누리과정과 1학년 단계에서는 평면도형의 수학적 명칭을 강조하지 않아도 됩니다. 이 시기에는 아이들이 자유롭게 평면도형을 경험하면서 평면도형의 특징을 살려 창의적으로 이름을 지어 보는 활동이 더 중요합니다.

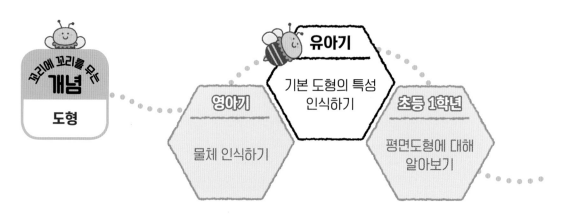

도형 이름 짓기 놀이

여러 가지 모양 조각을 모양별로 모아 만져 보면서 어떤 느낌인지 알아보세요.

그다음 모양 조각들의 이름을 지어 주는 놀이를 해 보세요. 도형의 특징을 살려 이름 짓기

놀이를 하면 평면도형의 특징을 더 잘 이해할 수 있고, 수학적 창의성을 발휘할 수 있습니다.

> **준비물**　동그라미, 세모, 네모 모양 조각

① 여러 가지 모양 조각을 모양별로 모아 봅니다.

② 모양별로 만져 보고, 특징을 이야기해 봅니다.

　　예 "○(또는 △, □) 모양은 어떤 점이 특별한가요?"

③ 모양별로 이름을 지어 봅니다.

　　예 "○(또는 △, □) 모양은 어떻게 부르면 좋을까요?"

④ 이름을 그렇게 지은 이유를 설명해 봅니다.

> **활동 더하기**　모양 조각이 없다면 평면도형의 경우 두꺼운 종이를 다양한 크기와 형태로
> 잘라서 준비할 수 있어요.

삼각형이 아닌데 삼각형이라고 생각해요.

아이는 왜?

아이들의 평면도형에 대한 이해는 평면도형의 모양을 알아보는 것에서부터 시작됩니다. 이때 평면도형의 모양별로 다양한 형태를 경험하는 것이 중요합니다. 이러한 경험이 부족하면 삼각형인 것과 삼각형의 아닌 것을 구분하는 데 어려움을 느낄 수 있습니다.

이렇게 해 보세요

아이와 함께 여러 가지 모양의 삼각형을 놓고 삼각형인 것과 삼각형이 아닌 것으로 구분해 보세요. 이때 제대로 분류하지 못한 삼각형이 있다면 삼각형의 어떤 특징을 제대로 이해하지 못한 것인지 알려 줍니다. 동시에 삼각형이 되는 이유 또는 삼각형이 되지 못하는 이유를 이야기해 보면서 수학적 의사소통 능력을 기를 수 있습니다.

삼각형을 알아 가는 단계

구체물	추상화 1단계	추상화 2단계

구체물을 보고 전체적, 직관적 방법으로 추상함	구체물의 모양에 주목하여 추상함	모양의 구성 요소에 주목하여 추상함

　아이는 평면도형의 전체적인 형태를 알아보는 것으로부터 평면도형을 이해하기 시작합니다. 아이에게 우리 생활 속에서 찾을 수 있는 삼각형 모양의 물건들을 보여 주면 전체적인 형태를 알아보고 점차 삼각형 모양에 집중하게 됩니다. 여기서 더 발전하면 삼각형 모양에는 뾰족한 부분이 3개 있고, 둥글지 않아서 잘 구를 수 없다는 삼각형의 특징을 이해할 수 있습니다. 삼각형인 것과 삼각형이 아닌 것을 종류별로 다양하게 경험하는 기회를 갖는 것이 중요합니다. 여러 가지 모양의 삼각형을 찾아보고 어떤 것이 삼각형이라고 생각하는지, 왜 삼각형이라고 생각하는지 의견을 나눠 보세요. 충분한 의사소통 과정에서 아이는 자연스럽게 삼각형인 것과 삼각형이 아닌 것을 직관적으로 구분하게 됩니다. 아이와 함께 삼각형이 되는 이유 또는 삼각형이 되지 못하는 이유를 이야기해 보면서 다양한 형태의 삼각형을 찾아보세요.

　아이가 평면도형을 처음 학습할 때는 예가 되는 것과 예가 아닌 것을 통해서 모양을 이해하도록 도와줍니다.

초등학교 1학년은 여러 가지 모양을 탐구하면서 평면도형에 대한 학습을 시작합니다. 2학년은 평면도형의 예가 되는 것과 예가 아닌 것을 통해 원, 삼각형, 사각형, 오각형, 육각형에 대한 수학적 이름과 평면도형들의 특징을 학습하게 됩니다.

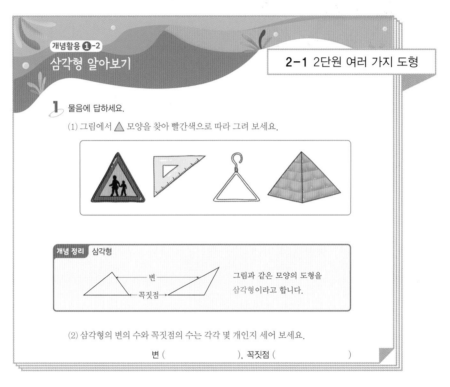

아이의 도형 발달 단계에 맞춘 누리과정-1학년-2학년 과정의 연계 학습을 위하여 누리과정에서는 일상생활 속에서 여러 가지 도형을 충분히 감각적으로 경험하고 도형의 공통점과 차이점을 말할 수 있으면 충분합니다.

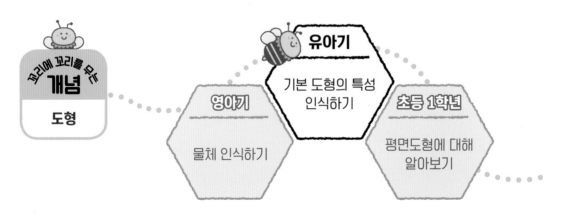

모양 도장 찍기

동그라미, 세모, 네모 모양의 물건을 찾아서 모양별로 모으고,

점토 또는 찰흙에 도장 찍기 놀이를 해 보세요.

동그라미, 세모, 네모의 특징을 더 잘 이해할 수 있습니다.

준비물 점토 또는 찰흙, 서로 다른 크기의 동그라미, 세모, 네모 모양의 물건 여러 개

① 동그라미, 세모, 네모 모양의 물건을 찾아봅니다.

② 비슷한 모양의 물건끼리 모으고, 왜 비슷한 모양이라고 생각했는지 이야기해 봅니다.

③ 세모 모양부터 찰흙에 도장 찍듯이 찍습니다.

④ 찰흙에 찍힌 물건의 모습에 어떤 특징이 있는지 관찰해 봅니다.

　예 "뾰족한 부분은 몇 개인가요? 반듯반듯한 선이 있나요?

　　아니면 구불구불한 선이 있나요?"

⑤ 네모, 동그라미 모양도 찰흙에 찍어 봅니다.

활동 더하기 삼각형, 사각형, 원의 특징을 정확히 가지고 있는 블록 또는 물건을 활용해 보세요. 크기별로 찍어 보고 분류하며, 삼각형, 사각형, 원이 아닌 모양을 찍어 비교해 보세요. 이때 점토 또는 찰흙 대신 물감을 활용할 수 있습니다. 도장 찍기 놀이를 하면서 삼각형, 사각형, 원의 특징을 관찰해 보세요.

기본 도형의 특성 인식하기

선 긋기를 잘하지 못해요.

아이는 왜?

아이는 도형을 따라 그리거나 글씨 쓰기를 배우기 이전에 선 긋기 활동을 가장 먼저 시작하게 됩니다. 그런데 선을 바르게 따라 긋지 못하거나 점과 점을 이어 완성하는 활동을 잘하지 못하는 경우가 있습니다. 이는 정교한 움직임에 사용되는 소근육이 발달되지 못했기 때문이므로 자연스러운 현상으로 볼 수 있습니다.

이렇게 해 보세요

소근육이 발달하면 자연스럽게 선 긋기 활동을 잘할 수 있게 됩니다. 선 긋기 활동이 잘 이루어지면 도형을 그리고 글씨를 쓰는 활동도 잘할 수 있습니다. 아이와 함께 연필 또는 색연필로 자유롭게 낙서하는 활동부터 시작하여 점차 점과 점을 잇고 직선 및 곡선을 그려 보세요.

자유로운
선 긋기 활동

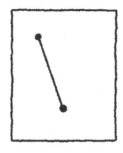

점과 점을 잇는
선 따라 긋기 활동

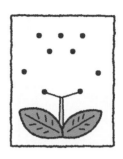

점과 점을 자유롭게
잇는 선 긋기 활동

영·유아 시기의 소근육 발달 활동은 중요하고 필수적입니다. 소근육이란 정교한 움직임이 필요할 때 사용되는 근육을 말합니다. 예를 들어 손과 손가락 근육은 생후 1년부터 초등학교 입학 전 시기에 대부분 발달합니다. 소근육이 발달하면서 정교한 신체 조절이 가능해지면 아이가 정교하게 할 수 있는 것들이 많아지지요. 점과 점을 이어 선을 긋는가 하면 어느새 작은 장난감 블록들을 만들고 분해할 수 있으며, 연필과 색연필을 이용해 정교한 모양의 그림을 그릴 수도 있습니다.

선 긋기 활동을 할 때 처음부터 점과 점을 잇기보다 연필 또는 색연필로 자유롭게 낙서하는 활동부터 시작해 보세요. 점차 점과 점을 잇고 직선도 그리고 곡선도 그려 볼 수 있습니다. 이러한 선 긋기 활동은 나중에 아이가 도형을 그리고 글씨를 쓰는 활동에도 꼭 필요합니다.

잡기, 쥐기, 놓기, 쓰기, 쌓기, 자르기, 그리기 등을 꾸준히 연습해서 소근육 발달을 돕는 것이 좋습니다. 꾸준한 선 긋기 활동은 소근육 발달에 도움이 되며 도형 그리기와 글씨 쓰기 학습에 중요한 밑거름이 됩니다.

초등학교 3학년이 되면 평면도형을 본격적으로 학습합니다. 평면도형의 기초가 되는 굽은 선, 곧은 선, 선분, 직선, 반직선 등을 학습하지요.

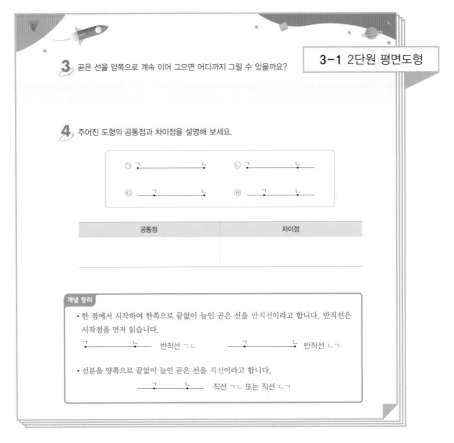

누리과정에서는 선에 대한 수학적 이름을 강요하지 않아도 되며, 굽은 선과 곧은 선을 구분하고 그릴 수 있도록 선 긋기 활동을 통해 충분히 연습하는 과정이 필요합니다.

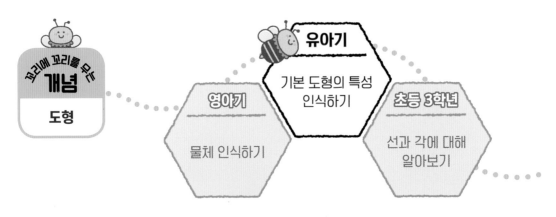

선을 그어 보세요

도화지 위에 자유롭게 점을 찍고 점과 점을 이어서 선을 그어 보세요.

꾸준한 선 긋기 활동은 소근육 발달에 도움이 됩니다.

소근육이 발달되면 도형을 그리고 글씨를 쓰는 활동을 더 잘할 수 있어요.

준비물   도화지, 색연필(또는 사인펜, 볼펜 등)

① 도화지 위에 자유롭게 점을 찍습니다.

② 보호자가 점과 점을 점선으로 곧게 잇고 아이가 그 선을 따라 그립니다.

③ 보호자가 점과 점을 점선으로 구불구불하게 잇고 아이가 그 선을 따라 그립니다.

④ 점과 점을 자유롭게 이어 봅니다.

⑤ 아이가 점차 힘을 주어 선을 긋도록 유도합니다.

활동 더하기   처음부터 선 긋기 활동을 하기보다 먼저 점을 찍고 점선을 따라 선을 긋는 활동을 합니다. 직선도 그려 보고 곡선도 그려 보면서 다양한 형태로 선을 그어 보세요. 이때 손에 힘이 없으면 손에 힘을 주는 연습을 해 나갑니다.

인식

동그라미, 세모, 네모를 모두 비슷하게 그려요.

아이는 왜?

아이는 도형의 점, 선, 면, 각 등의 특징을 이해하기보다 주로 촉각이나 시각적 감각을 통해 전체적인 형태를 이해합니다. 따라서 도형 이해 단계 초기에는 서로 다른 도형을 전체적으로 비슷한 형태로 인식해서 그리기도 합니다. 이후 도형 이해 단계를 거치면서 도형들의 특징을 살려 정확하게 그릴 수 있습니다.

이렇게 해 보세요

아이가 도형을 그릴 때 도형의 특징을 충분히 경험하면서 말로 표현하게 해 보세요. 도형의 특징에 따라 구분해 그리지 않으면 도형을 비슷하게 그리거나 정확하게 표현하지 못합니다. 도형의 특징을 잘 살린다면 도형을 더 정확하게 표현하고 그릴 수 있습니다.

동그라미 그림 | 세모 그림 | 네모 그림

정확하게 그리지는 못했지만 도형의 특성을 파악하여 그리기 시작한 그림

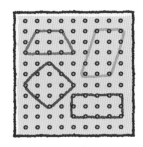

점판을 이용하여 만든 다양한 종류의 네모

평면도형 그리는 활동을 하기 이전에 생활 속에서 평면도형에 흥미와 호기심을 갖고 다양한 방법으로 평면도형을 충분히 경험해 봅니다. 이때 감각적으로 도형을 경험하는 것이 중요합니다. 오감으로 느끼는 도형에 대한 즐거운 경험은 아이의 도형에 대한 이해에 도움을 주고 도형 감각 발달에 중요한 역할을 합니다.

예를 들어 도형의 둘레를 손가락으로 따라가 보기, 비밀 주머니 속의 도형을 만져 보고 그 중 같은 것 찾기, 물체를 만져 보고 어떤 모양인지 설명하기, 도형 그리기, 도형 색칠하기, 지오보드 위에 도형 만들기 등의 활동을 할 수 있습니다. 나아가 아이가 생활 속 물건 중에서 평면도형을 찾고 모양과 이름에 익숙해지도록 도와줍니다. 영·유아기 도형 학습의 목적은 도형을 그리는 것이 아닙니다. 도형을 정확히 그리는 것보다 도형을 경험하고 이해하는 것이 더 중요합니다. 이후 점판이나 점종이를 사용해 도형을 그림으로 그려 보세요. 이러한 활동이 익숙해지면 아이 스스로 평면도형을 그 특징을 살려 그려 볼 수 있습니다.

초등학교 1학년은 여러 가지 모양에 대해 탐구하면서 평면도형에 대한 학습을 시작합니다. 평면도형을 그리는 과정은 2학년에 처음 도입되며 이때 모양자나 점종이를 이용합니다. 평면도형을 정확하게 그리는 것은 3학년에서 선과 각에 대해 학습한 다음 시도해도 늦지 않습니다.

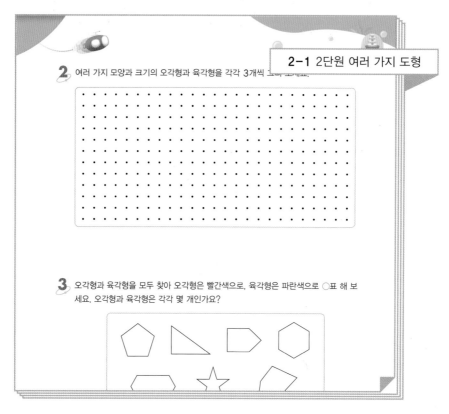

누리과정에서는 일상생활 속의 충분한 감각적인 경험을 통해서 평면도형을 이해하고, 공통점과 차이점을 이해하여 말할 수 있는 정도의 학습이면 충분합니다.

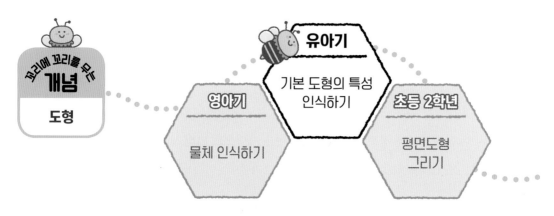

알록달록 도형 만들기

알록달록 고무줄을 점판에 걸어서 세모, 네모를 만들어 볼까요?

점판의 점에 고무줄을 걸어 뾰족한 모서리를 표현할 수 있어서

세모와 네모의 특징을 이해하는 데 도움이 됩니다.

종류별, 크기별로 다양하게 만들어 보세요.

준비물 점판, 고무줄, 점종이, 색연필

① 점판에 고무줄을 걸어서 다양한 모양과 크기의 세모를 만듭니다.

② 점판에 고무줄을 걸어서 다양한 모양과 크기의 네모를 만듭니다.

③ 점판에 세모와 네모를 만들었던 것을 떠올리며 색연필로 점종이에 세모와 네모를

그려 봅니다.

활동 더하기 누리과정에서는 도형을 그리는 것이 목적이 아니므로 정확하게 그리고 표현

하는 것을 강요하지 않습니다. 아이가 아직 손에 힘이 없어서 고무줄을 걸기

가 어려우면 보호자가 도와주세요.

연령

모양틀에 맞지 않는 모양 블록을 끼워요.

아이는 왜?

영·유아기 아이는 여러 가지 모양에 관심과 호기심을 갖습니다. 그래서 알록달록한 모양 블록과 모양틀을 보면 모양틀에 블록을 끼워 보고 싶어 하지요. 그런데 이 시기에는 눈에 보이는 전체적인 모습으로 모양을 구별합니다. 아직 여러 가지 모양의 특징을 이해하지는 못해요. 그래서 모양틀에 모양 블록을 끼울 때 시행착오를 겪기도 합니다.

이렇게 해 보세요

아이와 함께 다양한 모양과 소재로 이루어진 모양틀에 모양 블록 끼우는 놀이를 해 보세요. 모양틀과 모양 블록을 만져 보고 그려 보고 찍어 보는 등 다양한 활동을 통해 모양을 관찰하면서 서로 맞는 짝을 찾을 수 있게 됩니다.

영·유아기 아이는 생활 속에서 여러 가지 물건을 경험하며 물건의 모양에 관심을 보이기 시작합니다. 점차 물건의 모양이 서로 다르다는 것을 알고, 모양을 구별하지요. 전체적으로 보이는 모습을 보고 모양을 구별할 수 있게 되면 모양틀에 알맞은 모양을 찾아 끼울 수 있습니다. 이때 모양의 기본적인 특징을 이해하는 것은 아니기 때문에 시행착오를 거치기 마련입니다. 모양틀에 맞지 않는 모양을 넣어 보고 시행착오를 겪으면서 아이들은 모양의 기본적인 특징을 알아 갑니다. 이후 공 모양, 둥근 기둥 모양, 상자 모양 등 입체도형의 생김새를 특징에 따라 구별하기도 하고, 동그라미, 세모, 네모 모양 등의 평면도형을 특징에 따라 구별할 수 있습니다.

아이와 함께 오감을 이용하여 감각적인 방법으로 모양틀에 모양 블록을 끼우는 놀이를 해 보세요. 아이가 모양틀과 모양 블록에 더 호기심을 느끼고 모양의 특징들을 더 잘 이해할 수 있습니다. 아이들이 처음에는 실패하더라도 실패하는 경험 속에서 더 성장하는 법을 배우게 된답니다.

초등학교 1학년은 입체도형부터 시작해서 평면도형의 순서로 여러 가지 도형들을 알아보고 특징을 학습합니다. 즉, 입체도형의 평평한 면 본뜨기, 물감 찍기, 모양 찍기 활동을 하면서 자연스럽게 입체도형에서 평면도형을 연결 짓게 되지요.

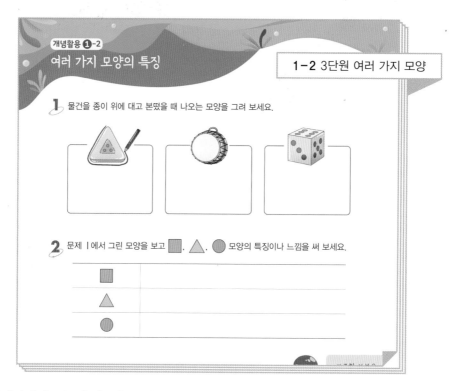

누리과정에서는 놀이 활동을 통해 네모, 세모, 동그라미, 공, 둥근 기둥, 상자 모양의 기본 적인 평면도형과 입체도형을 구별하고 각각의 특징을 알아 갑니다. 물체의 모양에 대해 지속 적으로 호기심을 갖도록 격려해 주는 것이 중요합니다.

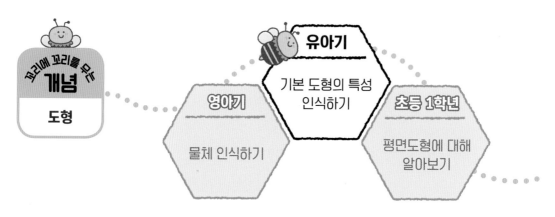

모양 쿠키 만들기

클레이 반죽과 쿠키틀을 준비합니다. 쿠키틀로 모양을 찍어서

여러 가지 모양의 쿠키를 만들어 보세요.

클레이 반죽과 쿠키틀을 이용해서 촉감을 이용한 모양 찍기 놀이를 하면

여러 가지 모양에 더욱 호기심을 가질 수 있습니다.

준비물   클레이, 쿠키틀

① 클레이 반죽을 밀어서 평평하게 만듭니다.

② 여러 가지 모양의 쿠키틀로 클레이 반죽에 모양을 찍습니다.

③ 찍은 모양을 다시 제자리를 찾아 끼웁니다.

④ 클레이 반죽을 밀고 쿠키틀로 다시 모양을 찍습니다.

활동 더하기   실제 쿠키 반죽을 이용해서 여러 가지 모양 쿠키를 만들어 볼 수 있어요. 쿠키틀로 모양을 찍어 내고 찍은 모양을 다시 제자리에 끼우는 활동을 여러 번 반복합니다.

안고

다각형 퍼즐을 연결해서 나만의 모양을 만들고 싶어 해요.

아이는 왜?

　도형의 합성과 분할은 단계적으로 일어납니다. 2~3세에는 여러 가지 모양의 도형들을 따로따로 나열해 보는 놀이를 하다가 4세쯤 되면 각각의 도형을 자신만의 규칙과 방법으로 연결하여 새로운 형태로 그리거나 만드는 것이 가능해집니다. 평면도형의 특징과 형태에 대해 이해하기 시작한 단계에 들어섰기 때문입니다.

이렇게 해 보세요

　아이와 함께 다양한 퍼즐 놀이 활동을 통해 도형을 여러 조각으로 나누고, 또는 나눈 조각을 연결하여 새로운 모양으로 만들어 보세요. 처음에는 시행착오를 겪을 수 있지만 점차 반복하는 가운데 퍼즐을 완성할 수 있습니다. 아이가 퍼즐을 완성하는 과정 속에서 즐거움과 성취감을 느낄 수 있게 도와주세요.

그것이 알고 싶다

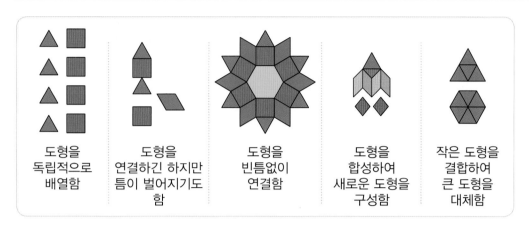

| 도형을
독립적으로
배열함 | 도형을
연결하긴 하지만
틈이 벌어지기도
함 | 도형을
빈틈없이
연결함 | 도형을
합성하여
새로운 도형을
구성함 | 작은 도형을
결합하여
큰 도형을
대체함 |

아이들이 평면도형을 연결하는 방법

2~3세의 아이는 여러 가지 모양의 도형들을 하나씩 나열해 보는 자유 놀이를 하다가 도형을 연결하기 시작합니다. 초기에는 도형을 연결하긴 하지만 틈이 벌어지기도 합니다. 점차 도형을 빈틈없이 연결할 수 있게 되며, 4세쯤 되면 각각의 도형을 자신만의 규칙과 방법으로 연결하여 새로운 도형을 만들어 볼 수 있습니다.

이 시기에는 도형을 연결하는 활동뿐만 아니라 색종이를 접고 자르면서 도형을 여러 조각으로 분리하거나 다시 합쳐 보는 활동을 할 수 있습니다. 이렇게 둘 이상의 도형을 합하거나 나누는 것을 도형의 합성과 분할이라고 합니다. 도형의 합성과 분할을 해 보는 과정에서 도형을 이동하는 상황도 자연스럽게 경험하게 됩니다. 이는 퍼즐 맞추기의 중요한 기초가 됩니다.

아이가 새로운 도형을 만들었을 때 큰 관심과 호기심을 표현해 주세요. 어떤 모양을 만들었는지, 어떻게 만들었는지 등을 아이에게 물어본다면 아이는 더 즐겁고 의미 있게 새로운 도형 만들기 활동을 계속할 수 있습니다. 더불어 아이가 퍼즐을 완성하는 과정 속에서 즐거움과 성취감을 충분히 느낄 수 있게 도와주세요. 아이는 이러한 즐거움과 성취감을 밑거름으로 다른 일에도 자신 있게 도전해 볼 수 있습니다.

초등학교 2학년은 '여러 가지 도형' 단원에서 원, 삼각형, 사각형을 찾아 약속하고 분류하고 그려 보는 활동을 하며 이를 통해 도형의 의미와 특징을 이해해 나갑니다. 또한 칠교판 조각과 색종이로 자른 다양한 평면도형을 이용하여 여러 가지 도형과 모양을 채우고 꾸미는 활동을 함으로써 평면도형에 대한 감각을 기릅니다.

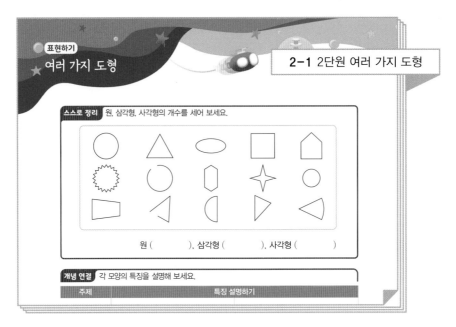

누리과정에서는 기본 도형을 사용하여 여러 가지 모양을 만들어 보는 활동을 합니다. 아이는 기본 도형을 나누고 합하여 여러 가지 모양을 만들고, 이를 통해 부분과 전체의 관계를 알아 갑니다. 즉, 여러 개의 다른 도형을 모아서 하나의 도형을 만들 수 있고, 반대로 하나의 도형이 여러 개의 다른 도형으로 나누어질 수 있음을 알게 됩니다.

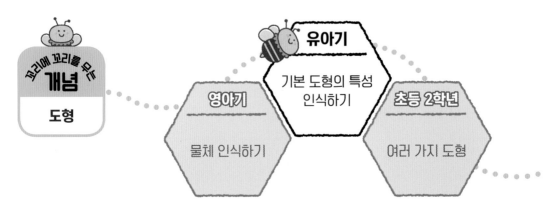

하루 15분 수학 놀이

칠교놀이

칠교놀이 조각으로 모양 맞추기 놀이를 해 보세요. 칠교놀이 조각을 기본 도형으로 나누고 합하여

여러 가지 모양을 만드는 과정에서 부분과 전체의 관계를 알 수 있습니다.

또한 모양 맞추기를 하며 수학적 문제해결력을 기를 수 있어요.

준비물   칠교놀이 조각

① 칠교놀이 7조각을 준비합니다.

② 칠교놀이 조각으로 모양 맞추기 놀이를 합니다.

③ 칠교놀이 조각으로 나만의 멋진 모양을 만든 다음 테두리를 그리고 모양 맞추기 문제를

내어 봅니다.

활동 더하기   칠교놀이가 없다면 정사각형 색종이를 접고 잘라서 칠교놀이 7조각을 만들

수 있어요. 퍼즐을 맞추는 것에 집착하기보다는 칠교놀이 조각을 밀고 뒤집

고 돌리면서 도형 옮기기를 경험하는 것이 중요하므로 생각할 수 있는 시간

을 충분히 주세요. 처음에는 1~2조각을 이용해서 맞출 수 있도록 퍼즐의 난

이도를 조절해 줍니다.

수학 교구들이 도형 감각 발달에 꼭 필요할까요?

아이는 왜?

아이가 여러 가지 모양과 다양한 색깔 및 재질로 이루어진 우리 주변의 여러 가지 물체들에 유독 관심을 많이 보이기 시작하는 때가 있습니다. 그리고 이러한 물체를 통해 도형의 기본 형태에 대한 인식을 형성하기 시작합니다. 아이가 도형에 관심을 보이기 시작하면 보호자도 자연스럽게 다양한 수학 및 도형에 관련된 교구에 관심을 갖게 됩니다.

이렇게 해 보세요

수학 교구가 있으면 좋지만 우리 생활 속 다양한 재료들로 충분히 대체할 수 있습니다. 색종이, 빨대, 털실, 찰흙 등을 충분히 탐색하면서 다양한 놀이를 즐겨 보세요. 중요한 것은 수학 교구가 아니라 보호자가 최고의 선생님이 되어 주는 것입니다.

다양한 수학 교구

아이는 우리 주변의 여러 가지 물체들을 관찰하고 경험하면서 입체도형 및 평면도형의 기본 형태를 인식합니다. 이로써 여러 가지 다른 모양과 크기의 도형을 통해 도형의 차이를 탐색하고 분류하고 연결해 보는 것이 가능해지지요. 수학 교구를 활용해서 도형을 탐색하고 새로운 형태를 만들어 내는 놀이 과정은 아이들의 도형 감각을 키워 주고, 창의력, 문제해결력 등의 발달에 도움이 될 수 있습니다.

그런데 이러한 수학 교구의 역할은 일상생활 속의 물건들도 충분히 해낼 수 있습니다. 상자를 이용하여 직육면체 또는 정육면체 모양을 알 수 있고, 음료수 캔을 통해 원기둥 모양을 알아볼 수 있습니다. 그리고 이러한 물건들을 활용하여 수학 놀이 활동도 얼마든지 할 수 있지요. 예를 들어 상자 또는 휴지로 쌓는 놀이를 할 수 있고, 색종이 또는 두꺼운 폼 형태의 종이를 다양한 모양과 크기의 평면도형으로 잘라서 관찰하고 무늬를 만드는 놀이를 할 수 있습니다. 빨대, 털실, 찰흙 등도 훌륭한 수학 교구가 될 수 있습니다.

초등학교 1학년은 여러 가지 모양에 대해 탐구하면서 입체도형부터 시작하여 평면도형의 순서로 도형을 학습합니다. 1학년에서 이루어지는 입체도형과 평면도형에 대한 탐구는 누리과정과 비슷하게 생활 속에서 여러 가지 사물을 관찰하고 쌓아 보고 만져 보는 구체적인 경험을 바탕으로 합니다. 이러한 경험을 토대로 2학년에서는 본격적으로 원, 삼각형, 사각형 등 평면도형의 용어에 대한 내용을 학습합니다.

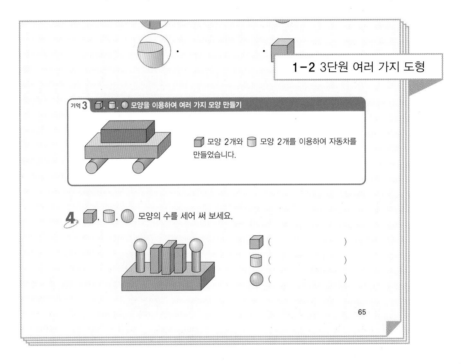

누리과정에서는 우리 생활 속에서 다양한 물건들을 만져 보고 관찰하는 활동을 통해서 도형에 대한 감각을 충분히 길러 줍니다.

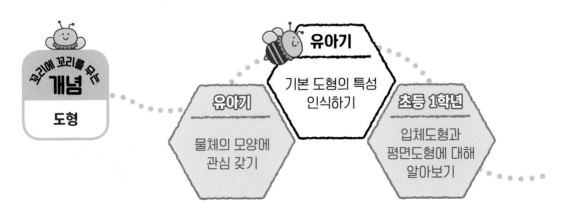

나만의 모양 나라 만들기

특별한 수학 교구가 없어도 우리 생활 속 여러 가지 물건을 활용하여 나만의 모양 나라 만들기를 할 수 있어요. 모은 물건들의 특징을 관찰해 비슷한 모양의 물건끼리 분류해 보고 다양한 모양을 창의적으로 표현하여 나만의 모양 나라를 만들어 보세요.

준비물 | 색종이, 빨대, 털실, 캔, 페트병 등 생활 속 물건들

① 우리 집에서 모양 나라 만들기에 활용하면 좋을 것 같은 물건을 다양하게 모아 봅니다.

② 모은 물건들의 특징을 살펴보고 어떤 특징을 갖고 있는지, 같은 점과 다른 점은 무엇인지 이야기해 봅니다.

③ 비슷한 모양의 물건끼리 모으고, 왜 비슷한 모양이라고 생각했는지 이야기해 봅니다.

④ 여러 가지 물건의 모양을 이용해서 나만의 모양 나라를 만들어 봅니다.

⑤ 나만의 모양 나라에 이름을 붙여 봅니다.

활동 더하기 | 자원 절약과 환경 보호를 위해 재활용품을 활용할 수 있어요. 만들기를 하기 전에 물건들의 특징을 충분히 관찰하고 특징이 비슷한 모양끼리 분류해 보는 활동을 합니다. 그런 다음 평면과 입체를 넘나들면서 자유롭게 활동해 보세요.

다양한 기본 도형의 공통점과 차이점 인식하기

같은 모양끼리 모으지 않고 색깔별로만 모아요.

아이는 왜?

영·유아기 아이는 여러 가지 모양의 도형이 섞여 있을 때 도형을 분류하려고 합니다. 발달 초기에는 색깔별로 모으는데, 이는 도형을 전체적으로 시각화해서 구분하기 때문입니다. 점차 도형의 특징에 따라 모양별로 모으거나 자신이 정한 기준에 따라 분류하게 됩니다.

이렇게 해 보세요

생활 속에서 동그라미, 세모, 네모 모양의 평면도형을 찾아보고 만져 보는 경험이 중요합니다. 이러한 모양들의 공통점과 차이점을 알고, 분류하는 놀이를 통해 평면도형을 구분해 볼 수 있습니다.

　우리 생활 속의 다양한 물건들은 대부분 입체도형으로 이루어져 있기 때문에 입체도형을 먼저 충분히 탐구한 후에 평면도형을 탐구해야 합니다. 아이가 생활 속 물건들의 부분적인 모양의 특징을 관찰하고, 특징에 따라서 분류하는 활동을 통해 평면도형을 다양하게 경험하도록 도와주세요. 아이들은 이러한 경험을 토대로 여러 가지 모양들을 점차 직관적으로 구분하고, 기준을 찾아 같은 모양끼리 분류할 수 있게 됩니다.

　아이들이 평면도형을 이해하는 순서는 '원 → 사각형 → 직사각형 → 삼각형'입니다. 따라서 처음부터 여러 도형을 소개하기보다 먼저 원 모양의 평면도형을 충분히 알아보고 점차 다른 모양의 도형으로 넘어가는 것이 좋습니다. 또한 도형을 소개할 때는 같은 원 모양이라도 다양한 크기와 색깔의 도형을 보여 주고, 꼭짓점, 각, 면 등 도형의 특징에 집중합니다. 그리고 원, 삼각형, 사각형과 같은 형식적 명칭을 강조하기보다 동그라미, 세모, 네모 등 아이에게 친근한 이름으로 부르면서 눈높이를 맞춰 주세요.

초등학교 1학년은 누리과정과 비슷하게 여러 가지 모양에 대해 탐구하며 입체도형과 평면도형을 학습합니다. 1학년은 '여러 가지 모양' 단원에서 ■▲● 모양을 찾아보고, 같은 모양끼리 모아 보며, 이름을 정하는 활동을 합니다. 2학년은 평면도형의 용어와 특성에 대해서 학습합니다.

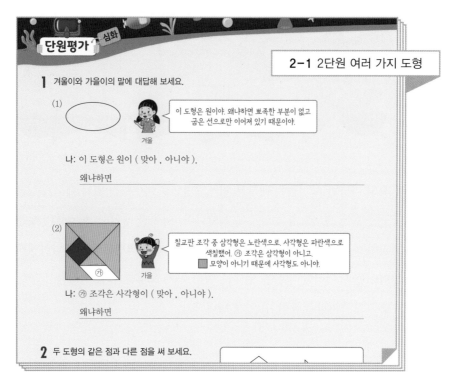

누리과정에서는 생활 속에서 평면도형의 공통점과 차이점을 생각하며 분류해 보는 활동을 합니다. 도형을 분류해 보는 경험은 평면도형의 특성을 이해하는 데 큰 도움이 됩니다.

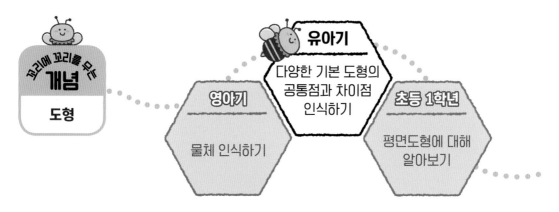

모양 기차 만들기

다양한 색과 모양의 패턴블록을 기준에 따라 분류해 보는 활동은

평면도형의 특성을 이해하는 데 도움이 됩니다. 처음에는 색깔별로 모아 보고

다음에는 같은 모양끼리 모아 보세요. 그리고 같은 모양끼리 연결해서 모양 기차를 만들어요.

준비물   패턴블록

① 여러 가지 모양의 패턴블록을 모양별로 모아 봅니다.

② 모양별로 만져 보고, 특징을 이야기해 봅니다.

　⑩ "세모(또는 네모) 모양은 어떤 점이 특별한가요?"

③ 공통점이 있는 모양들을 연결해서 모양 기차를 만듭니다.

④ 내가 만든 모양 기차의 특징을 설명해 봅니다.

　⑩ "모양 기차의 도형들은 어떤 공통점이 있나요?"

활동 더하기　생활 속에서 입체도형은 쉽게 찾을 수 있지만 실제로 평면도형을 찾는 것은

어렵습니다. 평면도형의 경우 두꺼운 종이를 다양한 모양으로 잘라서 준비

해 보세요.

시글러Siegler의 위치 관계에 대한 개념 발달 순서

자기 중심적 표상

자기를 기준으로 위치를 이해합니다.

➡ "내 옆에 강아지가 있어."

"내 앞에 나무가 있어."

"내 뒤에 장난감이 있어."

지표물 중심적 표상

큰 건물이나 나무 등 주위 환경의
특징적인 물체를 지표 삼아
위치를 이해합니다.

➡ "책상 위에 그림책이 있었네."

"나무 옆에 철봉이 있네."

"도서관 앞에 놀이터가 있네."

객관 중심적 표상

물체의 위치를 일반적이고 객관적인 관계로 파악하여 지도에 나타난 위치가 실제 물체의 위치
라는 것을 이해합니다.

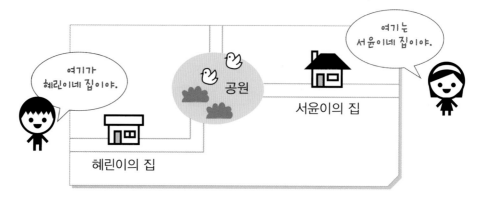

클레먼츠Clements의 도형 인식에 대한 발달 수준

전인지적 수준(Prerecognition level)

이 수준의 유아는 형태를 인식하기는 하지만 서로 다른 모양을 구별하지 못합니다.

예를 들어, 원과 삼각형이 다르다는 것은 알지만 차이점을 구별할 수 없습니다.

3세 이하의 유아는 대부분 이 수준에 속합니다.

⊙ △을 보여 주고 그리게 했을 때, 불규칙한 곡선으로 그리는 등

특징을 포착하지 못합니다.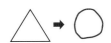

시각적 수준(Visual level)

이 수준의 유아는 사물의 형태를 눈에 보이는 대로 인식합니다. 전체적인 모양을 인식하고

구별할 수 있으나 점, 선, 면과 같은 구체적인 특성에 대해서는 말하지 못합니다. 예를 들어,

사각형을 '각이 4개' 또는 '변이 4개' 등과 같은 도형의 성질로 판단하는 것이 아니라 "공책처럼

생겼으니까 네모예요."와 같이 설명합니다. 3세 이상의 유아 대부분이 이 수준에 속합니다.

⊙ "문처럼 생겼으니까 네모야."

"접시처럼 생겼으니까 동그라미야."

"샌드위치처럼 생겼으니까 세모야."

기술적 수준(Descriptive level)

이 수준의 유아는 시각적으로 지각되는 도형의 모양을 인식하고 성질에 따라 도형을

특성화할 수 있습니다. 예를 들어, 삼각형을 설명할 때 "세 변을 가진 도형이에요."라고

말할 수 있습니다. 이렇게 성질에 따라 도형을 분류할 수는 있으나 아직 도형 사이의 관계는

인식하지 못합니다. 초등학교 저학년 아동 대부분이 이 수준에 속합니다.

⊙ "하나, 둘, 셋. 변이 세 개니까 이건 세모야."

"하나, 둘, 셋, 넷. 변이 네 개니까 이건 네모야."

3장

측정

3장에서는 주변 사물과 자연환경에서 물체의 길이, 무게, 들이, 크기 등의
속성을 비교하고, 순서를 지어 보며 시각과 시간의 순서나
단위를 아는 것을 목표로 합니다. 이러한 기초적인 측정하기를 통해
유아는 스스로 탐색한 환경에 순서와 질서를 세워 갑니다.

직접 비교

간접 비교

시간의 순서 알기

시간의 경과 비교

시각, 시간의 단위 알기

'길다'와 '짧다'를 구별하지 못해요.

아이는 왜?

'길다', '짧다'와 같은 말을 3~4세 아이들이 정확하게 이해하기까지는 시간이 필요합니다. 하지만 이를 표현하지 못한다고 해서 길이를 비교할 수 없다고 단정 지을 수는 없습니다. 길이의 길고 짧음을 알고 있어도 정확한 말로 표현하지 못할 수 있습니다.

이렇게 해 보세요

생활 속 물건들을 이용하여 '길다', '짧다'의 말을 사용해 보세요. 2개의 물건을 놓고 '길다'와 '짧다'로 나타내어 보는 활동이 좋습니다. 이때 '길다'는 '길~~~다'로 길게 표현하고, '짧다'는 '짧다'로 짧게 표현하면 감각적으로 길고 짧음을 익힐 수 있습니다. 2개의 물건에 익숙해지면 물건의 개수를 3개, 4개로 늘리며 다양한 상황에서 연습해 보세요.

유아기 아이들은 자신의 키를 비교하면서 측정 활동을 하게 됩니다. 친구와 자신의 키를 비교하고, 어릴 적 키와 지금의 키를 비교하기도 하며, 부모님과 키를 비교하기도 합니다.

이처럼 3~4세의 아이들은 물체 간의 길이를 비교할 수 있고, 2개 이상의 물체는 순서대로 길이를 비교할 수 있습니다.

누리과정의 아이는 다양한 측정 활동을 경험하는 것이 좋습니다. 수수깡이나 나무젓가락, 포크와 숟가락 등 생활 주변의 물건들을 사용하여 길이를 비교하는 활동을 해 보세요. 또는 소시지나 사탕, 초콜릿 등의 간식을 먹을 때 측정 활동을 할 수 있습니다. 이런 놀이는 자연스럽게 길이에 대한 감각을 키워 줍니다.

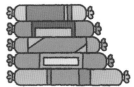

측정을 한 후 그 결과를 나타내는 말은 측정 속성에 따라 다릅니다. 길이를 비교하는 말은 '길다'와 '짧다'이고, 높이를 비교하는 말은 '높다'와 '낮다'입니다.

비교하는 속성에 따라 나타내는 말이 각각 다르므로 아이에게도 같은 속성의 낱말을 알려 주는 것이 중요합니다. 길이를 비교하면서 '길다'와 '낮다'로 표현하면 안 될 것입니다. 아이가 속성에 맞는 말에 익숙해지도록 보호자가 신경 써서 말해 주세요.

초등학교 1학년은 1학기 '비교하기' 단원에서 길이, 무게, 부피, 시간 등 다양한 속성들을 비교해 봅니다. 그중 제일 먼저 나오는 활동이 길이 비교이며, 2~3개 물건의 길이를 직접 비교해서 가장 긴 것과 짧은 것을 찾는 활동을 합니다.

길이 재기 활동은 물건의 길이를 직접 비교하는 활동에서 시작됩니다. 직접 대어 보고, 옆에 가져다 놓고 길이를 비교하는 것을 직접 비교 단계라고 합니다. 직접 비교가 어려우면 다른 방법으로 길이를 비교하게 됩니다. 끈이나 줄, 발걸음 등을 이용하여 이동이 어려운 물체의 길이를 측정하는 활동으로 길이 재기 단계가 발전합니다.

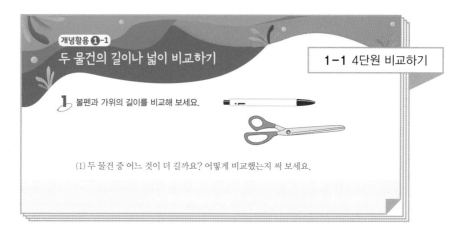

개념활용 **1-1**
두 물건의 길이나 넓이 비교하기

1-1 4단원 비교하기

1 볼펜과 가위의 길이를 비교해 보세요.

(1) 두 물건 중 어느 것이 더 길까요? 어떻게 비교했는지 써 보세요.

누리과정에서는 직접 비교 활동이 주가 되어야 합니다. 일상생활 속 다양한 물건을 통한 길이 비교 놀이는 아이에게 길이에 대한 양감을 갖게 하며, 길이를 나타내는 표현 방법을 익힐 수 있게 도와줍니다. '길다'와 '짧다'라는 말을 생활 속에서 많이 사용하면 길이 표현이 익숙해집니다.

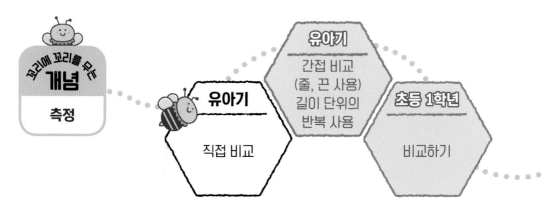

꼬리에 꼬리를 무는
개념
측정

유아기
직접 비교

유아기
간접 비교
(줄, 끈 사용)
길이 단위의
반복 사용

초등 1학년
비교하기

어느 것이 더 길까?

집에 있는 물건들로 길이 비교를 해 보세요.

'길다'와 '짧다'로 말하다 보면 길이 재기 용어에 익숙해질 수 있습니다.

이때 시작점을 맞추고 끝점을 비교하여 길이를 비교하는 활동을 통해

길이를 비교할 때는 시작점을 맞춰야 한다는 것을 자연스럽게 학습할 수 있습니다.

준비물 숟가락, 젓가락

① 식사를 준비할 때마다 해 볼 수 있습니다.

② 어른 숟가락과 아이 숟가락을 나란히 놓습니다.

③ 어느 것이 긴지, 어느 것이 짧은지 이야기해 봅니다.

④ 어른 숟가락을 들어 "길다", 아이 숟가락을 들어 "짧다" 하고 아이에게 알려 줍니다.

⑤ 두 숟가락의 길이를 맞춰 실제 길이의 차이를 눈으로 확인합니다.

활동 더하기 길이를 잴 때는 시작점을 맞추는 것이 중요해요. 식탁 위에 숟가락을 세로로 세워 키를 재거나 손잡이 부분의 시작점을 일렬로 나란히 두고 길이를 측정해 볼 수 있어요. 시작점이 다를 경우 정확한 길이 비교가 어렵다는 것도 알아보세요.

길이 비교 　 직접 비교

끝만 보고 길이를 비교해요.

어느 것이
더 길까요?

툭 튀어나온
노란색
막대요!

끙… 어려운
문제가.

아이는 왜?

아이들은 '길다', '짧다'와 같은 말을 이해하고 있지만 물건의 끝부분만 보고 길이를 판단하기도 합니다. 큰 것과 작은 것을 직접 비교할 때 시작점을 맞추는 것이 비교의 첫 번째 단계인데, 유아들은 이를 생각하지 못하다가 점차 성장하면서 시작점을 맞춰야 한다는 것을 직관적으로 알게 됩니다.

이렇게 해 보세요

생활 속 물건들 중 길이를 비교할 만한 물건(연필, 펜, 자, 끈 등)을 늘어놓고 가장 긴 것과 짧은 것을 찾아보는 활동을 해 보세요. 이때 물건의 수를 2개, 3개, 4개로 점차 늘려 보고, 또 물건의 시작점을 맞춘 경우와 맞추지 않은 경우로 나눠 활동해 보세요. 물건의 길이를 비교할 때 시작점을 맞춰야 한다는 점을 아이가 점차 알게 될 것입니다.

이 시기 아이들이 보이는 모습은 크게 2가지입니다. 시작점(기준점)을 맞추지 않고 길이 비교를 하는 경우와 물건이 놓인 모양의 일부분만 보고 크기를 단정하는 경우입니다.

영·유아 시기에는 길이 비교 놀이를 많이 합니다. 이때 친구들끼리 논쟁이 발생하기도 하는데, 그 이유는 주로 시작점(기준점)이 다르기 때문입니다. 예를 들어 손바닥이나 발을 대고 길이를 비교할 때, 아이들은 시작점(기준점)을 맞춰야 한다는 사실을 인지하지 못합니다. 이때 부모님이나 선생님이 "어디에서 시작할까?", "어디에 대고 비교할까?"와 같이 도와주면 길이 비교를 정확하게 할 수 있습니다. 이러한 활동이 익숙해지면 아이가 길이 비교를 할 때 시작점(기준점)을 맞춰야 한다는 것을 인지하고 길이 비교 활동에도 활용하게 됩니다.

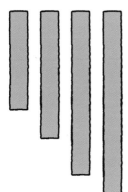

이 시기 아이들이 보이는 또 다른 모습은 왼쪽 그림처럼 위쪽을 기준으로 길이가 맞춰진 막대를 보고 길이가 같다고 말하거나 시작점이 동일하지 않은 상황에서 막대의 한쪽 끝부분만을 보고 길이가 모두 다르다고 말하는 등 물건이 놓인 앞이나 뒤의 일부분만을 보고 길이 비교를 하는 것입니다.

이때도 시작점(기준점)을 맞춘 다음 물건의 길이를 재는 활동이나 놀이를 하면 길이 개념이 명확해지며, 길이 비교를 정확히 하게 됩니다.

초등학교에 가면

초등학교 1학년은 1학기 '비교하기' 단원에서 길이, 무게, 부피, 시간 등 다양한 속성들을 비교해 봅니다. 길이를 비교할 때는 직접 비교하는 활동으로 시작점을 맞춰 물체의 길이를 비교합니다. 직접 비교한 것을 '~이 ~보다 더 길다', '~이 ~보다 더 짧다'라고 표현하는 것까지 학습합니다.

초등에서는 누리과정보다 어렵고 새로운 것을 학습하는 것이 아니라 누리과정에서 직접 체험하고 경험한 것을 다듬어 정확한 용어로 표현하는 연습을 합니다. 많은 아이가 길이 재기 활동을 일상생활과 유치원에서 경험했으므로 초등학교에서 시작점을 맞추는 것에 대한 필요성은 따로 학습하지 않습니다. 교과서 속 '더 길게 만드는 활동'에서도 시작점을 맞추는 것을 기본 전제로 활동을 설명하고 있습니다.

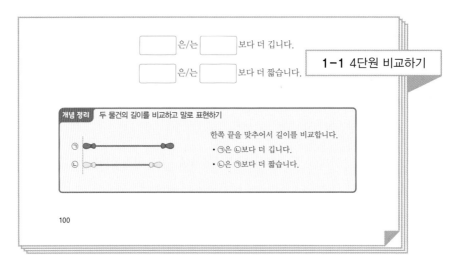

누리과정 아이들은 시작점을 맞춰야 정확한 길이를 잴 수 있다는 것을 놀이로 학습합니다.

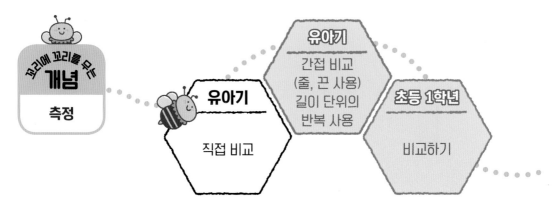

손바닥 길이 재기

놀이 시간에 친구 또는 보호자와 손바닥 길이 재기 놀이를 해 보세요.

손바닥, 발바닥, 키 등을 비교하면서 시작점이 같아야

길이를 정확히 잴 수 있다는 것을 배울 수 있습니다.

① 손바닥을 마주 대고 가장 긴 가운뎃손가락까지의 길이를 비교합니다.

② "어디를 맞춰서 재야 할까?", "어디에서 시작해야 할까?" 등과 같은 말로

　 시작점(기준점)을 맞춰 비교할 수 있게 도와줍니다.

◆ 도화지에 손바닥을 그리고 손바닥 끝에서 가운뎃손가락 끝까지의 거리를 실로 잰 다음

　 실의 길이를 비교하면 간접 측정의 경험을 할 수 있습니다.

활동 더하기　손바닥을 종이에 대고 그려서 오린 다음, 그림끼리 직접 대어 길이를 비교하는 활동을 해 보세요. 이때 길이를 재는 시작점을 찾아 빨간 색연필로 표시하고 "이 부분끼리 맞추고 길이를 재어 볼까?"라고 말해 주면, 아이가 점차 활동을 이해하고 시작점을 왜 맞춰야 하는지 알게 됩니다.

길이 순서대로 물건을 놓지 못해요.

아이는 왜?

시작점을 맞춰야 물건을 순서대로 놓을 수 있습니다. 물건을 같은 시작점에 두고 그 끝점의 길이를 비교할 때 긴 것과 짧은 것을 확인할 수 있기 때문이지요. 시작점을 맞추는 것과 더불어 아이들에게 또 하나의 과제는 '순서'라는 말의 이해입니다. 길이를 순서대로 놓기 위해서는 시작점을 맞출 수 있어야 하고, 길이가 긴 순서와 길이가 짧은 순서를 구별하는 능력도 필요합니다. 이와 더불어 순서라는 개념을 이해하는 것도 필요하지요.

이렇게 해 보세요

길쭉한 모양의 젤리 중에서 가장 긴 것을 선택하게 해 보세요. 젤리를 점점 선택하기 어렵게 놓으면 활동을 지루하지 않게 이어 나갈 수 있습니다. 예를 들면 2개, 3개, 4개로 개수를 변화시키거나 놓는 방법을 시작점을 맞춘 경우와 맞추지 않은 경우로 나눠 가장 긴 젤리부터 먹을 수 있게 하면 순서대로 길이 맞추기를 쉽게 이해할 수 있습니다.

서열화 학습은 비교하기 활동이 충분히 이루어진 후에 시작되어야 합니다. 4~5세 아이들이 시작점을 맞추고 길이 비교를 하기 시작했다면, 6~7세 아이들은 시작점을 고려하여 막대의 길이를 비교할 수 있습니다. 막대를 길이 순서대로 놓는 서열화 활동은 2개의 사물을 직접 비교해 보는 경험으로 시작해서 3개의 사물의 길이를 비교하는 활동으로 나아갈 수 있습니다. 이때 물건의 개수는 5개를 넘지 않도록 합니다.

6~7세 아이들은 위의 그림과 같이 2개씩 비교하고, 긴 것끼리 비교하여 순서를 정하는 등 추론 능력도 보입니다. 긴 것에서 짧은 것으로 배열할 수 있으며, 반대로 짧은 것에서 긴 것의 순으로도 배열할 수 있습니다.

초등학교 1학년은 길이 비교와 길이에 대한 양감 느끼기 활동을 합니다. 직접 비교하는 방법으로 3개 이상의 물체의 길이를 비교하고 서열화하는 것을 학습하지요. 2학년은 1학기에 클립(임의 단위)을 이용한 길이 비교를 학습합니다. 직접 비교 단계에서 임의 단위에 의한 길이 비교의 단계로 발전된 측정 활동을 학습하게 됩니다.

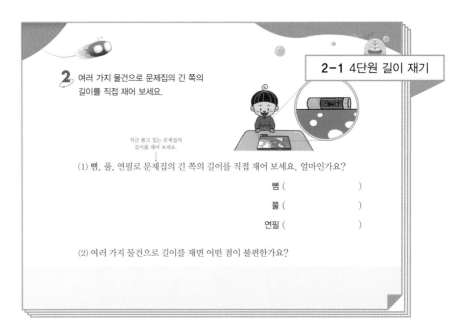

누리과정에서는 '길이가 몇 cm인가?', '몇 cm 더 길다'와 같이 표준 단위를 사용하기보다 물건을 직접 재어 길이를 비교하고, 임의 단위(실, 클립, 블록)를 이용한 길이의 간접 비교 활동을 합니다. 3개 이상의 물체를 서열화하는 활동도 직접 비교와 임의 단위에 의한 비교를 통해 경험해 보세요. 아이들은 그 과정에서 길이 측정의 원리와 과정을 학습하게 됩니다.

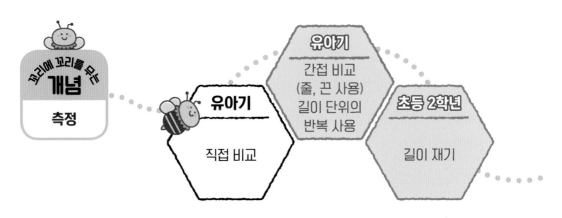

순서대로 붙이기

우리 주변의 여러 가지 물건의 길이를 비교해 보고 길이 순서대로 붙여 보세요.

2개, 3개로 물건의 개수를 늘려 가면 상대적 길이 표현의 변화를 학습할 수 있습니다.

이때 기준 물건을 정하면 '~보다 더 짧은 것'과 '~보다 더 긴 것'으로 구분하여

쉽게 길이 비교를 할 수 있습니다.

준비물 길이가 다른 여러 가지 물건, 도화지, 테이프

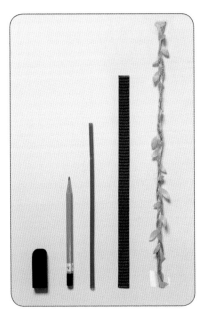

① 기준 물건을 하나 정해 도화지에 붙입니다.

② 기준 물건보다 길이가 짧은 것과 길이가 긴 물건을
   가져옵니다.

③ 도화지에 길이 순서대로 붙입니다.

　⑩ 기준 물건: 띠 골판지

　　가져온 물건: 지우개, 연필, 띠 골판지, 빨대, 리본

　　⇨ 도화지에 지우개, 연필, 빨대, 띠 골판지,
　　　리본의 순서로 붙입니다.

활동 더하기 종이에 붙지 않는 물건들은 바닥에 늘어놓고 비교해 보세요. 순서대로 붙이거
나 늘어놓는 활동은 한눈에 보기 쉽게 나타내는 통계 활동으로 연결됩니다.

컵의 크기와 상관없이 높이가 높으면 많다고 해요.

아이는 왜?

아이들의 비교하기 활동은 물체의 크기, 길이, 무게의 순서로 발달됩니다. 그림과 같은 상황은 물체의 들이를 비교하는 것으로 이때는 밑넓이와 높이, 2가지를 고려해야 합니다. 아이들은 사물 간의 관계를 한 가지 관점에서만 파악하려는 경향이 있기 때문에 높이가 높은 주스가 양이 많다고 생각합니다.

이렇게 해 보세요

아이의 눈으로 선택 결과를 확인할 수 있게 해 주세요. 같은 크기의 컵에 주스를 따르고, 실제로 아이가 선택한 컵의 주스가 제일 많은지 확인해 봅니다. 아이가 선택한 컵에 담긴 주스의 양이 적다면 왜 그런지도 생각해 봅니다. 아이에게 생각할 기회를 주면 아이는 문제의 원인을 고민하게 되고, 이유를 찾을 것입니다.

아이의 측정 활동은 일상생활의 경험을 통해 전체와 부분의 관계를 알고 순서 짓기와 같은 서열화 개념을 깨닫는 것에서 시작됩니다. 동일한 속성을 기준으로 사물에 그러한 속성 단위가 몇 개 포함되는지 비교하는 것이 측정이기 때문입니다.

물체가 차지하는 공간을 부피라 하고, 어떤 통이나 용기(그릇) 안에 들어갈 수 있는 공간의 크기를 들이라고 합니다. 아이들이 생활 속에서 비교하는 활동들은 들이의 비교라고 할 수 있습니다. 길이의 비교보다 들이의 비교는 더 많은 속성을 고려해야 합니다. 가장 넓은 그릇을 찾을 수 있어야 하고, 그릇의 높이도 함께 고려해야 합니다.

복합적인 들이의 개념을 이해하기 위해서는 먼저 넓이가 큰 그릇을 찾는 활동을 합니다. 소꿉놀이를 하거나 저녁 식사를 준비할 때 가족들의 특징에 맞는 그릇을 놓으면서 크기와 부피에 대한 순서 짓기가 익숙해지면, 다양한 모양의 그릇에 담긴 주스의 양을 비교해 봅니다.

1학년은 1학기 '비교하기' 단원에서 들이의 비교를 배웁니다. 주로 실생활에서 컵이나 병에 담긴 액체의 들이를 비교하는 활동을 하지요.

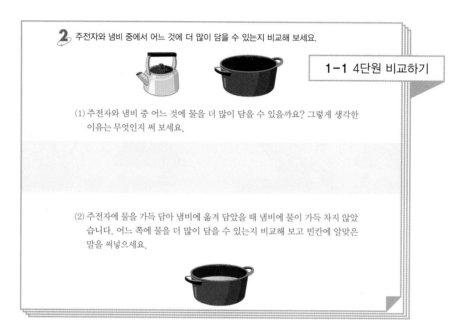

누리과정에서는 들이를 직접 비교하는 경험을 많이 하는 것이 좋습니다. 부피와 들이는 다른 개념이지만, 별도로 구분하지 말고 여러 가지 활동을 해 볼 수 있게 도와주세요.

소꿉놀이를 할 때 큰 그릇과 작은 그릇을 비교하는 활동이나 목욕을 하면서 양치 컵으로 물을 몇 번 부어야 세숫대야를 채울 수 있는지 알아보는 활동은 각각 직접 비교와 간접 비교를 통해 들이를 비교하는 활동으로 볼 수 있습니다.

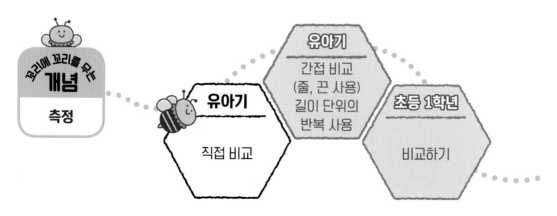

몇 번을 부어야 할까?

물병의 크기에 따라 물이 담기는 양이 다르다는 것을 확인해 보는 놀이입니다.

눈으로 볼 때와 다른 결과가 나올 수도 있습니다.

아이들이 쉽게 예상할 수 없도록 위와 아래의 모양이 다른 물병을 준비해 보세요.

준비물　　큰 물병 여러 개, 작은 컵 1개

① 모양과 크기가 다른 물병을 2개 고르고, 어떤 물병에 물을 더 많이 채울 수 있는지 생각해 봅니다.

② 첫 번째 물병에 작은 컵 1개로 물을 담아 몇 번 담으면 물병을 채울 수 있는지 확인해 봅니다.

③ 다른 물병도 같은 방법으로 알아보고, 어떤 물병에 물을 더 많이 담을 수 있는지 들이를 비교해 봅니다.

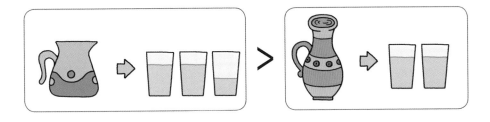

활동 더하기　　음료수 자판기를 관찰해 볼 수도 있습니다. 음료수 자판기에 진열된 음료수를 관찰하고, 어떤 음료수의 양이 가장 많은지 찾아보세요.

부피 비교　간접 비교

큰 것이 더 무겁다고 생각해요.

아이는 왜?

　아이들은 눈짐작 또는 자신의 경험에 비추어 측정 활동을 하는 경우가 많습니다. 크기가 작더라도 무게가 무거울 수 있고 크기가 크더라도 무게가 가벼운 물체가 있다는 사실을 인식하지 못한 채 '크기'와 '무게'의 측정 영역을 동일하게 여기기도 하지요.

이렇게 해 보세요

　다양한 물질로 이루어진 물체의 무게를 비교해 보세요. 스티로폼이나 스펀지로 만들어진 물체는 크기가 크더라도 가볍고, 돌이나 쇠로 만들어진 물체는 크기가 작더라도 무겁다는 것을 경험해 봅니다.

그것이 알고 싶다

유아의 측정 능력이 발달하는 과정은 '측정 속성의 인식 → 비교 → 측정'의 단계로 나눌 수 있습니다. 첫 번째 단계인 측정 속성의 인식은 한 물체의 다양한 속성 중에서 측정하고자 하는 속성을 인식하는 단계입니다. 예를 들면 물건의 무게, 넓이, 길이 중 길이의 속성만을 인식하고 측정하는 것을 의미합니다. 두 번째 단계는 앞 단계에서 인식한 속성의 크기를 비교하고 크기에 대해 서열화를 할 수 있는 단계입니다. 이때 직접 두 대상을 맞대거나 겹쳐서 비교하는 것을 직접 비교라 하고, 다른 매개물을 사용하여 비교하는 것을 간접 비교라고 합니다.

| 직접 비교 | 간접 비교 |

아이들은 측정의 속성을 구분하여 인식하는 데 어려움을 느낄 수 있습니다. 그래서 물체의 무게를 비교할 때 흔히 물체의 크기를 고려합니다. 물체의 무게와 물체의 크기는 각각 다른 측정 속성이므로 함께 고려하지 않음을 인식해야 합니다.

다양한 물체의 크기와 무게를 비교하면서 크기와 무게가 서로 상관없다는 것을 경험해 보도록 지도해 주세요.

풍선이 공보다 큰데 무게는 더 가볍네?

1학년은 1학기 '비교하기' 단원에서 길이를 비교한 후 무게를 비교합니다. 무게 비교는 주변에서 찾을 수 있는 물건들을 직접 들어 보거나 생활에서 사용하는 물건의 무게를 비교하는 활동으로 이루어집니다.

물체의 재질에 따라 무게가 달라짐을 알고 있는 1학년 학생에게 무게 비교하기 활동은 어렵거나 따로 학습해야 할 내용이 아니므로, 1학년은 물체의 무게를 비교하는 표현 방법을 익히고, '더 무겁다', '더 가볍다'라고 표현하게 됩니다.

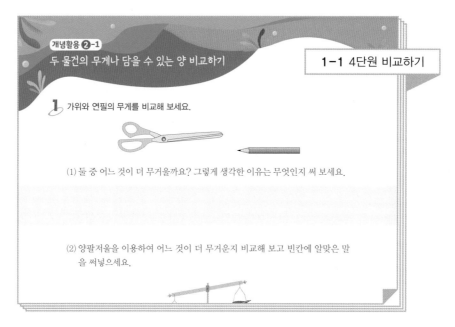

누리과정에서는 다양한 재질의 무게를 들어 보는 경험을 통하여 재질에 따른 무게의 차이를 체득할 수 있도록 도와주세요.

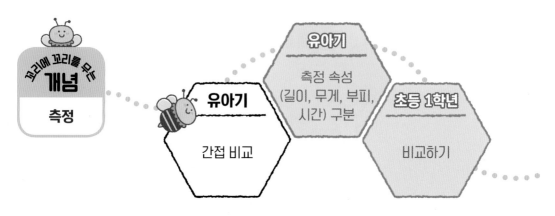

무게가 다른 공 만들기

풍선을 다양한 크기로 불고, 클레이로 다양한 크기의 공을 만들어 봅니다.

풍선과 풍선, 또는 풍선과 클레이 공의 무게를 비교하며

크기와 무게는 관련이 없을 수도 있다는 사실을 확인해 보세요.

준비물 크기가 다른 풍선, 클레이(또는 점토)

① 풍선을 다양한 크기로 붑니다.

② 풍선을 직접 들어 보면서 무게를 비교합니다.

③ 클레이나 점토로 다양한 크기의 공을 만듭니다.

④ 공을 직접 들어 보면서 무게를 비교합니다.

⑤ 클레이와 풍선을 직접 들어 보면서 무게를 비교합니다.

⑥ 아이에게 크기와 무게가 관련이 있는지 질문해 봅니다.

⠀⠀⠀예 "큰 풍선이 작은 클레이 공보다 더 무거울까?"

활동 더하기 직접 들어 보고 무게를 비교하는 것은 측정 감각을 키우는 데 도움이 되는 활동입니다. 아이가 예상과 맞거나 다른 것을 직접 경험을 통해 이해할 수 있게 해 주세요.

측정 도구의 선택 　간접 비교

허리둘레를 딱딱한 자로 잴 수 있다고 생각해요.

아이는 왜?

　　측정을 할 때는 측정 요소에 따라 알맞은 도구를 사용해야 하지만 이 시기 아이들은 둘레, 길이, 무게, 부피 등의 측정 요소를 고려하지 않고 자신에게 익숙한 측정 도구를 사용하여 측정하고자 합니다.

이렇게 해 보세요

　　측정 활동을 할 때 알맞은 도구를 아이가 선택할 수 있게 해 주세요. 저울, 자, 시계, 클립 등의 측정 도구를 나열하고 가장 적절한 도구를 선택해 보도록 도와주세요. 적절한 도구를 고르지 않았더라도 선택한 도구로 측정을 해 보면 불편함을 느끼게 되어 측정에 알맞은 도구가 필요함을 알 수 있습니다.

아이의 측정 능력은 자신의 신체를 이용하여 길이를 재어 보는 활동에서 시작됩니다. 손, 뼘, 발, 걸음을 이용하여 길이나 크기를 재어 보고, 점차 색종이, 리본, 클립, 연필 등 주변의 다양한 물체들을 측정 도구로 사용하게 됩니다. 이러한 비표준 단위(임의 단위)에 의한 측정 활동은 표준 단위로 자유롭게 측정할 수 있는 능력을 길러 줍니다. 또한 다양한 비표준 단위로의 측정 경험은 측정 요소에 따른 측정 도구의 선택 및 측정 활동에서의 오류를 경험하게 해 주며, 이를 수정할 수 있는 기회를 제공합니다. 사물의 길이가 얼마이고 넓이가 얼마인지, 그 값을 찾는 것은 중요하지 않습니다. 다양한 방법으로 물체를 측정하고 측정 방법에 따른 결과를 비교해 보는 활동이 올바른 측정 도구를 선택할 수 있는 감각을 기르는 데 도움이 됩니다.

사람의 키를 자와 리본으로 재어 결과를 비교해 보는 활동이나 허리둘레를 자와 리본으로 재어 보는 활동은 같은 길이 비교이지만 물체의 속성에 따라 어떤 측정 도구를 선택해야 하는지 경험하게 해 줍니다. 어느 것이 더 무거운지 비교할 때도 직접 들어 보기, 자로 길이 재기, 바지 옷걸이에 각각 걸어 보기, 저울에 달아 보기 등을 통해 어떤 측정 활동으로 무게를 비교할 수 있는지 경험할 수 있습니다.

또한 알맞은 측정 도구를 사용했다 하더라도 비표준 단위(임의 단위)에 의한 측정은 결과가 모두 다르게 나타남을 알고, 표준 단위의 필요성을 느끼게 됩니다.

초등학교 1학년은 1학기 '비교하기' 단원에서 길이, 무게, 넓이, 들이 등 다양한 측정 요소를 비교하여 '더 많다', '더 넓다', '더 무겁다', '더 길다'라는 표현을 배우고 익히는 것에 초점을 두고 학습합니다.

2학년은 1학기 '길이 재기' 단원에서 자를 이용해 길이를 재는 방법을 학습합니다. 비표준 단위로 길이를 재는 활동을 하고, 표준 단위(자)를 이용하여 길이를 정확하게 재는 방법을 학습합니다. 또 측정한 길이를 'cm' 단위를 사용하여 나타내고 읽습니다.

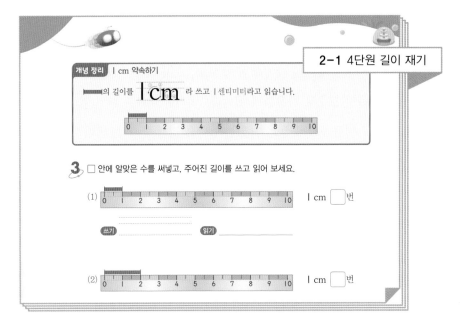

누리과정에서는 측정 속성에 따른 측정 도구의 선택과 비표준 단위로의 측정 활동 등을 경험하는 것에 중점을 둡니다.

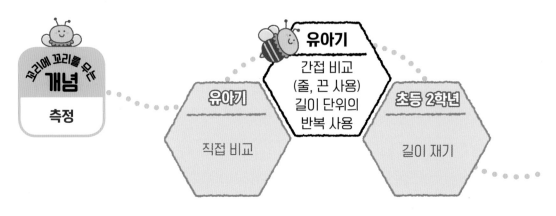

어느 것이 더 무거울까?

측정하고 싶은 속성에 따라 알맞은 도구를 사용해야 한다는 것을 배울 수 있는 놀이입니다.

무게를 비교하려면 자로 물체의 길이를 재는 것과 바지걸이의 양 끝에

물건을 매다는 것 중 어느 것이 적절한지 직접 알아보세요.

이런 놀이를 통해 무게를 재는 데 적절한 측정 도구가 무엇인지 찾아볼 수 있어요.

준비물　크기와 무게가 반대인 물체 2개(비누, 화장지 등), 바지걸이, 저울, 자

① 물체를 양손으로 들어 보며 무게를 비교합니다.

② 자로 물체의 가장 긴 부분을 재어 길이를 비교합니다.

③ 바지걸이의 양쪽 집게에 각각의 물체를 걸어 무게를 비교합니다.

④ 저울에 물체를 올려서 무게를 직접 재어 봅니다.

⑤ 무게를 비교하는 방법 중 어떤 것이 가장 좋은지 이야기해 봅니다.

⑥ 저울이나 바지걸이가 없을 때 자로 길이를 재는 것과 양손에 물체를 들어 보는 것 중

　무게를 비교하기에 적절한 것이 무엇인지 이야기해 봅니다.

활동 더하기　저울이 없다면 바지걸이를 이용한 활동까지만 해도 충분해요. 바지걸이와

　　　　　　　　양팔 저울은 측정 원리가 같습니다.

직접 대어 볼 때만 길이 비교를 할 수 있어요.

엄마 키가 클까? 아빠 키가 클까?

몰라!
직접 대 봐야 알아!

음...

안 대 보면 당당하게 모르는구나.

아이는 왜?

측정 활동은 '구체물의 직접 비교 → 임의 단위에 의한 비교 → 표준 단위에 의한 비교'로 이루어집니다. 전조작기의 유아들은 2개의 물체를 직접 대어 보고 긴 것과 짧은 것으로 나눕니다. 이런 경험들이 쌓이면 임의 단위를 통한 길이 비교가 가능해집니다.

이렇게 해 보세요

아직 임의 단위에 의한 길이 비교가 가능한 시기가 아니므로, 다양한 물체의 길이를 비교해 보면서 길이 감각(양감)을 길러 주세요. 이후 직접 비교가 아닌 임의 단위를 통한 간접 비교를 통해 물체의 길이를 비교할 수 있습니다.

- **직접 비교** 물체를 직접 대어 봐서 크기, 길이, 넓이, 부피 등을 비교하는 것
- **간접 비교** 물체를 직접 대어 보지 않고 임의 단위(손, 뼘, 발, 걸음, 클립 등)를 이용해서 비교하는 것

그것이 알고 싶다

유아기의 측정 활동 단계는 다음과 같습니다.

1단계 놀이-모방하기

벽에 붙어 있는 자로 키를 재거나 친구와 키 재기 놀이를 하면서 길이에 대한 개념을 경험하고 인식하기 시작합니다. 어른의 측정 모습을 놀이 활동 또는 모방 활동을 통해 재연하면서 측정에 대한 흥미가 유발될 수 있습니다.

2단계 비교하기

전조작기(2~7세)에 아이들은 길이라는 속성으로 사물을 비교하기 시작합니다. 2개의 물건의 길이를 긴 것과 짧은 것으로 비교하는 측정 활동이 활발하게 나타나는 시기입니다.

3단계 임의 단위 사용하기

전조작기가 끝나고 구체적 조작기가 시작되는 7세 후반이 되면 측정 단위를 사용할 수 있습니다. 자신의 뼘을 이용하여 테이블의 길이를 잴 수 있고, 걸음 수를 이용해서 유치원 정문에서 교실까지의 거리를 잴 수 있습니다. 주변에서 다양한 측정 활동을 경험할 수 있도록 도와주는 것이 좋습니다.

4단계 표준화된 단위의 필요성 인식하기

구체적 조작기(7~11세)에 들어서면 한 뼘, 한 걸음 등의 임의 단위에 의한 측정이 부정확함을 인식하게 됩니다. 이에 표준 단위가 필요함을 느끼고, 표준 단위에 의한 측정에 관심을 갖기 시작합니다. 나아가 표준 단위를 이용한 계산도 할 수 있습니다.

| 놀이-모방 | 비교하기 | 임의 단위
길이 재기 | 표준 단위의
필요성 알기 |

초등학교 1학년은 직접 비교 위주의 길이 비교를 학습합니다. '~이 ~보다 더 길다', '~이 ~보다 더 짧다'와 같이 정확하게 표현하는 연습을 합니다.

2학년 1학기에는 뼘, 클립 등 임의 단위에 의한 길이 재기 활동을 통해 임의 단위의 크기와 수의 관계처럼 좀 더 어려운 측정의 원리를 학습합니다. 또한 자로 길이를 직접 재어 보면서 '몇 cm'라고 길이를 정확히 표현하게 됩니다.

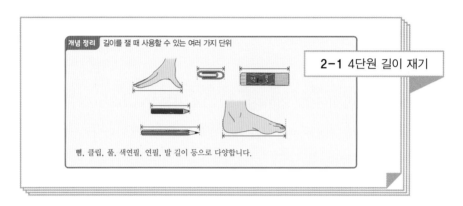

누리과정의 교육 목표는 직접 비교를 통한 길이 비교 활동으로 길이에 대한 양감을 기르는 것입니다. 따라서 유아 시절에 물건을 직접 대어 길이를 비교하는 직접 비교 활동을 충분히 경험하고, 직접 비교가 어려운 물체의 경우 간접 비교 활동이 필요함을 느낄 수 있게 해 주는 것이 중요합니다. 아이가 간접 비교의 필요성을 느낄 때 클립, 뼘, 지우개, 블록 등을 이용하여 길이를 재어 보고 비교하는 활동을 하는 것이 좋습니다. 누리과정에서는 간접 비교 활동을 통해 어떤 것이 더 길고, 어떤 것이 더 짧은지 비교하는 수준으로 활동하는 것이 적당합니다.

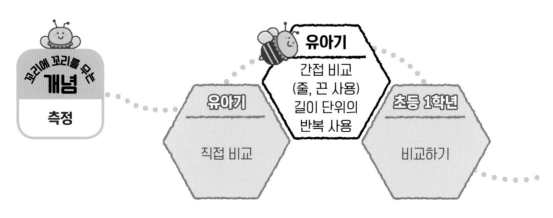

길이 도표 만들기

직접 비교 활동 경험이 많거나 길이가 비슷한 물체의 길이를 재고 싶어 하는 아이들과

함께 하면 좋은 활동입니다.

가족들의 발을 종이에 그리고, 임의 단위의 물건으로 길이를 재어

발의 길이를 비교하고 그 차이를 확인해 보세요.

준비물 종이, 클립, 연필, 풀, 가위

① 도화지에 가족들의 발을 각각 본 뜹니다.

② 가족들의 발바닥에서 가장 긴 선을 찾습니다.

③ 가장 긴 선에 클립을 붙여 클립이 몇 개 들어가는지 알아봅니다.

  ◆ 임의 단위에 의한 측정 활동입니다.

④ 가족들의 발을 본 뜬 그림을 오려 큰 도화지에 짧은 것부터 순서대로 붙입니다.

⑤ 들어가는 클립의 개수를 밑에 적고 가족들의 발 길이의 관계를 찾아봅니다.

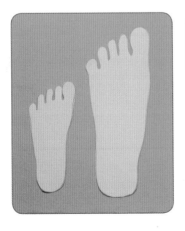 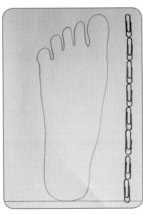 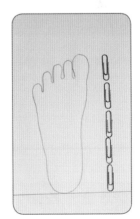

활동 더하기 "아빠의 발은 엄마의 발보다 몇 클립 더 많을까?" 이렇게 질문하면, 발의 길

이 비교뿐만 아니라 그 차이도 확인할 수 있어요.

측정

어느 것이 더 넓은지 몰라요.

아이는 왜?

아이들의 비교하기 활동은 생활에서 많이 이루어지는 수학 활동 중 하나입니다. 비교하기 능력은 물체의 크기, 길이, 무게의 순서로 발달합니다. 직접 대어 넓이를 비교하는 능력이 우선 발달되어야 눈으로 넓이를 비교하는 능력이 생기기 때문에 직접 대어서 넓이를 비교하지 못할 때는 어느 것이 더 넓은지 알기 어려울 수 있습니다.

이렇게 해 보세요

아이들의 비교하기 발달 단계에 따르면 직접 비교 단계를 거쳐 간접 비교를 할 수 있습니다. 물체의 넓이를 직접 대어 보고 '넓다'와 '좁다'라고 말하는 경험을 할 수 있게 도와주세요. 아직 넓이를 간접 비교하는 능력이 없는 아이라면 물체의 양 끝을 포개면서 넓이를 직접 비교해 봅니다. 직접 비교 경험이 많은 아이는 간접 비교를 쉽게 할 수 있습니다.

그것이 알고 싶다

아이의 측정 활동은 일상생활의 경험을 통해 전체와 부분의 관계를 알고 순서 짓기와 같은 서열화 개념을 깨닫는 것에서 시작됩니다. 동일한 속성을 기준으로 사물에 속성 단위가 몇 개 포함되는지 비교하는 것이 측정이기 때문입니다. 넓이는 일정한 평면에 걸쳐 있는 공간이나 범위의 크기를 말하며, 넓이를 비교한 후 '넓다', '좁다'라고 말합니다. 가정에서 가장 쉽게 할 수 있는 넓이 비교하기 활동은 방의 크기를 비교하는 것입니다. 안방과 작은방의 크기를 비교하여 어느 방이 넓은지 찾을 수 있고, 강아지의 집과 우리 집의 넓이를 비교할 수 있습니다.

누구 땅이 넓을까?

두 도형의 넓이를 정해진 도형으로 덮고,
몇 개로 덮었는지 확인하여 두 도형의 넓이를 비교할 수 있다.

종이나 천의 넓이를 비교할 때는 직접 대어 보는 방법으로 넓이 비교를 하여 넓이에 대한 양감(감각)을 기를 수 있도록 도와줍니다. 직접 비교에 능숙한 아이들은 넓이의 크기에 따라 서열화를 해 보거나 간접 비교를 통해 넓이를 비교할 수 있게 됩니다.

엄마, 아빠 침대에는 넓은 이불을,

아이들 침대에는 좁은 이불을 깔아 주자.

초등학교 1학년은 1학기 '비교하기' 단원에서 길이, 무게, 넓이, 들이를 비교하는 것을 배웁니다. 책상의 넓이, 쟁반의 넓이, 땅의 넓이를 비교하면서 '더 넓다', '더 좁다'의 표현을 배우지요. 또 색종이, 공책, 스케치북 등 세 물건의 넓이를 비교하는 활동을 통해 넓이를 서열화하고, 색종이 접기 게임으로 넓이의 비교를 재미있게 학습합니다.

1학년은 넓이를 비교하고, 비교하는 말을 사용하여 넓은 물체와 좁은 물체를 표현하는 데 중점을 두어 학습합니다. 넓이의 경우 임의 단위에 의한 측정은 도형의 넓이를 구하는 활동과 연결되기 때문에 5학년이 되어서야 학습하게 됩니다.

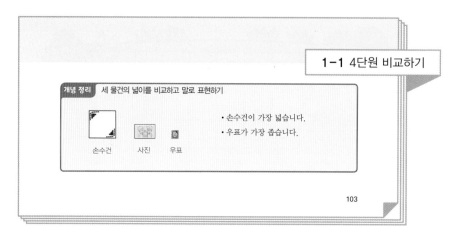

누리과정에서는 생활 주변의 물건을 이용하여 넓이의 개념을 익히는 것이 좋습니다. 물건이 갖고 있는 속성 중 넓이를 알고, 넓이를 비교하여 '넓다'와 '좁다'라는 말로 표현해 보세요. 얼마나 더 넓은지, 여러 가지 물건의 넓이를 어떻게 서열화하는지 가르치지 않아도 아이는 넓이를 비교하는 경험을 통해 자연스럽게 넓이 감각을 기르게 됩니다.

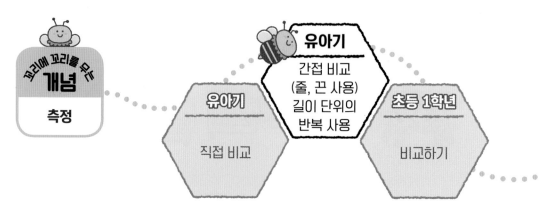

넓은 것 찾기

집에 있는 물건을 이용하여 더 넓은 것과 더 좁은 것을 비교해 보세요.

손수건과 수건, 아이의 티셔츠와 부모님의 티셔츠로 쉽게 넓이 비교를 할 수 있습니다.

'넓다'와 '좁다'라는 넓이 표현 방법도 자연스럽게 학습할 수 있지요.

준비물 이불, 수건, 티셔츠 등

① 보호자가 집에 있는 물건 중 하나를 가져오면 아이가 그보다 넓은 물건을 찾아 옵니다.

② 처음에는 넓이가 가장 좁은 물건을 제시하여 아이가 쉽게 찾을 수 있게 도와줍니다.

③ 물건의 범위가 많아 쉽게 선택하지 못하는 경우, 몇 가지 물건을 바닥에 늘어놓고

그중에서 보호자가 찾은 물건보다 넓은 것과 좁은 것을 찾는 놀이로 바꿀 수 있습니다.

④ 평소에 아이의 장난감 중에서 넓이 비교가 쉬운 것들을 찾아 놀이를 하면서

보호자와 활동했던 것을 기억할 수 있도록 하면 더 좋습니다.

활동 더하기 티셔츠는 티셔츠끼리, 손수건은 손수건끼리, 즉 같은 물건끼리 분류하여 넓이를 비교해 보세요. 손수건과 티셔츠는 서로 모양이 다르기 때문에 단순하게 겹쳐 보는 것으로는 넓이를 비교하기가 어렵습니다.

시소를 탈 때 무겁고 가벼운 것을 구분하지 못해요.

아이는 왜?

유아기의 측정 능력은 '길이 → 높이 → 부피 → 무게'의 순서로 발달합니다. 길이나 높이는 물체를 겹쳐 놓아 쉽게 비교할 수 있지만, 무게는 간접 비교나 저울을 이용해서 측정할 수밖에 없기 때문에 가장 늦게 발달되는 측정 영역입니다.

이렇게 해 보세요

먼저 '무겁다'와 '가볍다'의 개념을 익히게 해 주세요. 무게를 나타내는 표현을 정확히 이해해야 양팔 저울(시소)의 작용을 이해할 수 있습니다. 놀이터에서 시소를 부모님과 탈 때와 친구와 탈 때의 차이점을 생각해 보면 무거운 것과 가벼운 것의 차이를 느낄 수 있습니다.

3~4세의 유아는 성인의 측정 행동을 모방하거나 놀이로 나타내고, 직관적인 수준에서 비교합니다. 5세의 유아는 사물을 다양한 단위로 측정할 수 있으며, 표준 단위의 필요성을 느끼게 됩니다.

측정의 영역은 길이→ 높이→ 부피→ 무게의 순으로 발달되는데, 직접 겹쳐서 측정할 수 없는 무게의 경우 아이들에게 다소 어려운 개념일 수 있습니다.

아이가 직접 들어 보고 '더 무겁다', '더 가볍다'와 같은 표현을 익힐 수 있게 도와주세요. 또한 양팔 저울을 사용하여 물체의 무게를 비교하고, 양팔 저울의 높이 차이가 나타내는 의미를 이해할 수 있게 지도합니다. 양팔 저울이 없다면 집에 있는 옷걸이로 활동할 수 있습니다.

시소는 양팔 저울과 같은 원리이므로 시소를 무거운 사람과 탈 때와 가벼운 사람과 탈 때의 느낌과 현상을 관찰하면서 무게에 대한 개념을 이해해 나갈 수 있습니다.

시소를 직접 타 보면 친구와 탈 때와 부모님과 탈 때의 무게 차이를 느낄 수 있고, 여러 명의 친구가 맞은편에 함께 타면 내려가기 어렵다는 것을 체험할 수 있습니다.

누리과정에서 측정의 개념 이해, 물체 비교, 측정을 통한 측정 감각 양성에 초점을 맞추어 지도하고 있는 만큼, 초등 저학년도 누리과정 활동과 연계하여 다양한 측정 활동을 경험하고 표현하는 것을 중점적으로 지도합니다.

초등학교 1학년은 '비교하기' 단원에서 길이 다음으로 무게 비교하기를 학습합니다. 직접 들어 보고 무게를 비교하여 표현하고, 종이 받침대에 올려놓고 무게를 비교하는 활동을 합니다. 초등학교 3학년 2학기에야 비로소 임의 단위에 의한 무게 측정, 표준 단위에 의한 무게 측정, g, kg, t의 단위를 학습하게 됩니다.

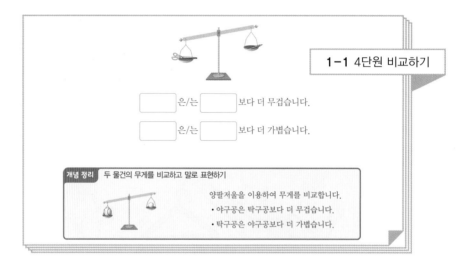

누리과정에서는 구체적인 물체의 무게를 측정하기보다 다양한 물체의 무게를 비교하는 활동을 통해 무게를 표현하는 방법, 무거운 물체 쪽으로 기울어지는 양팔 저울의 원리를 체험합니다.

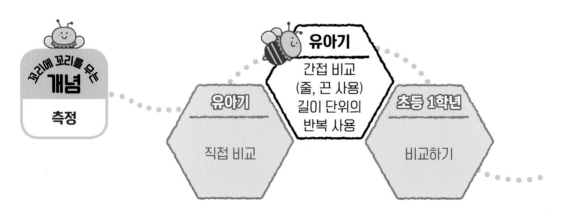

무게 재기 활동

옷걸이를 이용하여 양팔 저울을 만들어 보세요.

옷걸이의 끝에 지퍼백을 달면 다양한 물체의 무게를 비교할 수 있습니다.

주의할 점은, 아무것도 달지 않았을 때 옷걸이가 수평이 되는지 미리 확인해야 한다는 것입니다.

준비물 옷걸이, 지퍼백

① 집에 있는 옷걸이에 지퍼백을 달아 저울을 만듭니다.

② 주변의 물건을 모아 손으로 무게를 어림해 보고, 직접 만든 저울을 이용하여 확인해 봅니다.

◆ 무게가 무거운 물건 쪽으로 저울이 기울어지는 현상을 관찰할 수 있습니다.

③ 다른 물건 2개를 골라 손으로 무게를 어림해 본 다음, 저울이 어느 쪽으로 기울어질지 예상하며 무게를 재어 봅니다.

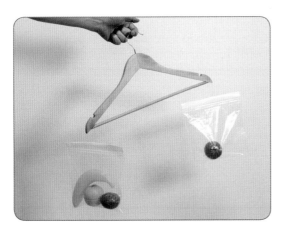
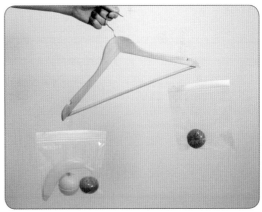

활동 더하기 자의 중간에 지우개나 연필을 두어 막대 저울을 만들 수 도 있어요.

부피 비교　　측정 속성

비교하는 말을 잘 몰라요.

아이는 왜?

양을 비교할 때도 '크다, 작다', 크기를 비교할 때도 '크다, 작다', 길이를 비교할 때도 '크다, 작다'로 말하는 아이가 많습니다. 유아기의 아이들은 길이, 무게, 부피, 넓이 등의 측정 영역을 구분하여 적절히 표현하는 것에 익숙하지 않기 때문입니다.

이렇게 해 보세요

비교하는 말은 측정 영역에 따라 달라집니다. 길이를 비교할 때는 '길다', '짧다', 무게를 비교할 때는 '무겁다', '가볍다', 넓이를 비교할 때는 '넓다', '좁다', 부피를 비교할 때는 '크다', '작다'로 표현합니다. 다양한 측정 영역에 따라 표현하는 말이 다름을 알려 주고, 이에 익숙해지도록 도와주세요.

그것이 알고 싶다

비교 표현 중 '~보다 크다', '~보다 작다', '~와/과 같다'는 아이들이 일찍부터 접하는 표현 방법이며, 3세의 유아는 이미 길이, 무게, 부피, 넓이와 같은 측정 가능한 속성에 의해 물체를 직접적으로 비교하는 기술 및 능력을 보이는 것으로 알려져 있습니다. 다만 물체의 속성에 따른 표현 능력은 아이에 따라 차이가 있으며, 일상생활에서 다양한 측정 활동을 경험한 아이들이 더 잘 구분하여 표현할 수 있습니다.

수학의 다른 영역과 달리 측정은 일상생활과 밀접한 관련이 있어 쉽게 경험할 수 있습니다. 놀이를 통해 측정 활동을 경험할 수 있게 도와주고, 표현하는 방법을 반복해서 알려 주면, 아이가 속성에 따른 표현 방법의 구분을 이해하고, 표현에 익숙해질 수 있습니다. 보호자가 다음 표현들을 구분지어 사용할 필요도 있습니다. 표현 방법에 익숙해지면 자연스럽게 측정 속성에 따른 표현 방법이 구분되어 있다는 것을 학습하게 됩니다.

길이	길다/짧다	깊이	깊다/얕다
높이	높다/낮다	두께	두껍다/얇다
키	크다/작다	넓이	넓다/좁다
거리	가깝다/멀다	무게	무겁다/가볍다

초등학교 1학년은 1학기 '비교하기' 단원에서 컵의 모양이 같은 상황 또는 컵의 모양이 다른 경우에 들이를 비교해 보는데, 이때 양의 비교에 초점을 맞추고 부피와 들이의 개념을 구별하는 것에는 초점을 두지 않습니다.

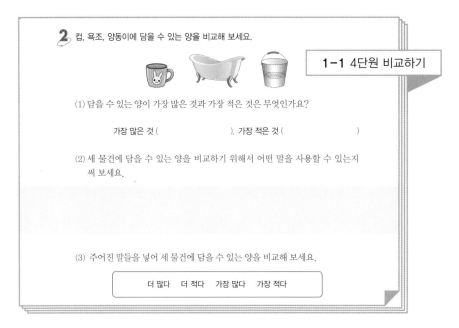

2. 컵, 욕조, 양동이에 담을 수 있는 양을 비교해 보세요.

1-1 4단원 비교하기

(1) 담을 수 있는 양이 가장 많은 것과 가장 적은 것은 무엇인가요?

가장 많은 것 (   ), 가장 적은 것 (   )

(2) 세 물건에 담을 수 있는 양을 비교하기 위해서 어떤 말을 사용할 수 있는지 써 보세요.

(3) 주어진 말들을 넣어 세 물건에 담을 수 있는 양을 비교해 보세요.

더 많다   더 적다   가장 많다   가장 적다

누리과정에서는 물체를 분류하여 측정 속성에 따라 측정 활동을 하고 적절한 표현 방법으로 표현하는 경험이 중요합니다. 동시에 측정 경험을 중시하고 측정 경험을 통해 양감을 기르는 것에 초점을 맞춥니다. 측정 활동을 적절한 말로 표현하는 능력은 4~5세가 지나고 초등학교 1학년이 되면 완성된다고 볼 수 있으므로 성급하게 생각하기보다 아이가 측정 활동에 즐겁게 참여하는 모습을 지켜봐 주세요.

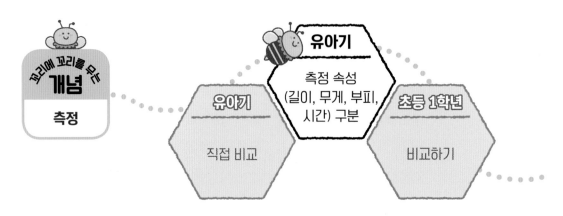

꼬리에 꼬리를 무는 **개념**
측정

유아기
측정 속성
(길이, 무게, 부피, 시간) 구분

유아기
직접 비교

초등 1학년
비교하기

동화책 속에서 비교하기

측정 속성에 따라 비교하는 말을 알맞게 사용하여 표현해 보세요.

동화책 속 주인공의 키나 몸무게를 각각 길이와 무게를 나타내는 측정 용어를 사용해 나타내어 보고,

길이와 넓이 비교 놀이를 통해 비교 용어를 사용해 보기도 하면서

자연스럽게 측정 속성에 친숙해질 수 있습니다.

준비물 도화지, A4 종이, 색연필, 가위, 나뭇잎, 여러 가지 동화책

① 아빠의 손바닥과 아이의 손바닥을 종이에 대고 그립니다.

② 손바닥을 오려서 겹쳐 보고, 아빠의 손바닥이 아이의 손바닥보다 '크다'라고 표현해 봅니다.

③ 나뭇잎을 얇은 A4 종이 밑에 댄 다음, 색연필로 그 위를 살살 색칠해 나뭇잎의 모양이

종이에 드러나게 합니다.

④ 색칠한 나뭇잎을 '넓다', '좁다'로 표현해 봅니다.

⑤ 동화책 속 그림을 측정 속성에 맞는 용어로 표현해 봅니다.

　⑩ 『백설공주』를 보며 공주와 난쟁이의 키를 '크다'와 '작다'로 나타낼 수 있습니다.

활동 더하기 길이를 비교할 때는 '길다'와 '짧다'로 표현하는데, 키를 비교할 때는 길이와

다르게 '크다'와 '작다'로 표현해요.

어제, 오늘, 내일을 잘 구별하지 못해요.

아이는 왜?

시간은 만질 수도 볼 수도 없는 추상적 개념이므로 아이들에게는 다소 어렵습니다. 이 시기 아이들은 오전/오후, 낮/밤, 어제/오늘/내일과 같은 시간적 어휘를 사용하기 시작하지만 '밝으면 낮', '어두우면 밤', '가까운 과거는 어제' 등과 같이 자신만의 감각에 따릅니다.

이렇게 해 보세요

일상생활 속에서 시간의 흐름을 익힐 수 있는 활동으로 유치원(어린이집)의 일과를 시간적 어휘와 관련지어 이야기해 볼 수 있어요. 유아는 자기중심적인 사고를 하기 때문에 내가 했던 것은 비교적 잘 기억한답니다. 아이가 기억하고 있는 것들을 시간 순서대로 정리해 주세요.

시간 개념은 '전'과 '후'의 관계를 이해하는 초보적 단계로부터 '어제/오늘/내일'을 분리해서 사용하는 능력, '날짜/주/달/계절'을 정확하게 사용하는 능력 등 인간의 생활과 관련지으며 발달하고, 추상적인 개념이기에 늦게 발달되는 특성을 보입니다.

유아의 시간 개념 발달에 관한 연구에 따르면 시간 개념은 주변 환경에서 비롯된 경험을 기억하고, 사건의 인과 관계를 논리적으로 사고해야 발달됩니다. 즉, 감각적 발달과 더불어 인지적 발달이 동반되어야 정확하게 인지할 수 있지요. 시간 개념은 추상적인 개념이면서 논리적 사고를 요구하기에 측정 감각 중에서도 가장 나중에 발달됩니다.

유아는 한두 달 뒤의 중요한 사건을 최근의 과거 사건과 관련지어 생각하고, 중요한 사건은 가깝게 느끼는 등 주관적인 기준에 따라 시간적 어휘를 사용하면서 시간 개념을 익힙니다.

따라서 이 시기에는 자주 하는 경험, 예를 들어 유치원(어린이집)에 등원하기 위한 준비, 유치원(어린이집)에서의 생활, 하원 후 친구들과의 놀이와 집에서의 생활과 연관 지어 시간적 어휘를 반복적으로 사용함으로써 시간 개념을 익힐 수 있도록 도와주어야 합니다.

초등학교 1학년은 2학기 '시계 보기와 규칙 찾기' 단원에서 시계 보기를 학습합니다. 아날로그시계와 디지털시계를 '몇 시'와 '몇 시 30분'으로 읽는 것을 배웁니다. 이때도 여전히 아날로그시계가 '7시'를 나타낼 때 시침은 7에 있지만 분침이 12에 있는 이유를 이해하기는 어렵습니다. 또한 '7시 30분'을 나타내는 시침이 7과 8 사이에 있음을 이해하기 어렵습니다.

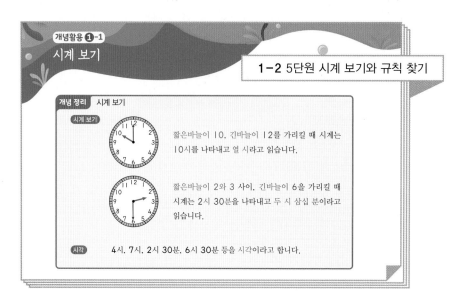

개념활용 1-1
시계 보기

1-2 5단원 시계 보기와 규칙 찾기

개념 정리　시계 보기

시계 보기

짧은바늘이 10, 긴바늘이 12를 가리킬 때 시계는 10시를 나타내고 열 시라고 읽습니다.

짧은바늘이 2와 3 사이, 긴바늘이 6을 가리킬 때 시계는 2시 30분을 나타내고 두 시 삼십 분이라고 읽습니다.

시각　4시, 7시, 2시 30분, 6시 30분 등을 시각이라고 합니다.

시계 보기는 누리과정 아이들에게는 더욱더 어려운 활동입니다. 시침과 분침의 움직임이 다르고, 60진법과 12진법이 사용되는 시계를 정확히 이해하기는 무리입니다. 따라서 정확히 시계 보는 법을 가르치기보다 생활 속에서 시간적 표현과 감각을 충분히 익힐 수 있게 도와주세요. 시간의 흐름을 이해하고, 긴 시간과 짧은 시간을 구분하는 활동들은 직관적으로 시계를 읽는 데 도움이 됩니다.

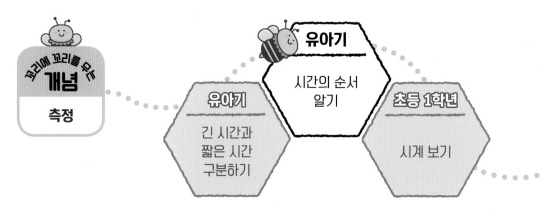

꼬리에 꼬리를 무는
개념
측정

유아기
긴 시간과
짧은 시간
구분하기

유아기
시간의 순서
알기

초등 1학년
시계 보기

식물 키우기

씨앗에서 뿌리가 나고 잎이 나고 열매가 열리는 과정을 통해 시간의 흐름을 느껴 보세요.

이때 시간을 나타내는 말을 사용하여 아이와 식물이 자라는 과정을 표현해 보세요.

아이는 매일 자고 일어나면 달라져 있는 식물의 성장에 즐거움을 느끼며

어제, 오늘, 내일 등의 개념을 어렵지 않게 받아들일 수 있습니다.

준비물   씨앗, 화분, 흙, 관찰일지

① 씨앗을 화분에 심고, 정해진 요일에 관찰일지를 작성합니다.

② 관찰한 내용과 관찰한 기간을 비교해 보면 시간의 흐름을 느낄 수 있습니다.

③ 계절과 계절에 따른 사진을 나열하는 것으로 활동을 확장할 수도 있습니다.

활동 더하기   아직은 정확한 시간 개념이나 계절 개념을 형성하기 어려우므로 일상생활에서 시간적 어휘를 자주 사용해 주세요. 강낭콩이나 토마토를 흙에 심거나 고구마, 양파 등을 물에서 키우는 체험을 같이 해 볼 수도 있어요. 식물이 하루하루 자라는 것을 관찰하며 시간을 나타내는 말을 지도할 수 있습니다.

발견

시침과 분침을 헷갈려해요.

히액~! 벌써 12시 반이에요!

어쩐지 엄청 졸리더라!

지금 오후 6시야. 저녁 먹을 시간인데.

쟤 뭔 잠꼬대 하는 거여?

아이는 왜?

생활에서 가장 많이, 그리고 쉽게 접하는 시계는 읽기 어려운 기구 중 하나입니다. 바늘은 오른쪽으로 원운동을 하고, '시'를 읽는지 '분'을 읽는지에 따라 시계 위의 숫자를 읽는 방법이 다르기 때문입니다.

이렇게 해 보세요

시계에 있는 두 바늘의 차이점이 무엇인지, 움직이는 모습이 어떻게 다른지 찾아보세요. 시계가 어떻게 움직이고, 바늘 길이에 따라 움직이는 속도가 어떻게 달라지는지 아는 것은 시계와 친숙해지고 시각 읽기 원리를 발견하는 데 도움이 됩니다.

그것이 알고 싶다

시계는 읽기 어려운 기구 중 하나이면서 제일 먼저 배우게 되는 것 중 하나이기도 합니다. 시계판 위의 눈금을 읽는 방법이 2가지 이상(시, 분, 초)일 뿐 아니라 바늘이 원을 그리며 움직이므로 유아가 시계를 정확히 읽기에는 어려움이 많습니다.

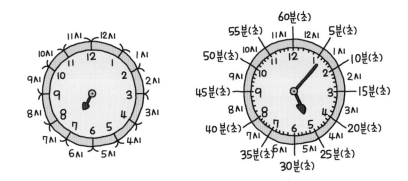

시계 보기와 관련된 기능은 다음과 같으나 순서대로 발달하지는 않습니다. 다만 유아의 시계 보기 기능을 지도할 때 참고할 수 있습니다.

> 첫째, 시침과 분침을 구별하고 바늘이 움직이는 방향을 안다.
>
> 둘째, 몇 시라고 말하고(분침이 12 위에 있는 경우),
>
>   시곗바늘을 돌려 몇 시를 맞춘다.
>
> 셋째, 몇 시 '이후'를 안다.
>
> 넷째, 5분 단위로 시간을 재고 말한다.
>
> 다섯째, 몇 시 '이전'을 알고, 몇 분 전인지 말하기 위해 5와 1 단위로 센다.
>
> 여섯째, 디지털 형식으로 시간을 기록한다.
>
> 일곱째, 디지털시계와 아날로그시계의 시각을 맞춰 본다.

이 중 유아기에는 시계의 시침과 분침을 구별하고 분침이 12에 있을 때 시각을 읽어 보는 활동, 일상생활의 경험과 시계 읽기를 연관 지어 익히는 활동으로 시계 보기에 익숙해지도록 도와줄 수 있습니다.

초등학교에 가면

초등학교 1학년은 2학기 '시계 보기와 규칙 찾기' 단원에서 자신의 하루 생활 등을 소재로 시각을 학습합니다. 시계 보기를 통해 '몇 시'와 '몇 시 30분'을 배움으로써 시계를 바르게 보는 능력을 길러 일상생활에서 활용할 수 있게 도와주지요.

시계의 시침과 분침을 구별하고, 긴바늘(분침)이 12에 있을 때 '몇 시'가 됨을 생활 경험과 관련지어 학습하며, 시각을 디지털시계와 아날로그시계로 표현해 봅니다. 또 긴바늘(분침)이 6에 있을 때 '몇 시 30분'이 됨을 생활 경험을 통해 학습하게 됩니다.

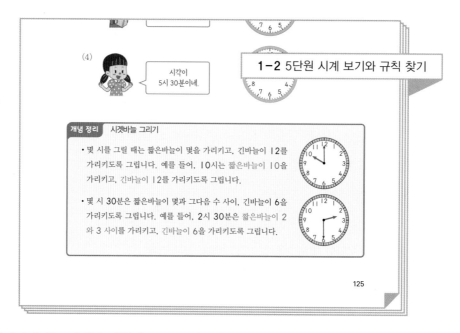

누리과정에서는 시계를 정확히 보도록 지도하기보다 일상생활과 연결해 시간을 표현하고 시계와 익숙해지는 것에 초점을 두고 지도하는 것이 좋습니다.

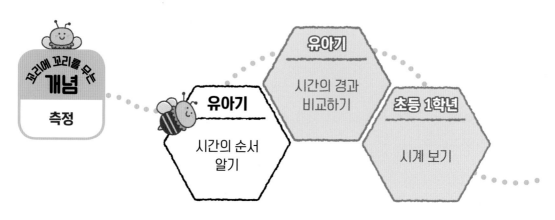

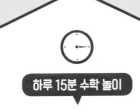

내 시계 꾸미기

아이에게 한글을 가르치기 위해 집 안 곳곳에 익숙한 한글을 붙여 둔 경험이 있을 것입니다.

시계 보기도 한글처럼 익숙해지는 데 시간이 필요합니다.

침대, 식탁, 화장실, 현관에 매일매일 유치원 등원 준비를 하는 시각을 써서 붙여 주세요.

준비물 색종이, 펜, 테이프, 시계 그림

① 디지털시계 그림에 중요한 활동을 시작해야 하는 시각을 써서 주변에 붙입니다.

② 디지털시계를 자연스럽게 읽게 되면 아날로그시계 그림으로 바꾸어 붙입니다.

◆ 시침과 분침의 색과 길이를 다르게 하여 한눈에 알아볼 수 있도록 구분하면

시계의 움직임을 더 잘 관찰할 수 있습니다.

활동 더하기 시계를 정확히 읽는 것은 초등학교 1~2학년을 거치면서 학습하게 됩니다.

유아기에는 시계와 시각 표현에 익숙해지는 데 중점을 두어요.

시계를 읽을 때 몇 분인지 잘 몰라요.

아이는 왜?

시계를 정확히 읽는 것은 매우 어려운 과제 중 하나입니다. 숫자 '1'은 '1시', '5분', '5초'로 읽을 수 있으므로 '1'이 갖는 여러 가지 의미를 정확하게 이해하기가 쉽지 않습니다.

이렇게 해 보세요

1시, 2시, 3시 등 정각을 읽을 수 있으면 '몇 시 30분'을 읽는 연습을 해 보세요. 이를 통해 '시각'과 '분'을 구분하게 됩니다.

그것이 알고 싶다

초등학교 2학년쯤 되면 시계를 정확하게 읽을 수 있고, 시각과 시간을 구분할 수 있으며, 1시간은 60분, 1분은 60초라는 시간의 관계도 이해할 수 있습니다.

누리과정 아이들은 비교의 속성으로 시간을 구분 짓고, 더 긴 시간과 더 짧은 시간을 구분하게 되면서 시간의 순서를 알아 나갑니다. 이후 시계에 관심을 갖고 '몇 시'라는 정각의 시각을 알게 되며, 차차 '몇 시 몇 분'의 개념을 이해할 수 있습니다.

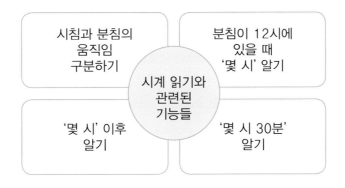

9시 5분을 '9시 1분' 또는 '9시 5분'으로 읽을 수 있는 아이는 이미 시계에 관심이 많고, 시계의 움직임을 잘 관찰했을 가능성이 큽니다. 이 시기 아이에게는 시침이 가리킬 때와 분침이 가리킬 때 읽는 방법이 다르며, 같은 1이라도 시침이 가리킬 때는 1시, 분침이 가리킬 때는 5분으로 읽는다는 것을 말해 주세요. 분침과 시침이 가리킬 때 이름이 다르다는 정도만 이해해도 충분합니다.

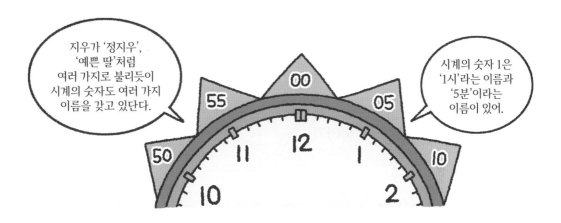

초등학교 1학년은 시침과 분침을 구분하고, 시계의 움직임을 보며 정확하게 시계를 읽는 활동을 합니다. 이때 자신의 하루 생활 등을 소재로 시각을 학습합니다. '몇 시'와 '몇 시 30분'을 배움으로써 시계를 바르게 보는 능력을 기르고 일상생활에서 활용해 나가지요.

그 밖에 시계의 시침과 분침을 구별하며, 긴바늘(분침)이 12에 있을 때 '몇 시'가 됨을 생활 경험과 관련지어 학습하고 시각을 디지털시계와 아날로그시계로 표현해 봅니다. 또 긴바늘(분침)이 6에 있을 때 '몇 시 30분'이 됨을 생활 경험을 통해 학습합니다.

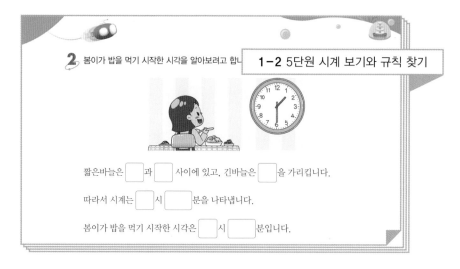

누리과정에서는 시계의 모든 원리를 이해하기보다 주로 사용하는 시각을 정확하게 읽어 보는 활동을 합니다. 이를 통해 아이들은 '몇 분'이라는 용어에 익숙해집니다.

아이가 유치원에 등원하는 시각, 집에 돌아오는 시각, 잠자리에 드는 시각 등 자주 사용하는 시각 위주로 시계 읽기 활동을 지도해 주세요.

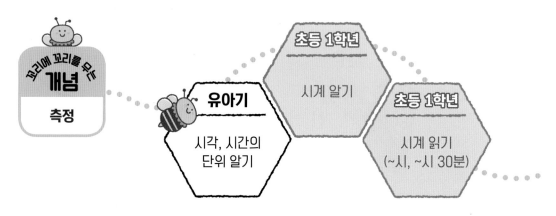

하루 15분 수학 놀이

해님 시계 만들기

아이들이 생활하면서 시계를 확인해야 하는 경우

쉽게 '몇 분'으로 읽을 수 있도록 시계에 분을 써서 붙여 주세요.

시계를 읽는 것을 넘어, 긴바늘의 움직임과 분을 읽는 규칙을 발견할 수도 있습니다.

준비물 시계, 도화지, 사인펜, 테이프, 가위

① 집에 있는 시계를 꺼내 옵니다.

② 시계 숫자의 크기와 비슷하게 도화지로 원, 삼각형 등의 모양을 만듭니다.

③ 사인펜을 이용하여 원, 삼각형 모양 도화지에 5분, 10분, 15분, …과 같이 분을 씁니다.

④ 숫자가 쓰인 도화지를 "5분, 10분, 15분, …"으로 읽으면서 알맞게 붙입니다.

⑤ 시계를 읽어 봅니다.

활동 더하기 긴바늘을 읽을 때 도화지에 적힌 숫자를 읽어 보세요. 해님 모양 말고 다양한 모양으로 만들 수 있습니다. 아이들과 시각 읽기를 할 때는 5분 단위로 정확히 떨어지는 시각을 읽어 보세요. '몇 분'으로 읽는 것이 아이들은 아직 어렵습니다.

8시 55분을
9시 55분으로 읽어요.

아이는 왜?

아이들은 8시 55분과 9시 55분을 잘 구분하지 못합니다. 분침이 12에서 6을 지나 다시 12로 움직이면서 시침도 8에서 9로 조금씩 움직이는 시계의 움직임을 정확히 이해하지 못하기 때문입니다.

이렇게 해 보세요

집에 있는 아날로그시계를 돌리면서 시침과 분침의 움직임을 관찰해 보세요. 분침이 12에 있을 때 시침은 정확히 숫자 위에 있다가 분침이 움직이면 시침도 다음 숫자로 천천히 이동한다는 사실을 깨달을 수 있습니다.

그것이 알고 싶다

시계는 아이들이 생활에서 자주 접하게 되는 친숙한 도구이지만, 그 원리를 이해하기는 쉽지 않습니다. 시침과 분침 사이의 관계를 알아야 하고, 같은 숫자도 여러 가지 이름을 갖기 때문입니다. 시계를 보고 읽는 것은 시계를 충분히 관찰하고 많이 연습해야 가능합니다.

시계 보기를 지도하는 순서는 다음과 같습니다.

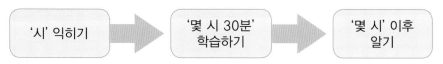

| '시' 익히기 | → | '몇 시 30분' 학습하기 | → | '몇 시' 이후 알기 |

시계를 보고 '몇 시 몇 분'으로 읽을 수 있는 아이는 이미 시계에 관심이 많고 시계를 많이 관찰한 아이입니다. 아이가 '몇 시'와 '몇 시 30분'을 읽을 줄 안다면, 분침의 움직임에 따라 시침이 어떻게 움직이는지 관찰하게 해 주세요. 분침이 한 바퀴를 돌면 시침은 다음 숫자로 천천히 이동하게 됩니다. 시침에는 거북이, 분침에는 토끼를 붙여 토끼가 빨리 달리는 동안 거북이는 한 칸을 움직인다는 것을 설명해 주세요.

토끼가 빨리 뛰어 한 바퀴를 돌 때, 거북이도 천천히 움직이고 있단다.

또 '몇 시 30분'일 때 시침의 위치를 관찰해 보고 시침이 숫자와 숫자의 중간에 와 있음을 발견하게 도와줍니다. 분침이 이동하면 시침이 어디로 움직일지 예상해 보고, 분침이 12에 가까이 간다면 시침은 어떤 숫자에 가까이 가게 될지 생각해 보도록 지도해 주세요. 누리과정에서는 시계를 정확히 읽는 것보다 원리를 관찰하고 발견하는 데 중점을 둡니다.

초등학교에 가면

초등학교 1학년은 시침과 분침을 구분하고, 정확하게 시계의 움직임을 보고 시계를 읽는 활동을 합니다. 자신의 하루 생활 등을 소재로 시각을 학습하지요. '몇 시'와 '몇 시 30분'을 배움으로써 시계를 바르게 보는 능력을 기르고, 일상생활에서 활용할 수 있게 도와줍니다.

시계의 시침과 분침을 구별하고, 긴바늘(분침)이 12에 있을 때 '몇 시'가 되고, 긴바늘(분침)이 6에 있을 때 '몇 시 30분'이 됨을 생활 경험을 통해 학습하는 것이지요. '몇 시 몇 분'을 정확하게 학습하는 것은 초등학교 2학년이 되어서입니다.

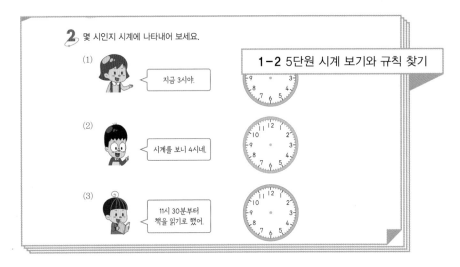

누리과정에서는 시계를 관찰하고 시계의 움직임을 발견하는 활동을 합니다. '몇 시 몇 분'을 읽고 시계에 관심을 보이는 아이라면 시계의 원리를 발견하는 과정에 있는 것입니다. 정확한 시계 읽기보다 재미있는 시계 놀이로 시계의 원리를 스스로 발견해 나가도록 기다려 주세요. 혹시 아이가 시계를 정확히 읽지 못하더라도 괜찮습니다.

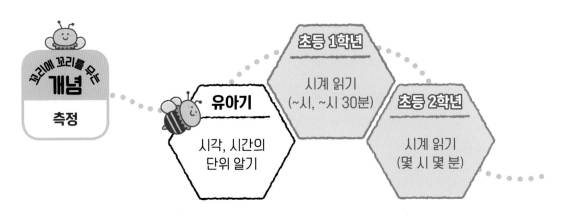

지금은 몇 시?

시침과 분침의 움직임을 관찰했다면,

아이의 생활에서 중요한 시각을 시침과 분침으로 표현해 보는 활동을 해 보세요.

두 바늘이 시계를 도는 빠르기가 다르다는 것을 활동으로 익힐 수 있습니다.

준비물 시계 그림, 코팅지, 칼라 점토, 보드마카

① 도화지에 시계 그림을 그립니다. 코팅지를 붙이면 여러 번 사용할 수 있습니다.

 ◆ 시계 그림을 출력해도 좋습니다.

② 서로 다른 색의 점토로 시침과 분침을 각각 만듭니다.

 ◆ 시침은 길이를 짧게 만들어 줍니다.

③ 아이의 생활에서 중요한 시각을 말해 주고, 그 시각을 아이가 시계로 만들어 봅니다.

④ 숫자를 써서 시각을 나타냅니다.

⑤ 만든 시계를 읽어 봅니다.

활동 더하기 아이의 활동 중 '몇 분'이 되는 시각을 나타낼 때는 시침이 정시에 있다가 '몇 분'이 되는 동안 천천히 움직여 숫자 사이에 오는 모습을 보여 주세요. 예를 들어, "30분이네. 그럼 시침은 엉금엉금 기어서 여기쯤 왔겠다!" 하고 말하며 시침을 움직여 봅니다.

순서 짓기(서열화)의 발달 단계

연령	특징

1~1.5세	• 강도가 다른 행동을 구별하고 스스로 강도가 다른 행동을 할 수 있다.
	  ● 큰 소리와 작은 소리에 각각 다르게 반응한다.
	  ● 발을 세게 구르거나 작게 구를 수 있다.

2세	• 크고 작은 물건의 차이를 인식할 수 있다. • 차이가 작아 유사해 보이면 제대로 서열화하지 못하는 경우가 많다. ● 대, 중, 소 크기의 블록을 크기에 따라 위로 쌓을 수 있다.
3~4세	• 물체 간의 차이를 비교할 수 있다. • 길이가 다른 막대 여러 개를 순서대로 서열화하는 것을 어려워한다. ● 2~3개 정도의 사물은 여러 번의 활동을 거쳐서 순서대로 배열할 수 있다.
5~6세	• 한 가지 속성에 따라 물체를 나열할 수 있다. • 서열화 능력이 완전하게 발달하지 못했으므로 길이가 다른 물체를 서열화할 경우 물체의 한쪽 끝만을 고려하여 늘어놓는다. ● 물체를 크기 순서대로 가장 작은 것부터 가장 큰 것까지 빠짐없이 나열할 수 있다.
6~7세	• 길이가 서로 다른 물체의 경우, 양쪽 끝을 고려하여 계단 형태로 나열할 수 있다. • 앞이나 뒤, 두 방향의 순서를 생각할 수 있는 역사고과정의 특성이 드러난다. ● 　　●
7~8세	• 서열화 능력이 완전하게 발달한다. 순서대로 정리해 놓은 물체들의 그림을 그릴 수 있고 나중에는 정리하기 이전에도 그림을 그릴 수 있는 등 서열화를 시각적으로 표현할 수 있다. ● 도형의 넓이의 크기 순서: 

순서 짓기(서열화) 방법

단순서열

3개 이상의 물체를 한 가지 속성을 기준으로 배열합니다.

순서 짓기를 할 때는 시작과 방향이 있어야 합니다.

➡ 원을 크기 순서로 배열합니다.

복합서열

3개 이상의 물체를 2가지 속성을 기준으로 배열합니다.

이때 2가지 속성을 동시에 고려해야 합니다.

➡ 사각형을 높이와 넓이 순서로 배열합니다.

이중서열

성질이 다른 두 집단을 일대일로 짝을 지어 순서대로 배열합니다.

➡ 토끼의 이불이 제일 작고,
　다음은 호랑이의 이불입니다.
　코끼리의 이불이 제일 큽니다.

순서 짓기는 일정한 방향, 규칙과 기준에 따라 이루어져야 하므로 순서를 짓는 중간에 방향이나 위치를 변경하는 것은 아이에게 혼란을 줄 수 있습니다. 보존 개념이 형성되지 않은 영·유아에게는 표준 단위를 사용한 측정보다 1~2가지 속성에 따라 물체의 순서를 지어 보는 활동이 적절합니다.

규칙성

4장에서는 생활 주변에서 반복되는 규칙에 관심을 갖고 그 규칙성을 알아보며,
다음에 올 것을 예측하는 등 규칙을 인식하는 것을 목표로 합니다.
유아는 타일이나 벽지의 무늬, 포장지의 그림, 교통 신호등 등에서
반복되는 규칙을 발견할 수 있습니다. 그리고 밤과 낮, 요일, 사계절,
유치원의 하루 일과 같은 변화에서도 규칙을 인식할 수 있습니다.

반복되는 규칙성에 관심 갖기

반복되는 규칙성 알아보기

반복되는 규칙성을 알고 예측하기

스스로 규칙성 만들어 보기

식탁에 수저를 규칙대로 놓지 않고 마음대로 놓아요.

아이는 왜?

우리는 수많은 규칙에 둘러싸여 생활합니다. 아이는 연령이 증가할수록 자연스럽게 생활 속 규칙을 발견하고 이해하게 됩니다. 그러나 아이에게 친숙한 물건이 아닌 경우, 꾸준하게 노출되지 못한 경우, 반복되는 규칙의 기본 단위가 적은 경우에는 규칙을 발견하는 데 어려움을 겪습니다.

이렇게 해 보세요

아이가 규칙을 쉽게 찾을 수 있도록 식탁에 수저를 놓을 때마다 함께 규칙을 찾아보는 활동을 반복해 보세요. 그리고 반복되는 규칙의 기본 단위인 '숟가락-젓가락'을 여러 개 놓아서 아이가 쉽게 규칙을 찾고 따라 해 볼 수 있게 도와주세요.

일상생활과 자연 속에서 규칙성을 찾는 모습

> 흰색 줄과 빨간색 줄이 번갈아 되풀이되는 규칙으로 원피스의 체크무늬가 되었어요.

> 흰색 줄, 검은색 줄이 번갈아 되풀이되는 규칙으로 얼룩말의 줄무늬가 되었어요.

수학은 규칙으로 가득 차 있습니다. 우리가 사용하는 수 체계도 규칙을 바탕으로 하지요. 따라서 아이가 수 감각을 기르고 수를 이해하는 데도 규칙이 중요한 바탕이 됩니다.

규칙성은 어떤 것이 일정한 규칙으로 반복되어 나타나는 것을 말합니다. 규칙성 발달 순서를 살펴보면 4세 아이들은 규칙성을 발견할 수 있습니다. 5세는 규칙성을 이해하지만 설명하는 데는 어려움을 느낍니다. 6세가 되면 규칙성을 더 잘 이해하고 말로 설명할 수 있습니다. 즉, 연령이 증가할수록 자연스럽게 규칙을 발견하고 표현하는 수준이 발달합니다. 그러나 아이에게 친숙한 물건 또는 상황이 아닌 경우, 꾸준하게 노출되지 못한 경우, 반복되는 규칙의 기본 단위가 너무 적은 경우에는 규칙을 쉽게 발견하지 못하기도 합니다. 규칙을 발견했더라도 아이의 언어 발달 수준에 따라 말로 설명하거나 표현하지 못하는 경우도 있습니다.

아이는 규칙을 발견하고 만드는 것을 즐거워합니다. 아이가 친숙한 상황 속에서 자연스럽게 다양한 규칙을 찾아보고 말로 표현할 수 있도록 도와주세요. 예를 들어 아이와 함께 동화책에서 얼룩말의 무늬를 보며 흰색-검은색-흰색-검은색 줄이 반복되는 규칙이 있고, 이것이 얼룩말의 큰 특징임을 말로 표현해 주세요. 아이가 말로 표현하기 어려워하면 언어가 아닌 다른 방법으로 표현해 보는 것도 좋습니다.

초등학교 1학년은 '시계 보기와 규칙 찾기' 단원에서, 2학년은 '규칙 찾기' 단원에서 규칙을 찾고 규칙에 대해 학습합니다. 누리과정과 마찬가지로 생활 주변에서 반복되는 규칙에 관심을 갖는 것부터 시작하여 점차 그림이나 기호, 수 등과 같은 상징적인 표현의 규칙을 찾고 만드는 활동으로 나아갑니다.

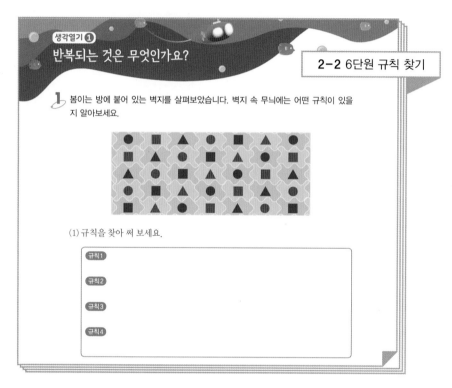

따라서 누리과정에서는 생활 주변의 반복되는 규칙에 관심을 가져 보세요. 더 나아가 반복되는 규칙을 알고 다음에 올 것을 예측해 볼 수 있습니다.

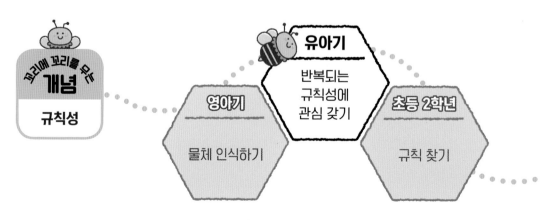

꼭꼭 숨어라! 규칙성!

우리 집에는 많은 규칙들이 숨어 있습니다.

우리 집의 다양한 물건 속에 숨어 있는 규칙을 찾아보세요.

규칙을 찾고 표현할 때는 반복되는 규칙의 기본 단위에 집중합니다.

규칙을 말로 표현하는 연습을 하면 규칙성에 대한 감각을 키우는 데 도움이 됩니다.

준비물	우리 집의 다양한 물건들

① 우리 집의 다양한 물건들을 자세히 살펴봅니다.

② 어떤 규칙이 어디에 숨어 있는지 찾아보고 함께 이야기해 봅니다.

③ 각자 우리 집에 새로운 규칙을 만들어 숨깁니다.

④ 누가 어떤 규칙을 어디에 숨겼는지 찾아보고 함께 이야기해 봅니다.

활동 더하기 규칙을 쉽게 찾을 수 있는 물건들을 아이가 잘 볼 수 있는 곳에 놓아 주세요. 규칙을 반복되는 순서로 이해하기보다 반복되는 기본 단위에 집중하고, 아이가 규칙을 찾거나 규칙을 만들면 말로 표현해 볼 수 있게 도와줍니다.

아이가 규칙을 생각하면서 만들기를 할 때, 어떤 점을 도와줘야 하나요?

아이는 왜?

추론 능력이 형성되면 아이는 생활 속에서 찾은 규칙을 바탕으로 비슷한 규칙을 따라 만들고, 중간에 규칙을 끼워 넣고, 규칙을 이어 나가기 시작합니다. 이러한 규칙성 발달 단계를 거치고 나면 마지막으로 규칙의 기본 단위를 이해하고 규칙을 다른 형태로 자유롭게 바꿀 수 있습니다.

이렇게 해 보세요

아이와 함께 생활 속에서 규칙을 찾고 말로 표현해 보면서 아이의 규칙성 발달 단계가 어디까지 왔는지 알아봅니다. 아이가 규칙의 기본 단위를 이해한다면 시각패턴, 청각패턴, 운동패턴, 성장패턴, 관계패턴 등 다양한 형태로 규칙성을 표현해 보게 도와주세요.

규칙성의 유형

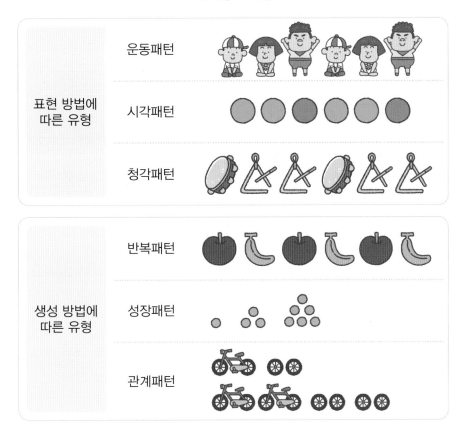

표현 방법에 따른 유형	운동패턴
	시각패턴
	청각패턴
생성 방법에 따른 유형	반복패턴
	성장패턴
	관계패턴

아이는 생활 속에서 자연스럽게 규칙을 발견하게 됩니다. 예를 들어 음악 시간에 '탬버린-트라이앵글-트라이앵글'의 규칙에 맞춰 연주하고, 신호등의 색깔이 '빨간색-초록색'의 규칙에 따라 바뀌는 것을 발견할 수 있습니다. 이때는 규칙의 기본 단위에 주의를 기울입니다. "빨간색 다음 초록색, 그다음 빨간색, 그다음에는 초록색이야"라고 말해 주는 것보다 "빨간색과 초록색이 계속 반복되고 있어"와 같이 규칙의 기본 단위를 알려 주는 것이 좋습니다. 이러한 규칙성의 유형은 표현 방법과 생성 방법에 따라 구분할 수 있습니다. 표현 방법에 따라 운동패턴, 시각패턴, 청각패턴으로 나눌 수 있고, 생성 방법에 따라 반복패턴, 성장패턴, 관계패턴으로 구분할 수 있습니다. 아이가 규칙을 따라 해 보려고 할 때 규칙성의 다양한 유형을 경험해 보게 해 주세요. 다양한 방법으로 규칙을 표현해 본다면 규칙에 호기심을 갖고 따라서 표현해 보려고 할 것입니다. 이러한 활동은 수학적 힘을 기르는 데 중요한 역할을 합니다.

초등학교 1학년은 '시계 보기와 규칙 찾기' 단원에서 규칙을 찾고 만드는 활동을 학습합니다.

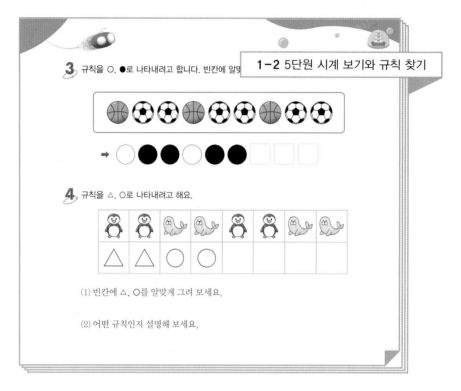

누리과정과 초등학교 수학 교육과정이 서로 연계되도록 아이가 자기만의 새로운 규칙을 만들어 다양한 재료와 형태로 무늬를 꾸며 보면서 규칙에 대한 호기심과 아름다움을 느껴 볼 수 있게 해 주세요. 규칙에 대해 학습하면서 흥미와 관심을 갖는 것이 중요합니다.

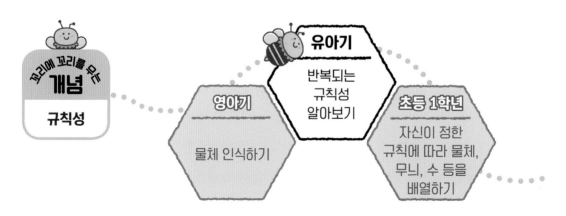

나만의 과일 꼬치 만들기

좋아하는 과일을 준비하고 주어진 규칙에 따라 꼬치에 꽂아 봅니다.

또 나만의 규칙으로 과일 꼬치를 만들어 보세요.

규칙에 대해 관심과 호기심을 갖는 것은 규칙을 이해하는 중요한 시작점이 됩니다.

| 준비물 | 딸기, 바나나, 포도, 키위 등 꼬치에 꽂을 수 있는 과일 4가지, 꼬치 |

① 꼬치에 꽂을 수 있는 과일을 찾아 준비합니다.

② 보호자가 규칙에 따라 과일 꼬치를 만들면 똑같이 따라 해 봅니다.

③ 다른 과일을 이용해서 같은 규칙으로 과일 꼬치를 만들어 봅니다.

④ 나만의 새로운 규칙을 만들어서 과일 꼬치를 만들고 어떤 규칙으로 만들었는지

이야기해 봅니다.

활동 더하기   꼬치에 다치지 않도록 안전 지도를 하며 다양한 규칙을 경험하고, 새로운 규칙을 만들어 내는 기회를 마련해 주세요. 규칙을 찾거나 규칙을 만들어 언어로 표현해 보고, 나만의 규칙에 따라 꼬치를 만든 다음 과일 꼬치의 이름도 지어 봅니다.

규칙성 이해하기 | 반복되는 규칙성을 알고 예측하기

자동차 신호등에서 빨간색 다음 순서가 초록색인지 주황색인지 헷갈려해요.

아이는 왜?

영·유아기의 규칙성 발달 단계를 살펴보면 아이는 가장 먼저 규칙을 알아차리고, 다음으로 주어진 규칙을 따라 만들고, 규칙을 끼워 넣고, 규칙을 이어 가는 단계로 넘어갑니다. 주어진 규칙을 따라 만드는 것은 쉽지만 다음에 무엇이 올지 예상하는 단계는 추론 능력이 형성되어야 가능한 작업입니다.

이렇게 해 보세요

아이가 일상생활 속에서 자연스럽게 규칙을 발견하고, 비슷한 규칙성을 반복적으로 충분히 경험하게 해 주세요. 생활 속 다양한 물건들을 이용하여 규칙을 따라 만드는 과정을 충분히 연습하다 보면 다음에 올 것에 대해 궁금증을 갖고 예상해 보기 시작합니다.

규칙성 발달 순서

	4세	5세	6세	7세
규칙 인식하기				
		규칙 따라 만들기 ○△○△○△		
		규칙 끼워 넣기 ○△○△?△		
		규칙 이어 나가기 ○△△○△○△	새 규칙으로 이어 나가기 ○△△○△△○△	
				규칙의 기본 단위 알기 ○△○○△○ A-B-A 규칙
				다른 유형으로 바꾸기

우리는 생활 속에서 다양한 규칙들을 경험하고, 규칙을 만들기도 합니다. 어린아이의 경우도 규칙이 있는 놀이를 이해할 수 있고, 규칙이 없는 놀이보다는 규칙이 있는 놀이를 더 좋아하는 것을 알 수 있습니다.

규칙성 발달 순서를 살펴보면, 4세가 되면 생활 속에서 간단한 규칙을 이해하고 말로 표현할 수 있습니다. 5세가 되면 A-B 규칙과 같은 간단한 규칙을 따라 만들고, 비어 있는 곳에 규칙을 끼워 넣고, 규칙을 이어 나갈 수 있습니다. 6세가 되면 A-B-B 규칙과 같은 조금 더 복잡한 규칙을 만들어 이어 나가기를 할 수 있습니다. 7세가 되면 규칙의 기본 단위를 이해하고 이것을 다른 형태로 바꾸어 표현하는 것도 가능해집니다. 아이와 함께 여러 가지 규칙을 찾아보고 규칙성을 표현해 보면서 아이의 규칙성 발달 순서를 확인해 보세요. 아이가 특별히 어려움을 겪는 단계가 있다면 충분한 경험과 연습을 통해 더 발달시켜 나갈 수 있습니다.

초등학교 1학년은 '시계 보기와 규칙 찾기' 단원, 2학년은 '규칙 찾기' 단원에서 규칙을 찾고 만드는 활동을 통해 규칙에 대해 학습합니다. 간단한 규칙부터 복잡한 규칙까지 다양한 형태의 규칙 유형을 학습하므로 아이가 다양한 형태의 규칙을 충분히 경험해 보는 것이 중요합니다.

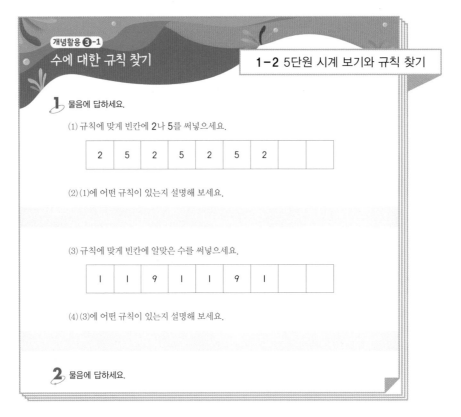

누리과정에서는 사물이나 일상적 상황에서 규칙성을 발견하고, 점차 유아가 발견한 규칙에 따라 다음에 올 것을 예측해 보는 활동을 합니다.

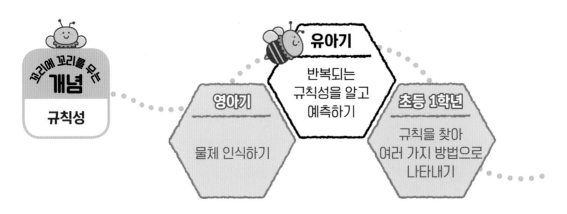

몸으로 규칙 말하기

여러 가지 규칙을 몸으로 따라 해 봅니다.

그리고 다음에 올 동작은 무엇인지 생각해 보고 몸으로 표현해 보세요.

규칙을 몸으로 표현하게 되면 규칙에 더 집중할 수 있고 즐겁게 표현해 볼 수 있습니다.

① 보호자가 만든 규칙을 따라 해 봅니다.

② 보호자가 만든 규칙을 말로 표현해 봅니다.

③ 이번에는 규칙에 따라 다음에 올 동작을 맞혀 봅니다.

④ 역할을 바꾸어 나만의 규칙을 생각하고 몸으로 표현해 봅니다.

또 다음에는 어떤 동작을 해야 하는지 알아봅니다.

활동 더하기 보호자가 만든 규칙을 여러 번 반복하면 아이가 충분히 따라 할 수 있습니다. 다음에 올 동작 맞히기를 어려워한다면 비슷한 규칙을 다른 동작으로 바꾸어 여러 번 연습해 보세요.

규칙성 이해하기　　　스스로 규칙성 만들어 보기

유아 코딩 교육은 언제, 어떻게 시작해야 하나요?

아이는 왜?

제4차 산업혁명과 함께 교육도 변하고 있습니다. 교육의 새로운 변화 중 한 가지는 소프트웨어(SW) 교육이 강화되고 코딩 교육이 초등학교 정규 교육과정에 들어온 것입니다. 이렇게 코딩 교육이 강조되면서 아이보다 먼저 보호자들이 코딩 교육에 관심을 갖고 언제, 어떻게 시작해야 할지 궁금증을 갖게 되었습니다.

이렇게 해 보세요

코딩 교육을 너무 어렵게 생각하지 말고 아이가 규칙성을 이해했다면 규칙성에 대한 내용을 코딩 교육과 연결해 봅니다. 아이의 문제해결력과 창의성을 기르는 것에 초점을 두면 코딩도 놀이로 쉽고 재미있게 접근해 볼 수 있습니다. 아이와 함께 시작하여 배운다는 마음을 가져 보세요.

다양한 코딩 로봇

오조봇

터틀봇

알버트

제4차 산업혁명 시대 미래 교육의 큰 흐름 중 하나는 코딩 교육일 것입니다. 코딩(coding)이란 우리가 사용하는 언어를 컴퓨터용 언어로 바꾸어 프로그램을 만드는 일입니다. 지금까지는 주어진 소프트웨어를 그대로 사용했지만 이제는 우리가 자기만의 소프트웨어를 창조하는 것이 중요한 능력이 되었습니다. 미국, 영국, 핀란드 등 세계 각국은 이미 코딩 교육을 정규 과목으로 채택하여 시행하고 있으며, 우리나라도 소프트웨어(SW) 교육을 강화하면서 2019년부터 코딩 교육을 초등학교 정규 교육과정에 넣었습니다.

이렇게 코딩 교육이 강조되면서 코딩 교육을 언제, 어떻게 시작해야 할지 궁금증이 생기기 시작했을 것입니다. 아직 어린 아이들에게 컴퓨터 교육이 빠르다고 느껴지는 만큼 코딩 교육 역시 선뜻 시작하기가 어렵게 느껴지지요.

코딩 교육을 컴퓨터 프로그램을 만드는 것으로만 생각하지 말고 조금 더 폭넓게 생각해 보세요. 아이가 규칙성을 이해했다면 규칙성에 대한 내용을 코딩 교육과 연결할 수 있습니다. 컴퓨터가 없어도 코딩을 학습하고 연습할 수 있는 놀이를 천천히 시작해 보세요. 수학을 처음 배우기 시작하면서 코딩을 재미있게 경험해 보는 것은 앞으로의 코딩 교육에 큰 밑거름이 될 수 있습니다. 그리고 보호자도 아이와 함께 배운다는 마음으로 시도해 보세요.

초등학교 2학년은 '규칙 찾기' 단원에서 규칙을 점차 수나 입체도형으로 확대시켜 나갑니다. 덧셈표와 곱셈표에서 규칙을 찾고 규칙을 만드는 활동으로 연결하게 되지요. 초등학교 5학년과 6학년 실과에 코딩 교육이 포함되었는데, 코딩을 더 깊이 이해하기 위해서는 규칙성을 잘 이해하는 것이 무엇보다도 중요합니다.

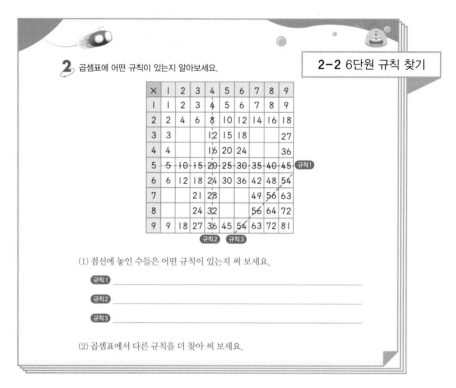

누리과정에서는 여러 가지 물체 또는 무늬가 반복되는 규칙을 주로 학습합니다. 수 또는 입체도형을 활용한 규칙도 경험해 보면 초등학교 과정과 연결할 수 있습니다.

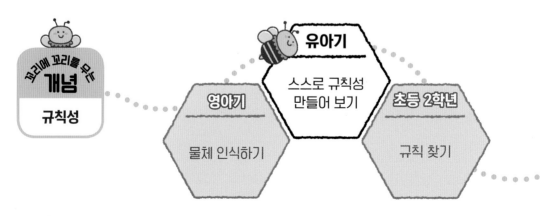

길 찾기 놀이

화살표 카드를 보고 말을 움직여서 집까지 찾아가 봅니다.

또 집까지 가는 새로운 규칙을 만들어 보세요. 길 찾기 활동을 하며 규칙을 발견하고,

문제를 해결하는 과정에서 수학적 문제해결력과 창의성을 기를 수 있습니다.

준비물 종이판, 색연필, 말, 화살표(⇨, ⇩) 카드 여러 장

① 화살표 카드를 배열하고 어떤 규칙이 있는지 이야기해 봅니다.

◆ 아이가 규칙 만들기를 어려워하면 보호자가 규칙을 만들고 함께 살펴봅니다.

② 화살표 카드를 보고 말을 움직입니다.

③ 집까지 무사히 도착했으면 지나온 길을 색연필로 색칠해 봅니다.

④ 나만의 새로운 화살표 규칙을 만들어 봅니다.

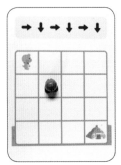

활동 더하기 놀이판의 형태를 3×3 등으로 더 작게 만들어 난이도를 조절할 수 있습니다. 아이가 새로운 규칙을 만들면 어떤 규칙인지 이야기해 볼 수 있게 도와주세요. 규칙에 따라 움직여서 집에 도착하지 못하더라도 시도 자체를 칭찬해 주며 함께 규칙을 수정해 보세요. 이때 규칙을 만들지 않고도 집에 도착할 수 있지만 규칙을 만들면 더 재미있다는 것을 느낄 수 있으면 좋습니다.

규칙성(패턴) 표상 양식에 따른 분류

시각적 패턴

물체, 도형, 글자 또는 그림 등으로 규칙을 표현합니다.

벽지나 포장지, 옷감 등과 같이 주위의 다양한 사물에서 규칙을 찾을 수 있습니다.

➲ "세모, 네모, 세모, 네모, 세모, 네모, …"

"세모, 세모, 세모, 네모, 네모, 네모, …"

▲ ■ ▲ ■ ▲ ■
▲ ■ ▲ ■ ▲ ■
▲ ■ ▲ ■ ▲ ■

청각적 패턴

손뼉 치기, 발 구르기, 동물 소리, 물체를 두드려 내는 소리 등 다양한 소리를 이용하여 규칙을 표현합니다.

➲ 손뼉 치기: 짝, 짝, 짝짝짝, 짝, 짝, 짝짝짝, …

발 구르기: 쿵, 쿵쿵, 쿵쿵쿵, 쿵쿵쿵쿵, …

동물 소리: 삐약, 꽥, 삐약, 꽥꽥, 삐약, …

운동적 패턴

신체나 동작을 이용하여 규칙을 표현합니다.

➲ (노래를 부르며) "머리, 어깨, 무릎, 발, 무릎, 발, …"

(거울을 보며) "왼발 뛰기, 오른발 뛰기, 왼발 뛰기, …"

규칙성(패턴) 생성 방식에 따른 분류

반복패턴

기본 단위가 계속 반복되는 구조입니다.

- AB AB 유형 ➡ ●▲ ●▲ ●▲ ●▲ ●▲ ●▲ ⇨ 12121212
- AA BB 유형 ➡ ●●▲▲ ●●▲▲ ●●▲▲ ⇨ 11221122
- AAB AAB 유형 ➡ ●●▲ ●●▲ ●●▲ ●●▲ ⇨ 112112112
- ABC ABC 유형 ➡ ●▲■ ●▲■ ●▲■ ●▲■ ⇨ 123123123

증가패턴

기본 단위가 다음 패턴의 일부분으로 사용되는 구조입니다.

➡ ●▲ ●▲▲ ●▲▲▲ ●▲▲▲▲ ⇨ 12122122212222

관계패턴

2개의 조합 간에 연관성이 만들어지는 구조입니다.

| 1과 4 | 2와 8 | 3과 12 |

1봉에 사과 4개　　　2봉에 사과 8개　　　3봉에 사과 12개

> 규칙성(패턴)은 사물이나 사건 등 어떠한 기본 단위가 일정한 순서로 반복되는 것을 의미합니다. 규칙성을 이해한다는 것은 관계를 파악하고 공통점과 차이점을 이해하는 것입니다. 생활 주변에서 규칙성을 찾고 새로운 규칙을 만들어 보는 활동은 아이들의 논리·수학적 사고 향상에 많은 도움이 됩니다.

자료와 가능성

5장에서는 주변 사물과 자연환경에 관심을 갖고

필요한 정보나 자료를 모으고, 정리하고, 같은 것끼리 짝을 짓거나

여러 가지 기준으로 자료를 분류해 보는 것을 목표로 합니다.

유아는 기초적인 자료 수집과 결과 나타내기 과정 등을 통해 탐구하려는 문제를

수집한 자료의 결과에 기초하여 그 특성과 경향을 파악할 수 있고,

그를 토대로 앞으로의 일을 예측할 수 있는 능력을 기르게 됩니다.

여러 가지 기준으로 분류하기

그림, 사진, 기호를 이용하여 그래프 나타내기

같은 것끼리 짝을 짓지 못해요.

아이는 왜?

　물건을 자세히 보고 그 특징을 분석할 수 있는 능력이 있어야 물건들의 짝을 찾을 수 있습니다. '양말 짝 찾기'는 양말의 색과 무늬라는 2가지 속성을 모두 고려해야 하기 때문에 유아에게 쉽지 않은 활동입니다.

이렇게 해 보세요

　놀잇감을 정리할 때 같은 색끼리 모으면 색깔이라는 속성에 따라 물건을 분류하게 됩니다. 같은 색끼리 분류한 장난감을 다시 자동차 놀잇감과 주방놀이 놀잇감으로 분류하면 같은 색 중에서 기능에 따라 분류하게 되지요. 2개 이상의 기준으로 물건을 분류하는 활동은 물건을 더 자세히 관찰하게 해 줍니다.

생활 속에는 다양한 정보가 흩어져 있고, 그 속에서 필요한 정보를 수집하고 정리하는 일은 매우 중요한 능력이 되었습니다. 따라서 이러한 능력은 영·유아기부터 길러지고 지도되어야 합니다.

짝을 찾는 것은 분류하기 능력에 기초하며, 2개 이상의 기준에 따라 물체를 같은 점과 다른 점으로 분류하는 능력을 필요로 하는 경우도 있습니다. 기능에 따라 구분이 쉬운 물체는 쉽게 짝을 찾을 수 있지만, 같은 기능 내에서 짝을 찾는 것은 쉽지 않습니다.

예를 들어, 젓가락과 숟가락이 섞여 있을 경우 젓가락의 짝은 쉽게 찾을 수 있지만, 젓가락 만 있는 경우 제짝을 찾기는 쉽지 않습니다.

따라서 아이 주변의 물체(장난감, 신발, 그릇, 과일, 블록 등)를 이용하여 먼저 다양한 물 건을 같은 종류끼리 분류하는 활동을 해 보세요. 그 후 점차 세분화하여 색, 크기 등의 기준으로 분류해 봅니다. 이런 활동은 아이들이 물건을 자세히 관찰할 수 있게 도와주며, 2개 이상의 속성을 고려해서 짝을 찾는 활동에도 도움이 됩니다.

초등학교에 가면

초등학교 1학년은 '여러 가지 모양' 단원에서 입체도형과 평면도형을 학습합니다. 이때 도형의 성질이나 특징을 찾기 전에 같은 모양끼리 분류하는 활동을 합니다. 우리 주변의 물건들을 ⬜⬛⬤ 모양, ⬜🔺⬤ 모양으로 분류하지요.

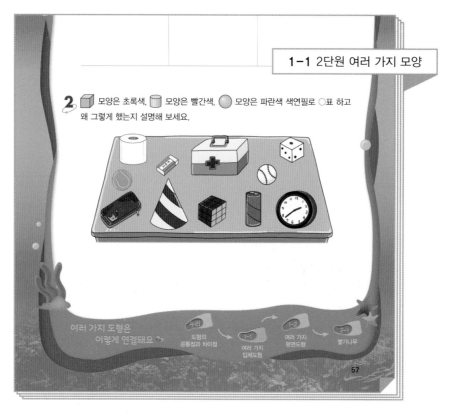

누리과정에서는 같은 것끼리 짝을 짓는 활동을 해 봅니다. 한 가지 기준으로 자료를 잘 분류할 수 있게 되면, 2가지 이상의 기준으로 분류하는 활동을 시작할 수 있습니다.

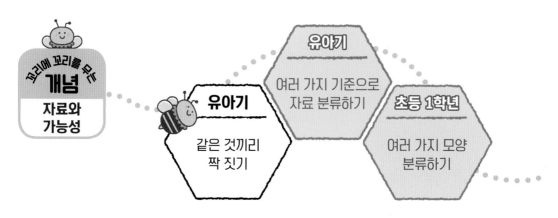

식사 준비 돕기

식사 시간에 숟가락과 젓가락의 짝을 찾는 활동을 함으로써 물건을 분류하고 짝 짓기를 해 봅니다.

짝을 찾는 활동도 하고 부모님도 도와드릴 수 있어요.

준비물   집에 있는 숟가락과 젓가락

① 아이의 수저 세트와 어른의 수저 세트를 한 통에 섞어 넣고 아이에게 수저를 준비하도록

부탁합니다.

◆ 다양한 색깔의 유아 수저 세트는 비교적 짝을 잘 찾더라도

모양과 색이 비슷한 어른 수저 세트는 짝을 찾기 어려울 수 있습니다.

이때 아이가 잘못 놓았더라도 바꾸지 않는 것이 좋습니다.

② 짝을 잘못 지었을 경우, 손잡이에 있는 무늬나 특징을 알려 주면 다음에 더 잘 찾을 수

있게 됩니다.

활동 더하기   식사 준비를 함께하는 '책임'과 더불어 '관찰'과 '분류'를 할 수 있는 활동입
니다. 아이가 놓은 수저 세트가 제짝이 아니더라도 바로 고쳐 주지 마세요.
아이는 지금 열심히 관찰하고 있는 중이니까요. 아이가 이 활동을 어려워하
면 자신의 수저 세트를 찾는 활동으로 바꾸어 할 수 있어요.

분류하기　　　같은 것끼리 짝 짓기

자료와 가능성

같은 것끼리 분류하지 못해요.

그 조각은
어디에
놓을래?

모르겠어~!

동그라미는
여기도 있고,

노랑은
저기도
있잖아~!

아이는 왜?

여러 가지 속성이 섞인 물건들을 어떤 기준으로 분류하는 것은 유아에게 어려운 일입니다. 물체가 갖고 있는 색, 모양, 크기의 속성 중에서 한 가지를 정하고 그에 따라 분류하기 위해서는 물체가 갖고 있는 속성들을 구분해서 이해하고 있어야 합니다.

이렇게 해 보세요

물체가 갖고 있는 속성들을 먼저 확인해 보세요. 색은 노란색, 모양은 원인 속성을 먼저 관찰한 다음, 크기에 따라 분류할 때 큰 원으로 분류할지 작은 원으로 분류할지 생각해 봅니다. '크기'라는 한 기준으로 분류하기가 익숙해지면 다른 기준으로 생각을 확장시킵니다.

분류하기를 지도할 때는 관찰하기부터 시작합니다. 물체는 한 가지 특징만 갖고 있지 않기 때문에 물체가 갖고 있는 특징을 관찰한 다음, 관찰한 특징 중 한 가지 기준으로 물체를 분류해 봅니다.

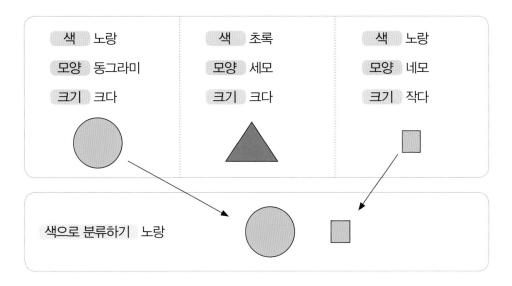

분류하기 활동을 처음 할 때는 분류 기준이 명확한 활동부터 시작하는 것이 좋습니다. 아이들은 색, 모양, 크기의 순서로 분류합니다. 색을 첫 번째 기준으로 하여 여러 가지 물체를 분류하는 활동을 해 보세요. 그다음 같은 모양으로 분류해 봅니다. 이와 같이 한 가지 기준만 고려하여 분류해 보도록 지도해 주세요.

색깔별로 모은 것　　　　　모양별로 모은 것　　　　　크기별로 모은 것

마트에 가 보면 상품이 채소, 고기, 공산품 등으로 분류되어 있습니다. 우리 주변에서 같은 것끼리 분류한 경우를 생각해 보고, 왜 같은 것끼리 분류해 놓았을지 생각해 보세요. 이를 통해 아이들은 분류하기의 중요성을 알게 된답니다.

초등학교 2학년은 우리 생활에 분류가 필요한 이유를 생각해 보고, 기준을 세워 분류하는 방법을 학습합니다. 신발장이나 책장을 자신만의 기준으로 분류하여 정리해 보지요. 이때 주관적인 기준보다 객관적인 기준으로 분류해야 한다는 것도 학습하게 됩니다.

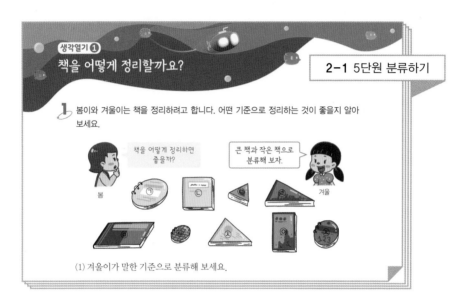

누리과정에서는 우리 주변의 물체를 같은 것끼리 분류해 놓은 곳을 방문해서 관찰해 봅니다. 마트에는 물건이 같은 종류끼리 분류되어 있고, 옷 가게에는 옷이 색깔별 또는 종류별로 분류되어 있습니다. 신발 가게에는 신발이 종류별 또는 남성용/여성용으로 분류되어 있지요. 이를 통해 분류하기는 우리 생활과 관련이 있다는 것을 느낄 수 있습니다. 또 같은 것끼리 분류한 이유를 찾아보고, 같은 것끼리 분류하기가 물건을 찾고 정리하기에 좋은 방법임을 이해할 수 있게 도와주세요.

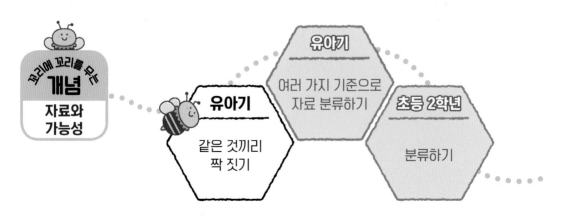

주방 놀이

주방 놀이 용품을 같은 것끼리 정리해 보는 놀이를 통해 분류하기 활동을 익혀 보세요.

같은 것끼리 분류했을 때 정리하기가 더 편리하다는 것도 느낄 수 있지요.

준비물 주방 놀이 용품(그릇, 과일, 채소, 고기, 주방 기구 등)

① 주방 놀이 용품을 다 꺼내고 한곳에 모읍니다.

② 어떤 기준으로 분류할지 생각해 봅니다.

③ 색깔, 크기, 용도에 따라 주방 용품을 정리합니다.

④ 실제 우리 집의 주방은 어떻게 정리되어 있는지 알아보고, 주방 놀이 용품을

　어떻게 정리하는 게 좋을지 결정한 다음, 용도에 따라 정리합니다.

⑤ 그릇, 과일, 채소, 고기, 주방 기구 등으로 분류하면 찾기가 쉽다는 것을 놀이로 확인할 수

　있습니다.

활동 더하기 주방 용품뿐 아니라 장난감도 분류해 보세요. 이때 자동차, 신체 놀이, 인형

　등으로 박스에 이름표를 붙이면 아이 스스로 정리할 수 있습니다.

기준에 따라 물건을 분류하지 못해요.

아이는 왜?

처음에는 자신이 정한 기준에 따라 분류를 시작하지만, 중간에 주의집중력이 흐려지면 결국 모든 물체를 분류하지 못하고 불완전한 분류로 마무리하게 됩니다.

이렇게 해 보세요

많은 양의 물체를 한꺼번에 분류하기보다 아이의 주의집중력이 흐려지지 않는 범위에서 분류를 시작해 봅니다. 이때 색, 전체적인 모양, 크기의 순서로 분류의 기준을 바꿔 주세요. 아이들은 많은 정보를 한꺼번에 처리하는 것이 어렵기 때문에 분류하는 물건의 양, 분류의 기준이 점차 확장되도록 지도합니다.

그것이 알고 싶다

유아들의 분류 능력의 발달을 살펴보면, 한 가지 기준으로 분류하는 단순 분류는 3세도 가능하지만, 2개 이상의 기준으로 분류하는 복합 분류는 5~6세 아이들도 어려워하는 것을 확인할 수 있습니다. 따라서 유아기에는 한 가지 기준으로 물건을 분류하는 활동 위주로 놀이하는 것이 좋습니다.

여러 가지 기준으로 분류하기 위해서는 우선 한 가지 기준으로 분류하는 것을 익숙하게 해내는 것이 중요합니다. 아이들은 색, 모양, 크기의 순서로 분류해 나갈 수 있으므로 먼저 색으로 분류하고, 모양으로 분류해 보세요. 한 가지 기준으로 분류하기에 능숙해지면 2가지 이상의 기준으로 물건을 분류할 수 있어요.

주변의 물체(장난감, 신발, 그릇, 과일, 블록 등)를 이용하여 색, 모양, 크기의 기준 중 한 가지로 분류해 보고, 물건을 더 자세히 관찰할 수 있게 되면 2가지 기준으로 분류해 보세요. 예를 들면 파란색 장난감을 자동차와 인형으로 분류하는 것이지요. 이런 활동을 통해 아이들은 같은 물건도 기준에 따라 다르게 분류된다는 것을 체험할 수 있습니다. 또, 쉽게 분류할 수 있는 기준과 분류가 어려운 기준이 있다는 것도 알 수 있습니다.

초등학교 2학년은 신발장 정리나 옷장 정리 등을 통해 우리 생활에 분류가 필요한 이유를 생각해 보고, 기준을 세워 분류하는 방법을 학습합니다. 또 분류의 기준으로 적절한 것과 적절하지 않은 것을 배우며, 분류의 기준은 객관적이어야 한다는 것을 학습합니다.

누리과정에서는 우리 주변의 물체들을 색, 모양, 크기의 기준으로 분류하는 활동을 충분히 합니다. 분류 활동은 물체를 자세히 관찰할 수 있게 하고, 이를 통해 물체를 구분하는 능력을 길러 줍니다. 또한 같은 형태로 분류하면서 도형 감각을 기를 수 있습니다. 따라서 누리과정의 아이들은 우리 주변의 물건을 관찰하고 분류하는 활동을 많이 해 볼 수 있게 지도해 주세요.

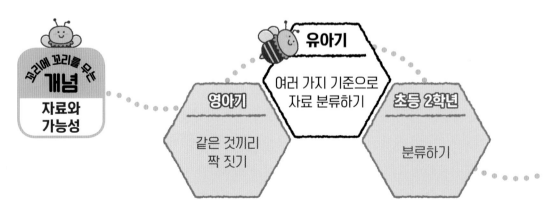

씨앗 분류하기

색, 모양, 크기가 다양한 씨앗들을 여러 가지 기준으로 분류해 보는 활동을 해 보세요.

씨앗이 없다면 쌀이나 잡곡을 사용해도 됩니다. 이런 활동을 통해 아이는

주변의 물체를 기준에 따라 분류하는 활동에 익숙해질 수 있습니다.

준비물 색, 모양, 크기가 다양한 씨앗

① 가을이나 봄이 되면 여러 가지 씨앗을 구할 수 있습니다.

  여러 가지 씨앗을 관찰한 후 여러 가지 기준으로 분류해 봅니다.

② 크기가 쌀보다 큰 것과 작은 것으로 분류해 봅니다.

③ 색깔이 비슷한 것끼리 분류해 봅니다.

④ 분류된 씨앗을 다른 기준으로 또다시 분류하는 복합 분류 활동을 해 봅니다.

활동 더하기 객관적인 기준으로 분류해야 합니다. '예쁜 것', '큰 것'으로 분류하기보다

  '노란색인 것', '~보다 큰 것'으로 분류해 보세요.

정리 정돈을 잘 못해요.

아이는 왜?

짝을 찾고, 같은 것끼리 분류하고, 1~2가지 기준으로 물건을 구분하는 능력은 수학과 관련이 있습니다. 정리 정돈을 잘하는 아이라면, 물건을 관찰하고 분류하는 능력이 좋다고 볼 수 있습니다.

이렇게 해 보세요

물건을 구분하고 분류할 수 있어도 그것이 습관이 되기까지는 시간이 걸립니다. 아이에게 물건의 정해진 위치를 알려 주고, 물건의 종류나 쓰임에 따라 구분하여 정리하는 방법을 알려 주세요. 물건을 정리하는 일은 복잡한 사고를 요하기 때문에 좋은 학습이 될 수 있습니다. 물건을 스스로 정리한 경우 칭찬을 해 주는 것도 잊지 마세요.

물체를 구분하여 정리하는 방법은 여러 가지입니다. 짝 짓기, 같은 것끼리 분류하기, 기준을 세워 분류하기 등이 있지요. 사물의 공통된 속성을 알아내고, 이에 따라 사물을 모으고 분류하고 배열하는 것은 수학적 논리, 사고 발달의 기초가 되는 활동들입니다.

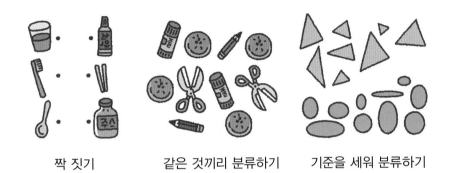

짝 짓기   같은 것끼리 분류하기   기준을 세워 분류하기

일상생활에서 물건의 속성을 관찰하고 분류하는 것은 도형 개념을 형성하는 데 도움이 되며, '관련 있는 것끼리 짝 짓기'와 '관련 있는 속성으로 분류하기'는 분류하기의 기초 활동이라고 할 수 있습니다.

분류하기로 물건을 정리하고, 자료들을 효과적으로 나타내는 방법인 그래프와 연결하여 학습하면 분류, 서열, 통계, 전체와 부분, 측정 등 수학적 사고를 종합적으로 기를 수 있습니다.

관련 있는 것끼리 짝 짓기

실물 그래프

초등학교 2학년은 우리 생활에 분류가 필요한 이유를 생각해 보고 기준을 세워 분류하는 방법을 학습합니다. 사물함 속의 물건이나 옷장을 자신만의 기준으로 정리해 보는 활동으로 분류하기를 학습하지요. 또 같은 물건들도 기준에 따라 다르게 분류되며, 분류 기준은 객관적이어야 한다는 것을 배워 나갑니다.

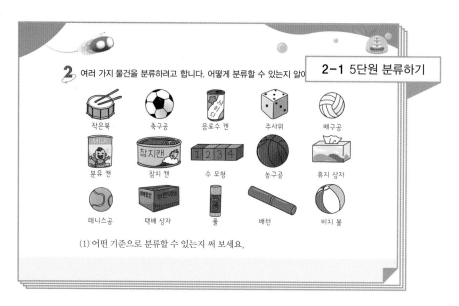

누리과정에서는 놀잇감이나 생활 주변의 구체물을 탐색하고 분류하는 활동을 합니다. 구체적인 물체를 이용한 일대일 대응, 짝 짓기, 분류하기, 순서 짓기, 규칙성 등의 수학적 개념은 정리하기 활동으로 길러질 수 있습니다. 따라서 정리 정돈을 잘하는 것과 수학을 잘하는 것은 어느 정도 관련이 있다고 볼 수 있습니다. 생활 주변의 물체를 자세히 관찰하고 그 특징을 발견하도록 도와주는 것부터 시작해 보세요.

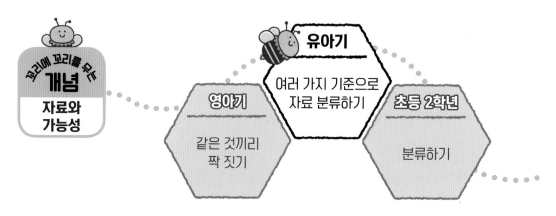

정리 정돈 시간

정리 정돈은 여러 단계의 문제해결력이 필요한 활동입니다.

한 놀이가 끝나고 다음 놀이로 넘어가기 전에 잠깐 정리 정돈의 시간을 가져 보세요.

일대일 대응, 짝 짓기, 분류하기, 순서 짓기 등의 수학적 개념을 학습할 수 있습니다.

준비물 라벨지, 매직, 서랍장, 투명 박스 등

① 물건을 종류별로 정리할 곳을 정합니다.

② 정리할 칸이나 통에 라벨을 붙입니다.

   예 자동차, 인형, 색연필 등

③ 놀이를 하다가 정리 정돈 시간이 되면 정해진 곳에 물건을 정리합니다.

   ◆ 놀이가 끝난 후 아이 스스로 물건을 정리할 수 있게 합니다.

④ 정리가 끝나면 칭찬으로 격려해 줍니다.

활동 더하기 정리 정돈 시간을 잘 수행하는 아이의 경우 분리수거도 함께 실천해 볼 수 있습니다. 쓰레기를 종이, 플라스틱, 캔으로 분류하도록 해 보세요. 물건의 속성에 따라 분류하는 능력은 물론, 환경을 생각하는 마음까지 기를 수 있어요.

어느 것이 더 많은지 비교하지 못해요.

아이는 왜?

똑같이 나눠 줬는데 자기 몫이 더 적다고 투정 부릴 때가 있습니다. 유아의 경우, 단순한 수 세기는 할 수 있어도 수에 대한 보존 개념이 없기 때문에 많고 적음을 한눈에 알아보기 힘들어요.

이렇게 해 보세요

물건의 개수를 비교할 때 일대일 대응으로 더 많고 적음을 비교할 수 있어요. 두 물건을 각각 한 줄로 나열하면 더 많은 것의 개수를 한눈에 알아볼 수 있어요. 이렇게 나열하여 비교하는 것은 그래프의 기초가 됩니다.

보존성이란 대상이나 물체의 형태가 변해도 그 양은 변하지 않는다는 것입니다. 유아기에는 한 측면에만 의존하여 사물을 판단하기 때문에 이런 보존성 개념을 갖지 못합니다. 차차 연령이 증가함에 따라 2가지 측면을 동시에 판단하는 능력이 생기고 어느 정도 보존성의 개념을 획득하게 됩니다.

물건의 개수를 비교하는 방법은 여러 가지인데, 대표적인 것은 일대일 대응으로 개수를 세어 보는 방법입니다. 두 번째 방법은 같은 모양의 물건을 한 줄로 늘어놓는 방법입니다. 두 번째 방법으로 비교하면 더 많은 쪽을 한눈에 알 수 있습니다.

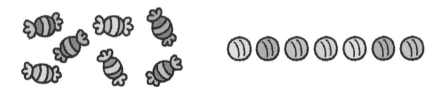

이렇게 한 줄로 늘어놓고 수를 비교하는 활동은 그래프를 이해하는 기초 단계입니다. 물건의 수를 그래프처럼 나열하면서 어느 것이 더 많은지 쉽게 비교할 수 있습니다.

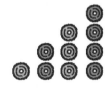

초등학교에서는 자료를 조사하고 분류하여 효과적으로 표현하는 방법의 한 가지로 그래프를 학습합니다. 물건의 분류하기를 학습한 다음, 초등학교 2학년에 ○, ×, /를 이용하여 그래프를 그리는 방법을 학습합니다. 또 그래프의 유익한 점과 그래프를 그릴 때 주의할 점을 공부합니다.

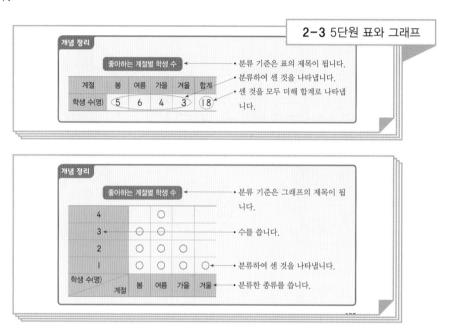

2-3 5단원 표와 그래프

개념 정리

좋아하는 계절별 학생 수
- 분류 기준은 표의 제목이 됩니다.
- 분류하여 센 것을 나타냅니다.
- 센 것을 모두 더해 합계로 나타냅니다.

계절	봄	여름	가을	겨울	합계
학생 수(명)	5	6	4	3	18

개념 정리

좋아하는 계절별 학생 수
- 분류 기준은 그래프의 제목이 됩니다.
- 수를 씁니다.
- 분류하여 센 것을 나타냅니다.
- 분류한 종류를 씁니다.

누리과정에서는 우리 주변의 물체들을 분류하고 한눈에 알아볼 수 있는 방법으로 그래프를 학습하며, 구체물을 이용하는 것에서 기호화하는 것으로 발전시켜 나가게 됩니다. 구체물의 양을 비교하기 쉬운 방법으로 그래프가 효과적이라는 것을 아이들이 스스로 깨달을 수 있게 지도해 주세요.

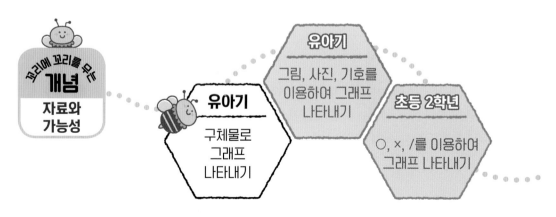

꼬리에 꼬리를 무는 **개념**
자료와 가능성

유아기
구체물로 그래프 나타내기

유아기
그림, 사진, 기호를 이용하여 그래프 나타내기

초등 2학년
○, ×, /를 이용하여 그래프 나타내기

칭찬 도장 모으기

매일 할 일을 스스로 하거나 착한 일을 한 경우 스티커를 붙여 주세요.

스티커를 가장 많이 모은 날과 가장 적게 모은 날을 한눈에 비교하려면

스티커를 어떤 방법으로 붙여야 할까요? 이 활동을 통해 줄을 맞춰 정리하면

물건의 개수를 쉽게 비교할 수 있다는 것을 이해할 수 있어요.

준비물 | 스티커판, 스티커

① 스티커판을 만들어 잘 보이는 곳에 붙입니다.

② 스티커를 받을 수 있는 행동에 대해 이야기해 보고, 정리하여 잘 보이는 곳에 적어 둡니다.

③ 스티커를 받을 수 있는 행동을 한 경우 스티커판에 스티커를 붙입니다.

④ 스티커를 가장 많이 모은 날과 적게 모은 날을 비교해 봅니다.

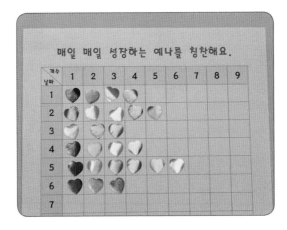

활동 더하기 | 개수를 비교하기 위해 물건을 한 줄로 늘어놓는 경우, 각각의 물건 크기에 따라 정확하게 비교하기 어려울 수 있어요. 이때는 칸을 나누고 한 칸에 물건을 하나씩 놓아서 비교해요.

분류하기 종류

단순분류(simple classification)

공통된 한 가지 속성에 따라 분류합니다. 3세 정도의 영·유아는 색, 모양, 크기 등과 같이 시각적으로 구분하기 쉬운 속성을 기준으로 대상을 분류합니다. 예를 들어 같은 색깔의 블록끼리 분류하기, 같은 모양의 블록끼리 정리하기 등의 분류를 수행할 수 있습니다.

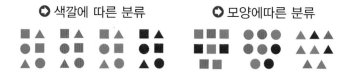

복합분류(multiple classification)

한 번에 2가지 속성에 따라 분류합니다. 6~7세 정도가 되면 사물 간의 공통된 관계에 기초하여 진정한 의미의 분류 활동을 시작합니다. 예를 들어, 파랗고 작은 블록, 빨갛고 큰 블록과 같이 2가지 속성을 고려하여 분류를 수행할 수 있습니다.

유목화(class-inclusion relation)

사물 간의 공통된 속성을 전체와 부분의 관계로 이해하여 분류하는 활동입니다. 영·유아가 상위 개념과 하위 개념 등의 위계적 관계를 이해하기는 어렵기 때문에 친근한 물체를 이용하여 유목화를 이해하도록 해야 합니다.

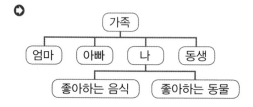

그래프 활동

실물그래프(real object graph)

실물을 이용하여 그래프를 만들고 높이 또는 길이를 시각적으로 비교합니다.

➡ 친구들과 놀이터에 가서 그네, 미끄럼틀, 시소 중 좋아하는 놀이 기구 앞에 각자 섭니다.
가장 많은 친구가 좋아하는 놀이 기구는 어떤 것인지 눈으로 보고 비교합니다.

그림그래프(picture graph)

실물을 모사한 그림 또는 사진을 이용하여 그래프를 만들고 2개 이상의 항목을 비교합니다.

➡ 가장 많은 친구가 좋아하는 동물이
무엇인지 알아보기 위해 펭귄, 거북이,
토끼의 사진 또는 그림을 오려 붙여서
그래프를 만들고 비교합니다.

	1	2	3	4	5
펭귄	🐧	🐧	🐧	🐧	🐧
거북이	🐢	🐢	🐢		
토끼	🐰	🐰			

상징그래프(symbolic graph)

비교하려는 실물이나 그림 없이 추상적인 상징물을 사용하여 그래프를 만들고 비교합니다. 블록이나 색종이 조각, 기호 등을 사용할 수 있습니다.

➡ 가장 많은 친구가 좋아하는 음식이 무엇인지
알아보기 위해 바닥에 커다란 종이를 깐 뒤
각 칸에 블록을 올려놓는 방법으로
그래프를 만들고 비교합니다.

그래프는 시각적인 표현을 통해 비교하는 것이므로 칸의 크기가 일정하고 한 칸이 하나의 수를 나타내야 합니다. 구체적인 것부터 시작하여 점차 추상적인 그림이나 기호를 사용하고, 영·유아 수준에 맞도록 단계적으로 그래프 유형과 집단의 수를 제시해야 합니다.

유아수학 개념연결 지도

유아기	초등학교

수와 연산

유아기	초등학교
5개가량의 구체물 세어 보기	5까지의 수를 세고 읽고 쓰기 1학년
10개가량의 구체물 세어 보기	9까지의 수를 세고 읽고 쓰기 1학년
20개가량의 구체물 세어 보기	십몇 알아보기 1학년
구체물 수량의 많고 적음 비교하기	9까지의 수 비교하기 1학년
구체물을 가지고 더하는 경험하기	모으기와 덧셈식 완성하기 1학년
구체물을 가지고 빼는 경험하기	가르기와 뺄셈식 완성하기 1학년
구체물을 가지고 더하고 빼는 경험하기	모으기, 가르기와 덧셈식, 뺄셈식 완성하기 1학년
수량의 부분과 전체의 관계 알기	이어 세기로 두 수 모으기 1학년
구체물을 묶음으로 세어 보기	묶어 세기 2학년
구체물을 가지고 몇씩 빼는 경험하기	똑같이 나누기 3학년

규칙성

유아기	초등학교
반복되는 규칙성에 관심 갖기	규칙 찾기 2학년
반복되는 규칙성 알아보기	
반복되는 규칙성 알고 예측하기	
스스로 규칙성 만들어 보기	

도형

유아기	초등학교
나를 중심으로 방향 알아보기	쌓기나무로 모양 만들고 위치나 방향 말하기 2학년
위치와 방향을 여러 가지 방법으로 나타내기	직선의 수직 관계나 평행 관계 이해하기 4, 5학년
물체의 모양에 관심 갖기	물건의 길이 어림하기 2학년
기본 도형의 특성 인식하기	입체도형과 평면도형 1, 2학년

측정

유아기	초등학교
직접 비교	길이 비교하기 1학년
간접 비교	
시간의 순서 알기	시계 보기 1, 2학년
시간의 경과 비교	
시각, 시간의 단위 알기	

자료와 가능성

유아기	초등학교
여러 가지 기준으로 분류하기	분류하기 2학년
그림, 사진, 기호를 이용하여 그래프 나타내기	그림그래프 2학년

초등수학 개념연결 지도

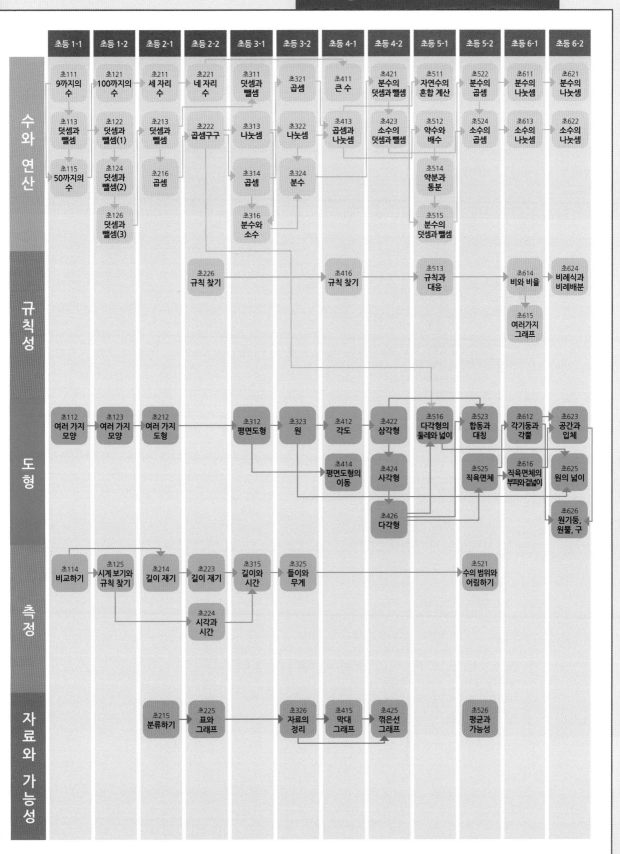

	초등 1-1	초등 1-2	초등 2-1	초등 2-2	초등 3-1	초등 3-2	초등 4-1	초등 4-2	초등 5-1	초등 5-2	초등 6-1	초등 6-2
수와 연산	초111 9까지의 수	초121 100까지의 수	초211 세 자리 수	초221 네 자리 수	초311 덧셈과 뺄셈	초321 곱셈	초411 큰 수	초421 분수의 덧셈과 뺄셈	초511 자연수의 혼합 계산	초522 분수의 곱셈	초611 분수의 나눗셈	초621 분수의 나눗셈
	초113 덧셈과 뺄셈	초122 덧셈과 뺄셈(1)	초213 덧셈과 뺄셈	초222 곱셈구구	초313 나눗셈	초322 나눗셈	초413 곱셈과 나눗셈	초423 소수의 덧셈과 뺄셈	초512 약수와 배수	초524 소수의 곱셈	초613 소수의 나눗셈	초622 소수의 나눗셈
	초115 50까지의 수	초124 덧셈과 뺄셈(2)	초216 곱셈		초314 곱셈	초324 분수			초514 약분과 통분			
		초126 덧셈과 뺄셈(3)			초316 분수와 소수				초515 분수의 덧셈과 뺄셈			
규칙성				초226 규칙 찾기			초416 규칙 찾기		초513 규칙과 대응		초614 비와 비율	초624 비례식과 비례배분
											초615 여러가지 그래프	
도형	초112 여러 가지 모양	초123 여러 가지 모양	초212 여러 가지 도형	초312 평면도형		초323 원	초412 각도	초422 삼각형	초516 다각형의 둘레와 넓이	초523 합동과 대칭	초612 각기둥과 각뿔	초623 공간과 입체
					초414 평면도형의 이동			초424 사각형		초525 직육면체	초616 직육면체의 부피와 겉넓이	초625 원의 넓이
								초426 다각형				초626 원기둥, 원뿔, 구
측정	초114 비교하기	초125 시계 보기와 규칙 찾기	초214 길이 재기	초223 길이 재기	초315 길이와 시간	초325 들이와 무게			초521 수의 범위와 어림하기			
				초224 시각과 시간								
자료와 가능성			초215 분류하기	초225 표와 그래프		초326 자료의 정리	초415 막대 그래프	초425 꺾은선 그래프		초526 평균과 가능성		

유아수학사전

지은이 | 전국수학교사모임 유아수학사전팀

초판 1쇄 인쇄일 2021년 6월 21일
초판 1쇄 발행일 2021년 7월 2일

발행인 | 한상준
편집 | 김민정·강탁준·손지원·송승민·최정휴
디자인 | 김경희·조경규·김미숙
마케팅 | 주영상·정수림
관리 | 양은진

발행처 | 비아에듀(ViaEdu Publisher)
출판등록 | 제313-2007-218호(2007년 11월 2일)
주소 | 서울시 마포구 월드컵북로 6길 97(연남동 567-40) 2층
전화 | 02-334-6123 전자우편 | crm@viabook.kr
홈페이지 | viabook.kr

ⓒ 전국수학교사모임 유아수학사전팀, 2021
ISBN 979-11-91019-37-7 03370

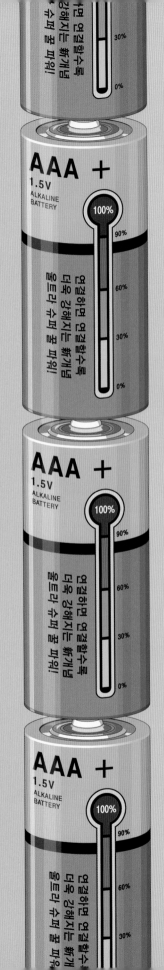

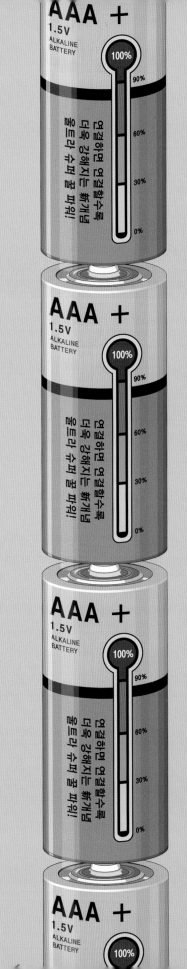